AF379051

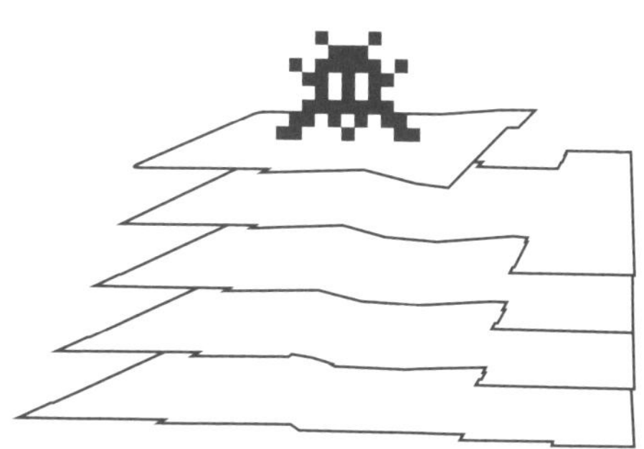

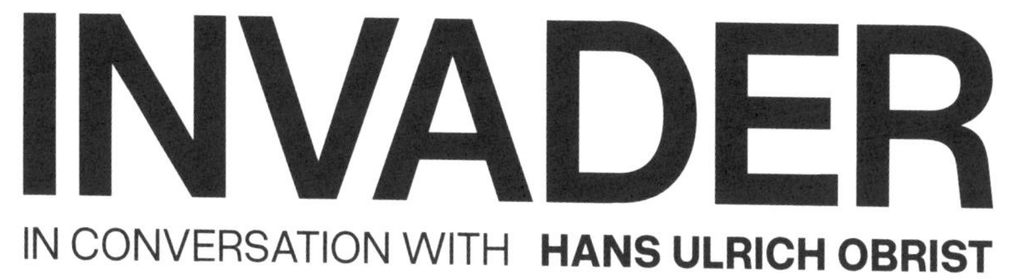

INVADER

IN CONVERSATION WITH **HANS ULRICH OBRIST**

HENI

Contents

Invader

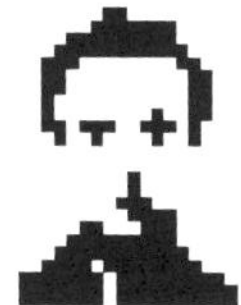

ENG When he's not travelling the world to 'invade' it with his pixelated mosaics, Invader exhibits his work in galleries and museums, and makes books and objects. As an enigmatic character, he operates anonymously and always appears masked.

FR Quand il ne parcourt pas le monde pour « l'envahir » avec ses mosaïques pixelisées, Invader expose son travail dans des galeries et des musées, et réalise des éditions de livres et d'objets. Personnage énigmatique, il agit dans l'anonymat et apparaît toujours masqué.

Hans Ulrich Obrist

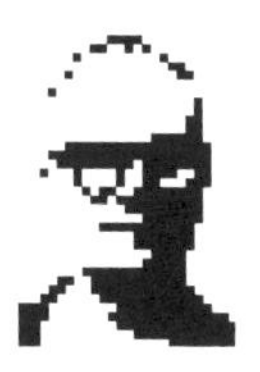

ENG (b.1968) is a curator and the Artistic Director of the Serpentine Galleries in London. Alongside his curatorial practice, Obrist has written extensively on and around contemporary art, with a particular interest in the interview format.

FR (b.1968) est un commissaire d'exposition et le directeur artistique de la Serpentine à Londres. Il est aussi l'auteur d'une abondante production écrite sur et autour de l'art contemporain, avec un intérêt particulier pour le format de l'entretien.

1

The Exhibition

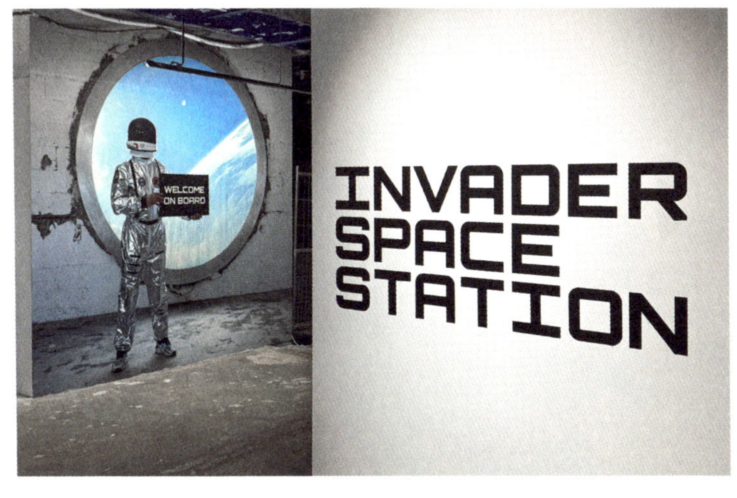

MAP OF THE INVADER SPACE STATION

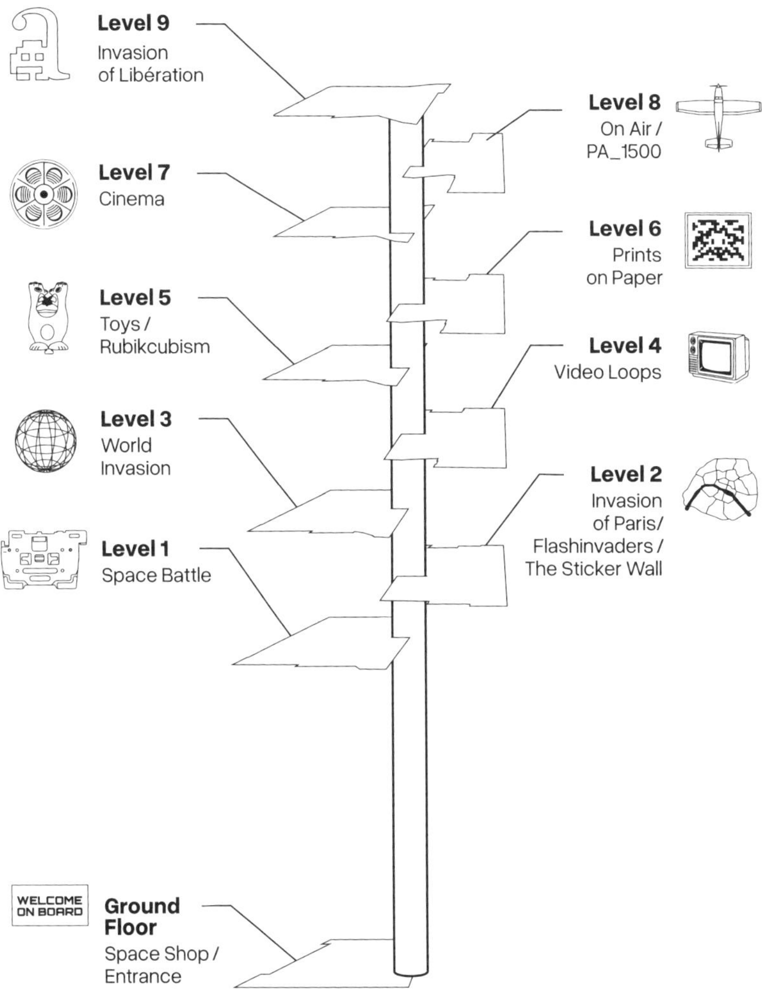

3 avril 2024, rez-de-chaussée d'un immeuble situé au 11, rue Béranger à Paris, le *curator* Hans Ulrich Obrist rencontre l'artiste Invader, qui lui fait visiter sa nouvelle exposition, *Invader Space Station*.

NVDR   Bonjour Hans, bienvenue dans l'*Invader Space Station*. Il s'agit d'une exposition immense et assez atypique puisqu'elle s'étend sur 3500 m² et 9 étages. La mettre en place a été un vrai défi car le lieu était complètement vide et brut [1]. Mais ça m'a permis de le modeler et de créer tout une scénographie. Je l'ai pensé comme un grand vaisseau, un vaisseau artistique un peu déglingué. Tu vas voir, le lieu est incroyable, j'ai gardé son côté brut mais je l'ai complètement transformé et je l'ai rempli d'art. Je pense que pour les visiteurs c'est une véritable expérience, une vraie aventure. On y découvre beaucoup de choses, des installations, des photos, des films, des œuvres et bien sûr des *space invaders* car ils sont mon principal outil visuel.

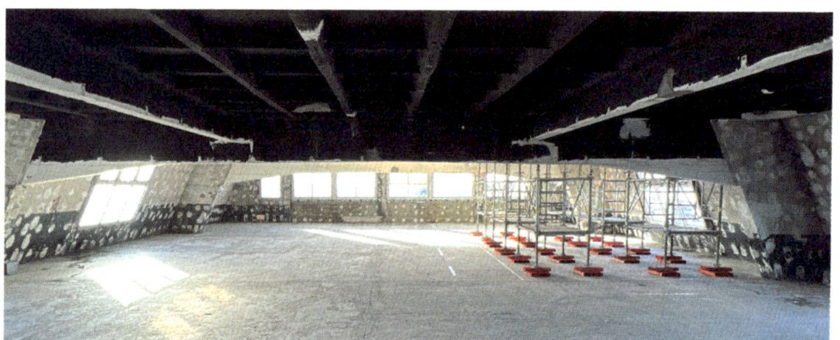

1   The space before the installation of the show

HUO   En quelle année *Space Invaders*[1] [4] a-t-il été inventé ?

NVDR   Le jeu date de '78 ou '79 je crois. Pour moi, plus qu'un jeu vidéo, il symbolise l'avènement du numérique, qui a pris une place considérable dans nos vies quotidiennes, jusqu'à nous « envahir » ! Et donc c'est un symbole de cette ère du numérique qui, comme tu le sais, a complètement révolutionné l'humanité.

HUO   Oui, donc ça anticipait Internet en fait.

---

1. *Space Invaders* est un des tous premiers jeux vidéo à être commercialisé. Il est sorti sur borne d'arcade en 1978 avant d'être adapté sur des consoles pour téléviseurs. Il consiste à tirer sur des rangées de créatures extra-terrestres afin de les empêcher de toucher le sol terrestre. Le jeu remporta rapidement un succès mondial.

3 April 2024, on the ground floor of a building at 11, rue Béranger, Paris, curator Hans Ulrich Obrist meets the artist Invader, for a tour of his new exhibition, *Invader Space Station.*

NVDR   Hello Hans, welcome to the Invader Space Station. This is a massive and rather unusual exhibition, spanning 3,500 square metres over nine floors. Setting it up was a real challenge, as the space was completely empty and raw [1]. But this allowed me to curate it and create a whole scenography. I envisioned it as a big artistic vessel that's a bit out of shape. You'll see that the place is incredible, I've retained its raw essence but transformed it entirely and filled it with art. For visitors, it's a truly immersive experience – a real adventure. There are many things to discover, including installations, photos, films, artworks and of course space invaders, because they're my main visual tool.

HUO   When was *Space Invaders* invented [4]?[1]

NVDR   The game dates back to 1978 or 1979, I believe. For me, it's more than just a video game, it symbolises the advent of digital technology, which has taken a significant place in our daily lives, to the point of 'invading' us! So for me, it's the symbol of this digital era which, as you know, has utterly revolutionised humanity.

HUO   Yes, it actually foreshadows the Internet.

NVDR   Absolutely, it foreshadows the Internet, computers, smartphones, AI – it anticipates all these technologies and digital devices that have become integral parts of our lives.

HUO   So, in a way, it heralds this age.

NVDR   That's right, this new age has transformed our lives. Now, let's begin our tour and head to the first level. [2]

We climb several flights of stairs on a narrow staircase and hear a sound that grows louder as we go up. Then we enter the first room, where the sound originates, and pause in silence for a while.

---

1. *Space Invaders* was one of the very first video games to hit the market. It was released on arcade terminals in 1978 and later on home video game console. The game's objective is to shoot at rows of alien creatures to prevent them from hitting the ground. *Space Invaders* quickly became a worldwide success.

NVDR Oui, absolument, ça anticipait Internet, ça anticipait les ordinateurs, les *smartphones*, les IA, ça anticipait toutes ces technologies et ces objets numériques qui sont maintenant indissociable de nos vies.

HUO Donc ça annonçait cet âge d'une certaine façon.

NVDR Oui, c'est ça, ce nouvel âge qui a bouleversé nos vies. Je t'invite maintenant à commencer la visite [2] et à monter au premier niveau.

Ils montent plusieurs étages dans un escalier étroit. On perçoit un son qui augmente au fur et à mesure qu'ils gravissent les étages, puis ils pénètrent dans la première salle, saturée de son, et restent silencieux pendant un moment.

NIVEAU 1
SPACE BATTLE

NVDR Donc tu vois ce grand plateau ? Et bien tout était comme ça à mon arrivée. Il y avait neuf grands plateaux vides, sans électricité, sans murs, sans rien. Ce lieu était un ancien parking avec des voitures qui se garaient là. Et là, il y a cette rampe qui tourne et qui dessert tous les étages jusqu'au toit. Et ici, au premier niveau, j'ai gardé le plateau vide, j'ai juste occulté les fenêtres et j'ai créé cette installation [3] qui s'articule autour de tous ces objets, des modules en plastique qu'on peut voir sur les routes en travaux. Et tu peux remarquer qu'ils ressemblent étrangement à des space invaders. Donc je les ai alignés et suspendus de sorte à recréer l'écran d'ouverture du jeu originel. La bande-son rejoue une scène de bataille et il y a un projecteur braqué sur chacun d'eux. Le tout est piloté par un programme qui synchronise le son et la lumière. Je trouve que c'est une entrée en matière parfaite pour l'exposition, c'est à la fois *low tech* et *high tech*, c'est curieux, inattendu, déstabilisant et ça prend aux tripes. Jusqu'au dernier moment je n'étais pas certain que ça fonctionne car je l'ai d'abord pensé dans ma tête avant de le mettre en place mais, au final, je n'ai pas été déçu. Il faut juste ne pas être épileptique ! Je t'invite maintenant à monter à l'étage supérieur.

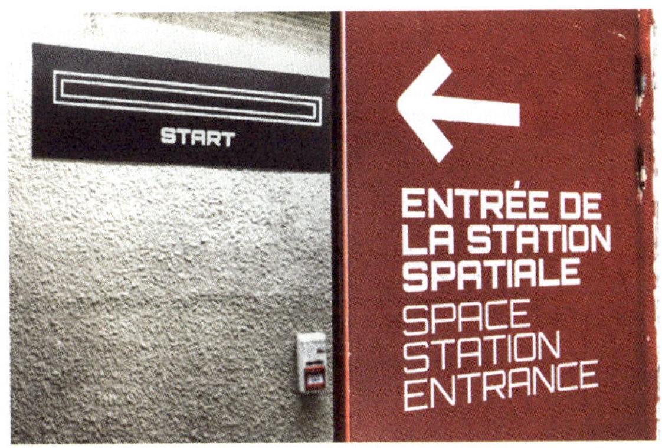

2   Stairway to the exhibition

LEVEL 1
SPACE BATTLE

NVDR   Look at this huge floor – the entire space was like this when I got here: nine large empty floors with no electricity, no walls, nothing. This place used to be a car park filled with vehicles. There's a ramp that spirals upwards, connecting all the floors right up to the roof. Here, on the first level, I've kept it empty; I've just blacked out the windows and created this installation [3] using plastic modules – the ones you see on roads under construction. They look surpringly similiar to space invaders, so I lined them up and hung them to recreate the opening screen of the original game. The installation features a soundtrack playing a battle scene and there's a spotlight on each module, all synchronised and controlled by a computer programme. I think it's a perfect start to the exhibition, it's a mix of low and high tech that's both strange and unexpected, gripping yet destabilising. Until the last possible moment, I had doubts about whether it would come together, since I only imagined it in my head before assembling it. But in the end, it turned out well, except perhaps for those prone to epilepsy! Let's continue the tour upstairs.

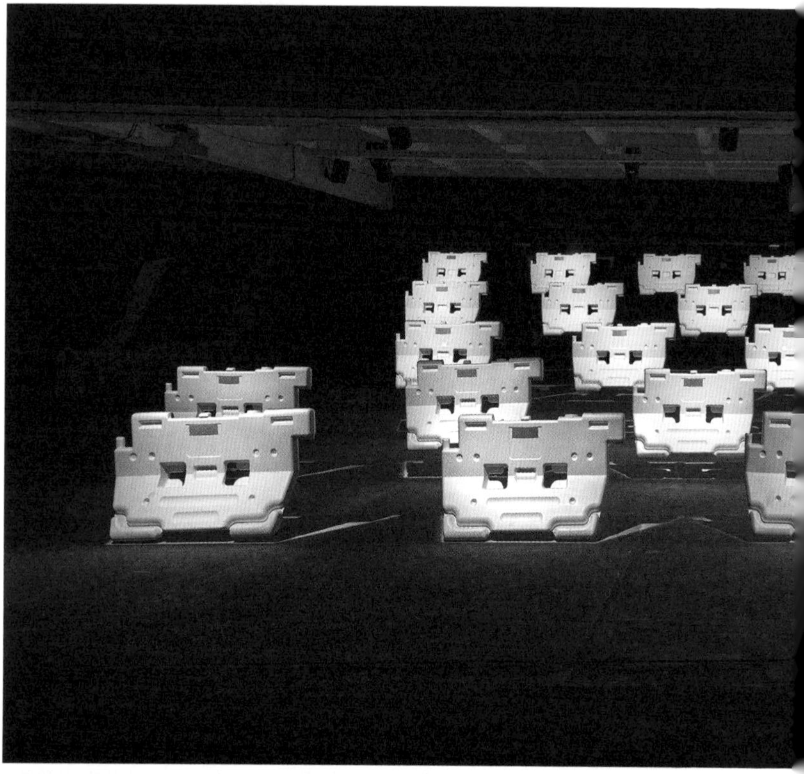

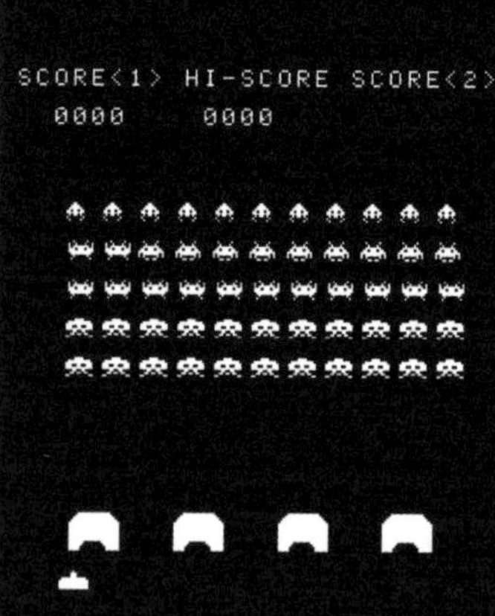

SCORE<1> HI-SCORE SCORE<2>
0000   0000
3
CREDIT 00

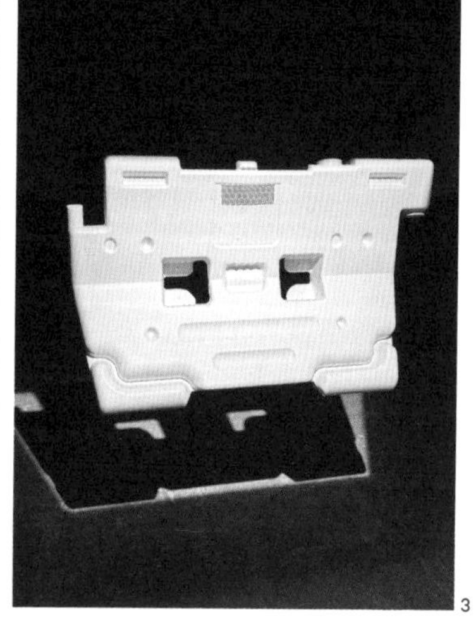

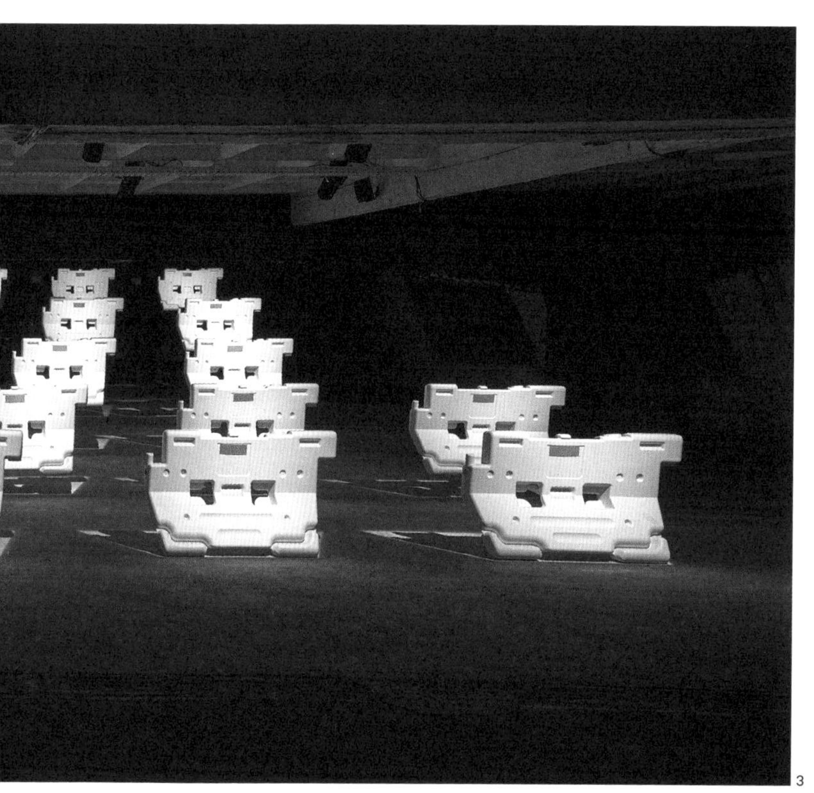

3   *Space Battle* installation
4   Screenshot of the *Space Invaders* video game, Taito Corp, 1978

NVDR   Tu sais cette exposition est aussi une célébration puisqu'elle coïncide avec l'installation de ma 1500ᵉ mosaïque parisienne.

HUO   Où est la 1500ᵉ ?

NVDR   Alors on va bientôt la voir, on la voit depuis l'expo. Je ne savais pas où j'allais l'installer et ça me travaillait, il fallait que je trouve un lieu exceptionnel. D'abord j'ai pensé à un mur dans l'exposition mais comme le bâtiment sera bientôt vendu et privatisé il ne sera plus accessible après l'exposition, donc je me suis dit qu'il fallait l'installer autre part, quelque part dans la ville, à un endroit qui serait visible depuis l'expo puisque cet immeuble offre plein de points de vue sur l'extérieur. Et c'est ce que j'ai fait, tu verras ça tout à l'heure d'un étage plus élevé. En tous cas ce deuxième niveau est un hommage à 25 années de travail à Paris et aux 1500 mosaïques que j'y ai installées [5]. On découvre tout d'abord cette grande carte de la ville où elles sont toutes représentées. Donc c'est une représentation géographique de l'invasion parisienne et on peut voir que le centre est complètement recouvert [6]. Et puis petit à petit, j'ai étendu mon travail au reste de la ville.

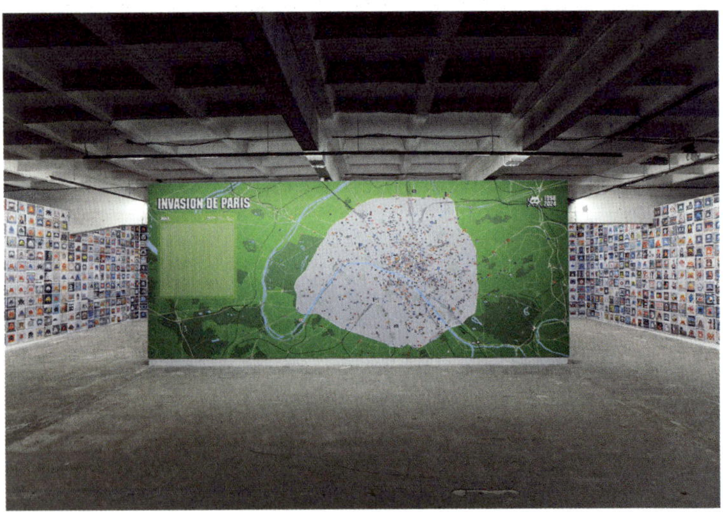

    5 *Invasion of Paris* installation

NVDR   You know, this exhibition is also a celebration – it coincides with the installation of my 1,500th mosaic in Paris.

HUO   Where is it installed?

NVDR   We'll get to see it soon, it's visible from the exhibition itself. I wasn't sure where I was going to put it, but I knew I wanted to find an exceptional place for it. At first, I considered a wall within the exhibition, but as the building will soon be sold and privatised, it will no longer be accessible once the show is over, so I thought I'd have to install it somewhere else, somewhere in the city, in a place that would be visible from the exhibition, as this building offers plenty of external views. And that's what I've done – you'll be able to see it later from a higher floor. In any case, this second level is a tribute to 25 years of work in Paris and to the 1,500 mosaics I've installed there [5]. First of all, we discover this large map of the city showing where they are all located. So it's a geographical representation of the invasion of Paris and, as you can see, the centre is densely covered [6]. Then, over time, my work gradually expanded into the rest of the city.

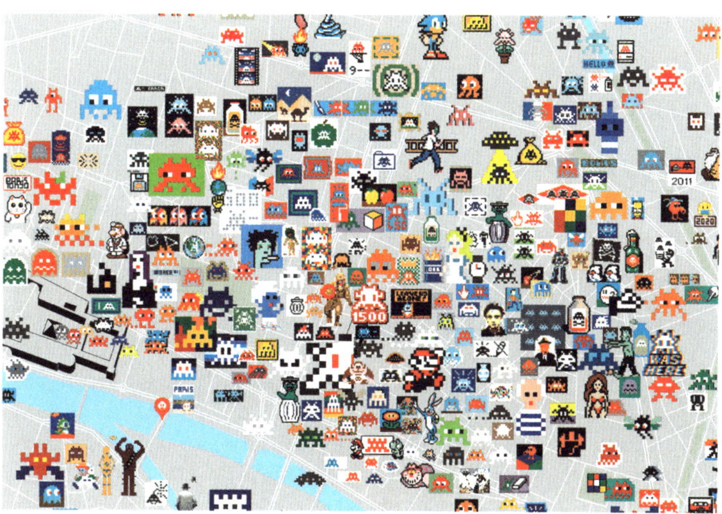

    6   Detail of the *Invasion of Paris* map

HUO   Il y a certains quartiers où il y en a beaucoup moins.

NVDR   Oui. Il y en a beaucoup moins à l'ouest.

HUO   Et comment ça se fait ?

NVDR   Ce sont des quartiers qui m'attirent moins. Ce sont des quartiers résidentiels, plus bourgeois, moins vivants.

HUO   Et la banlieue ?

NVDR   Bien sûr, j'ai étendu mon travail à la banlieue, comme tous ceux que tu peux voir à l'extérieur de cette route circulaire qui délimite Paris. Il y en a dans une quarantaine de villes de banlieue.

HUO   Est-ce que c'est une pratique quotidienne ?

NVDR   Non… plutôt hebdomadaire. J'y consacre en moyenne une nuit par semaine. À une certaine époque j'y allais plus souvent, c'était quasiment du plein temps si l'on prend en compte les phases de repérage, la création des pièces, leur installation et leur photographie. Et puis, tout dépend aussi de mes autres activités du moment. Car il m'arrive d'être accaparé par d'autres choses, comme des expositions, des éditions diverses, des invasions d'autres villes… Mais quand le calme revient, je reprends l'invasion de Paris.

HUO   Est-ce que Harald Naegeli ou d'autres gens comme ça issus du graffiti ont été une source d'inspiration ?

NVDR   Qui ça ?

HUO   Le Suisse, Harald Naegeli, qui depuis la fin des années 1970 fait du graffiti à Zurich, le *Sprayer de Zurich*.

NVDR   Non, je ne le connais pas.

HUO   Donc d'où venaient tes inspirations ?

NVDR   C'est venu naturellement. Je parle parfois d'un heureux accident. J'ai un cursus artistique plutôt classique. J'ai passé une maîtrise d'art plastique à l'université donc j'étais plutôt inspiré par des artistes assez traditionnels, enfin par l'histoire

HUO   There are certain neighbourhoods with noticeably fewer
        mosaics.

NVDR   Yes, the Western areas.

HUO   Why is that?

NVDR   I'm less drawn to theses places. They tend to be more
        residential, middle-class and less lively.

HUO   What about the suburbs?

NVDR   I've of course extended my work to the suburbs, like all those
        you can spot beyond the circular road enclosing Paris. You
        can find them in about 40 suburban towns.

HUO   Is this a daily practice for you?

NVDR   No... It's more of a weekly occurence. I typically spend one
        night a week on it. There were times when I was more active
        – nearly full time if you take into account scouting locations,
        creating pieces, installation and photography. And then it
        all depends on my other activities. Sometimes I'm busy with
        other things, like exhibitions, various editions, invasions of
        other cities... but when calm returns, I resume the invasion
        of Paris.

HUO   Did Harald Naegeli or other graffiti artists inspire your
        work?

NVDR   Who?

HUO   Harald Naegeli, the Swiss artist who is doing graffiti in Zurich
        since the late seventies, he's known as the Zurich Sprayer.

NVDR   No, I'm not familiar with him.

HUO   So where did your inspiration come from?

NVDR   It happened quite naturally and I sometimes refer to it as a
        happy accident. I have a fairly classic artistic background. I
        have a master's degree in fine art, so I was more inspired by
        fairly traditional artists, or by art history in general. I wasn't

de l'art en général. Je n'étais pas du tout connecté avec le milieu du graffiti ou du *street art*, un terme qui d'ailleurs n'existait pas à l'époque. En tout cas c'est quelque chose que j'ai découvert ensuite, par affiliation.

HUO   Après avoir eu l'épiphanie.

NVDR   Oui, il y a eu un geste décisif, la première mosaïque que j'ai collée sur un mur dans une rue.

HUO   C'est donc une démarche autodidacte.

NVDR   Oui, j'aime l'esprit *D.I.Y.* [1] ; Les choses se sont enchaînées et se sont connectées. D'ailleurs mes premières mosaïques n'étaient pas destinées à aller dans la rue. C'était le prolongement d'une réflexion sur l'image digitale, j'étais intéressé par la représentation du pixel, l'élément de base des images numériques qui, comme tu le sais, sont composées de petits carrés colorés.

HUO   Et là, on a les 1500 mosaïques que tu as réalisées [7].

NVDR   Oui, enfin les 1500 mosaïques parisiennes.

HUO   Y a-t-il eu de la censure ? Des conflits ?

NVDR   Oh oui, il y a eu parfois des accidents qui ont fait que je n'ai pas pu terminer ma pièce, ça fait partie du jeu.

HUO   La police est arrivée.

NVDR   Par exemple.

HUO   Le propriétaire de la maison s'est affolé...

NVDR   Oui... c'est arrivé aussi. Chaque installation a son histoire. D'ailleurs, je regrette de ne pas les avoir consignées au fur et à mesure, parce que j'ai vraiment vécu beaucoup d'histoires.

HUO   Tu aurais dû le faire.

---

1. *Do It Yourself* [faites-le vous-même], un slogan notamment utilisé par le mouvement punk britannique en 1977.

at all connected with graffiti or the street art scene, a term that didn't exist at the time. In any case, it's something I discovered later, through affiliation.

HUO   After your epiphany.

NVDR   Yes, the first mosaic I stuck on a street wall was a turning point.

HUO   So it's a self-taught process.

NVDR   Yes, I like the DIY spirit;[1] things just came together and clicked. In fact, my first mosaics were not meant for the streets. I was interested in the representation of pixels, the basic elements of digital images, which, as you know, are made up of little coloured squares.

HUO   And here we have the 1,500 mosaics you've made [7].

NVDR   Yes, the 1,500 mosaics in Paris.

HUO   Did you face any censorship or conflict?

NVDR   Oh yes, there were sometimes disruptions that prevented me from completing a piece, but that's part of the game.

HUO   Like encounters with the police?

NVDR   For example.

HUO   Or a concerned homeowner?

NVDR   Yes... that happened as well. Every installation has its own story. Looking back, I regret not documenting these experiences, as I've lived through a lot of interesting stories.

HUO   It would have been great if you had.

NVDR   Yes, especially as I'm starting to forget some details – so many things happened! Sometimes, people who were with me at the time remind me of things I'd completely forgotten.

---

    1. 'Do It Yourself', a slogan used by the British punk movement in 1977.

NVDR   Oui d'autant que je commence à oublier certaines choses, il y en a eu tellement ! Parfois, des gens qui m'accompagnaient me rappellent des choses que j'avais complètement oubliées.

HUO   Quelles ont été les plus marquantes ?

NVDR   Oh je ne sais plus… Plus que des pièces précises, ce qui est marquant dans tout cela c'est la multiplicité des lieux que j'ai envahis. D'autant que très vite j'ai pensé qu'il fallait que ce projet dépasse Paris et la France et qu'il s'étende au monde entier, à tout l'espace planétaire. Mais on va en parler au prochain étage.

HUO   C'est global.

NVDR   C'est un projet global, oui. C'est une *Space Invasion*. Très vite, j'ai voyagé. J'ai commencé par d'autres villes européennes puis je me suis attaqué à d'autres continents. Mais pour en revenir à Paris, là il y a la représentation de l'invasion sur cette grande carte et si tu passes derrière, tu as 1500 photos des mosaïques en gros plan, il n'en manque pas une. Parce que dès le début, je savais que ce travail était sensible et qu'il me fallait en garder une trace photographique. D'autant que je m'étais imposé cette contrainte de ne jamais répéter deux fois la même, je me disais que sinon ce serait trop répétitif et ennuyeux. J'ai donc fait des variations autour d'un thème qui est le *space invader*, des petites créatures électroniques, je joue avec l'idée de combinaison et de mutation. Tu vois, on reconnaît ce type de figure, mais ce n'est jamais tout à fait la même, sa forme, sa taille et ses couleurs évoluent.

HUO   Donc il y a répétition et différence, mais assez tôt arrive un visage.

NVDR   Oui, c'est un autoportrait [9] qui ressemble d'avantage aux mosaïques que je faisais avant de me focaliser sur les space invaders et l'invasion des rues.

HUO   Et là, c'est une pièce unique ?

NVDR   Ce sont toutes des pièces uniques. C'est pour ça que je les ai toutes photographiées. Comme elles sont installées illégalement dans l'espace public, elles sont vulnérables, elles peuvent disparaître à tout moment, alors très vite j'ai fait un

HUO   Which experiences stand out the most to you?

NVDR   Oh, I don't know… More than specific pieces, what's striking about all this is the vast array of locations I've invaded. Early on, I realised that this project had to go beyond Paris and France, and extend to the whole world, to the whole planetary space. But we'll talk about that on the next floor.

HUO   It's global.

NVDR   Absolutely, it's a global project, a 'Space Invasion'. I then travelled around, starting with other European cities and expanding to different continents. But to come back to Paris, here you have their representation on this big map and, if you go behind it, you'll find 1,500 close-up photos of the mosaics, with not a single one missing. From the beginning, I recognised the vulnerability of this work and knew I had to keep a photographic record. Especially as I had challenged myself to never repeat the same design twice, believing that doing so would become too repetitive and boring. So I did variations on a theme of space invaders, little electronic creatures, playing with the idea of combination and mutation. You see, you recognise this type of figure, but it's never quite the same; its shape, size and colours change.

HUO   So there's repetition and difference, but soon enough there's a face.

NVDR   Yes, this is a self-portrait [9] that looks more like the mosaics I used to do before I started focusing on space invaders and street invasions.

HUO   And this is a one-off?

NVDR   Each piece is unique. That's why I photographed them all. As they're installed illegally in public spaces, they're vulnerable and can disappear at any moment, so very quickly I created a photographic archive to keep a record of them.

travail d'archivage photographique pour garder une trace de chacune d'elles.

HUO   Des photos souvenirs, comme dirait Daniel Buren [1]. Et certains ont disparu ?

NVDR   Oui, certains ont disparu, mais maintenant ils réapparaissent car il existe des gens, les « réactivateurs », qui recréent les pièces disparues. Ils les refont à l'identique et les replacent au même endroit.

HUO   Et celui-là ?

NVDR   Celui-là est très spécial, il est lié à un autre projet plus ancien qui n'a jamais vu le jour. Je travaillais sur un programme informatique que je voulais éditer sur CD-Rom, un objet hybride qui se situait entre un jeu vidéo, un film et une expérience artistique. Ça s'appelait VNARC, acronyme de « Vous n'avez rien compris ». VNARC était un virus qui apparaissait sous les traits d'un personnage au visage masqué, orange et qui manipulait l'utilisateur pendant tout le programme. Cette mosaïque, *PA_74*, est une représentation de VNARC [10].

HUO   Mais au début, il y a vraiment très peu de visages.

NVDR   Oui, mon outil visuel était plutôt le space invader mais ici on voit comment mes créations ont évolué car elles sont présentées chronologiquement. Au début j'étais vraiment dans la variation autour d'une forme, le space invader, et puis petit à petit on voit que ma palette thématique s'est agrandie. J'ai commencé par aller puiser dans d'autres vieux jeux vidéo, tant pour l'idée que par facilité car les personnages y sont déjà pixelisés. Ici tu vois *Donkey Kong* [11], là c'est la fraise de *Pac-Man* [12], ici *Q*bert* [13]. Celle-ci commence à être différente car elle est liée à un autre projet où je travaillais avec des jouets que je déconstruisais puis réassemblais. Donc là c'est la tête de Kermit la grenouille sur un corps de poupée [14]. Et là, c'est un autoportrait avec mon seau et ma perche télescopique [15]. Là, un autre héros de mon enfance. Je ne sais pas si tu connais ce personnage, c'est

---

1. Daniel Buren (1938) est un artiste plasticien français notamment connu pour la radicalité de ses peintures représentant des bandes verticales.

HUO   Souvenir photos, as Daniel Buren would call them.[1] And some of these mosaics have disappeared?

NVDR   Yes, some have disappeared, but now they're being restored by a group of people called 'reactivators' who recreate the missing pieces identically and reinstall them in their original locations.

HUO   What about this one?

NVDR   This one is very special, it's linked to an earlier project that never saw the light of day. I was working on a computer programme that I wanted to publish on CD-ROM, a hybrid object somewhere between a video game, a film and an artistic experience. It was called VNARC, an acronym for 'Vous n'avez rien compris' (You don't get it). VNARC was a virus that appeared in the guise of a masked, orange-faced character who manipulated the user throughout the programme. This mosaic, *PA_74*, is a representation of VNARC [10].

HUO   But at the beginning, there were very few faces.

NVDR   Yes, my visual tool was the space invader, but here you can see how my creations have evolved, as they are presented chronologically. Initially, I focused on variations of the space invader, but I gradually and visibly expanded my thematic palette. I started drawing inspiration from other old video games, as much for the idea as for the ease of it, because the characters were already pixelated. Here are *Donkey Kong* [11], *Pac-Man*'s strawberry [12] and *Q*bert* [13]. This one looks different due to its connection with another project in which I was working with toys that I deconstructed and then reassembled together, like this Kermit the Frog head on a doll's body [14]. And there's a self-portrait with my bucket and telescopic pole [15]. Here's another one of my childhood heroes. I don't know if you're familiar with this character, it's a manga character called *Goldorak*, a Japanese cartoon that left its mark on people of my generation [16]. This is Luigi from the *Mario* game [17]… So you can see that I gradually branched out to other video games, but I kept returning

---

1. Daniel Buren (b.1938) is a French visual artist best known for his radical paintings of vertical stripes.

un personnage de manga qui s'appelle Goldorak, un dessin animé japonais qui a marqué les gens de ma génération [16]. Ici, c'est Luigi du jeu *Mario* [17]… Donc on voit que petit à petit, j'ai travaillé sur d'autres jeux vidéo mais je reviens toujours à la figure du space invader, un peu par vague, car ça fonctionne tellement bien, ça a tellement de sens car tout est résumé dans leur nom, les envahisseurs d'espaces.

HUO   Et ça ?

NVDR   Ça, c'est inspiré de *Pac-Man*. Ce sont les petits fantômes de *Pac-Man* que j'ai ici un peu transformés [8].

HUO   Et ils sont rarement grands, ils sont souvent de taille assez limitée.

NVDR   À mes débuts, je travaillais plutôt à petite échelle et puis, avec le temps, ça pris du volume, tu vois là je commence à arriver à une pièce plus grande qui doit avoir à peu près ta taille. C'est un personnage issu d'un autre jeu vidéo qui s'appelle *Doom* [18].

HUO   C'est la galerie d'Agnès B [1], non ?

NVDR   Oui, c'était pour une exposition de groupe et j'avais réalisé cette pièce à l'entrée de sa galerie, elle est toujours en place d'ailleurs, alors que la galerie n'existe plus.

HUO   Agnès est une très grande amie à moi.

NVDR   Je sais que tu t'occupais du journal qu'elle distribuait dans sa galerie, je dois même encore en avoir des exemplaires quelque part.

HUO   Tu as collaboré avec Agnès ?

NVDR   J'ai participé à plusieurs expositions de groupe qu'elle a organisées dans sa galerie puisqu'elle a très tôt soutenu le graffiti et le *street art*. Tu vois ici la chronologie continue : ça c'est le 495, le 496, le 497, le 498, le 499 et le 500 [19], c'est indiqué dessus.

---

1. Agnès Troublé alias Agnès B (1941) est une créatrice de vêtements et une collectionneuse d'art. Elle a ouvert sa propre galerie à Paris en 1984.

to the space invader, because it works so well and makes so much sense, everything is summed up in the name, the space invaders.

HUO   And this?

NVDR   This was inspired by *Pac-Man*. These are the little ghosts from *Pac-Man* that I've transformed a bit here [8].

HUO   And they're rarely big, they're often quite limited in size.

NVDR   Initially, I worked on a relatively small scale but then, over time, they got bigger. You see now I'm coming up with a bigger piece that must be about your size. It's a character from another video game called *Doom* [18].

HUO   This is Agnès B's gallery,[1] isn't it?

NVDR   Yes, this was created for a group exhibition and I installed this piece at the entrance of the gallery, where it remains, even though the gallery itself no longer exists.

HUO   Agnès is a very good friend of mine.

NVDR   I know, you used to oversee the newspaper she distributed at her gallery. I believe I still have some copies lying around.

HUO   Did you work with Agnès?

NVDR   I took part in several group exhibitions she organised in her gallery. She has been a long-time supporter of graffiti and street art. So you can see here the continuation of the chronological order: 495, 496, 497, 498, 499 and 500 [19], as indicated.

HUO   The 500th piece is pretty abstract.

NVDR   Not entirely, you can still spot the invader above the number 500, but it is made up of tiles printed with flowers that I'd picked up in the street. The large scale of the piece is not immediately apparent, as we're seeing it in close-up. It's

---

1. Agnès Troublé, better known as Agnès B (b.1941), is a clothing designer and art collector. She opened her gallery in Paris in 1984.

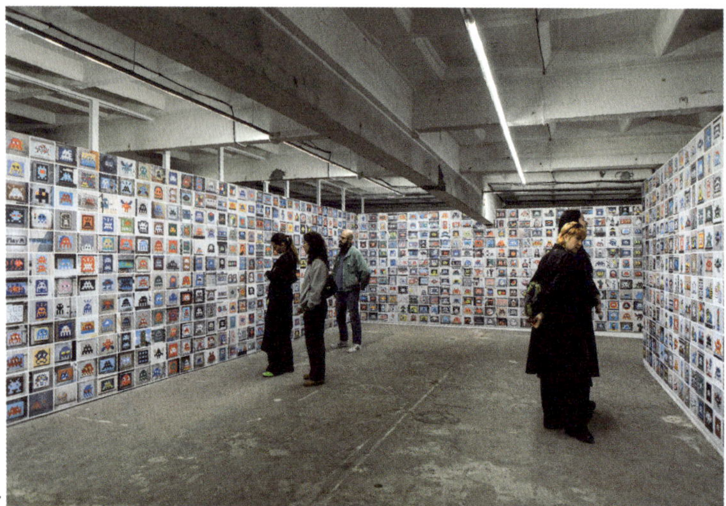

7

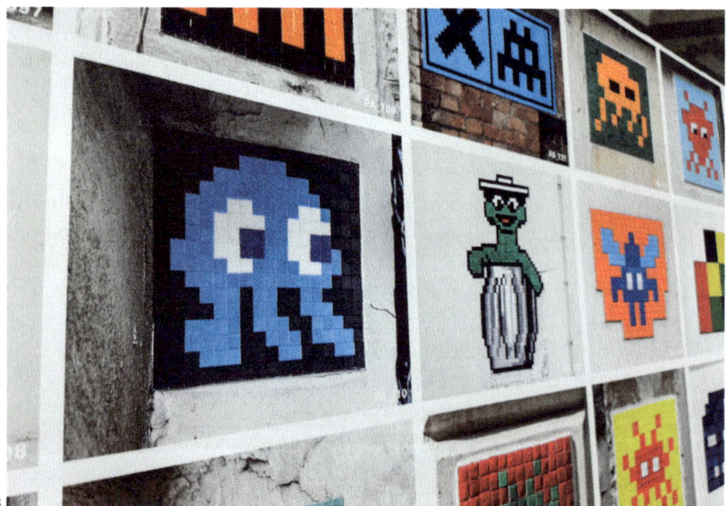

8

30–31

7   *Invasion of Paris* installation
8   Detail from the installation
9 → 18   Street mosaics in Paris, 1998–2001:
         PA_52 / PA_74 / PA_326 / PA_359 / PA_307 / PA_319 /
         PA_378 / PA_356 / PA_372 / PA_43

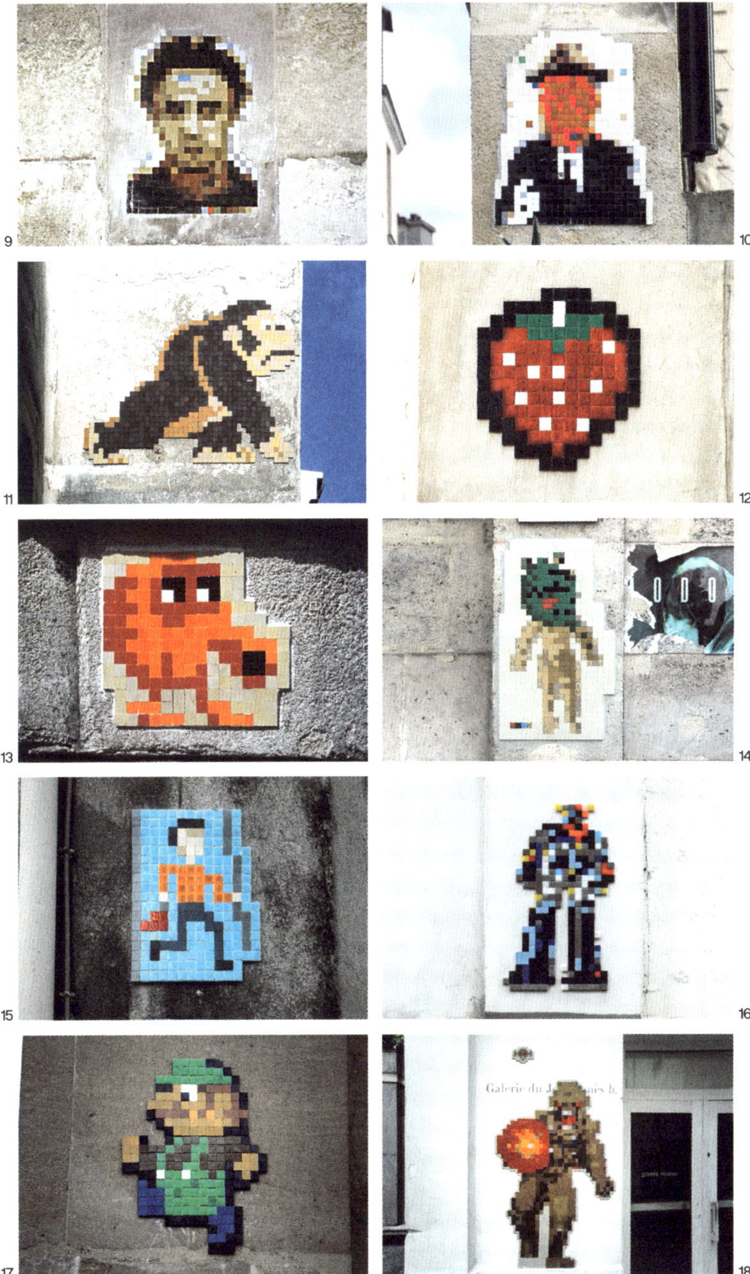

HUO   Le 500 est assez abstrait.

NVDR   Pas tant que ça, on voit quand même l'invader et au dessus le chiffre cinq cents, mais le personnage est constitué de carreaux imprimés avec des fleurs que j'avais ramassés dans une rue. Il s'agit d'une grande pièce, là on la voit en gros plan donc on n'a pas de notion d'échelle mais elle est composée de grands carreaux, elle fait une certaine taille. Et celle-ci est intéressante, c'est un détournement d'une icône des vieux systèmes Macintosh qui apparaissait quand il y avait un bug, c'était la fenêtre d'alerte. J'en ai d'ailleurs détourné pas mal d'autres [20].

HUO   Il y a une sorte d'archéologie des icônes d'ordinateur qui ont disparu.

NVDR   Oui, qui ont disparu ou qui ont évolué, j'aime beaucoup retourner aux origines. J'adore ces vieilles icônes informatiques. La plupart ont été créées par Susan Kare [1], qui a dessiné toutes les premières icônes des systèmes Apple [21, 22]. Je suis en contact avec elle.

HUO   Et les couleurs ? Est-ce qu'il y a une théorie des couleurs ? Comment choisis-tu les couleurs ? Est-ce purement intuitif ?

NVDR   Oui, c'est purement intuitif.

HUO   As-tu des couleurs préférées ? Tu indiques que le rouge gagne toujours.

NVDR   Oui bien sûr, le rouge est très efficace, il se voit bien dans l'environnement urbain. Il y a aussi énormément de bleu parce que ces petits carreaux sont ceux utilisés dans les piscines qui sont généralement bleues.

HUO   Les carreaux se trouvent où ? Tu les achètes ?

NVDR   Oui, dans des boutiques de carrelage très classiques.

HUO   Il en faut une quantité considérable ?

---

1. Susan Kare (1954) est une artiste américaine diplômée de l'Université de New York. Elle fut engagée par Apple en 1982 pour créer l'interface graphique et les polices de caractères de leur premier ordinateur, le Macintosh.

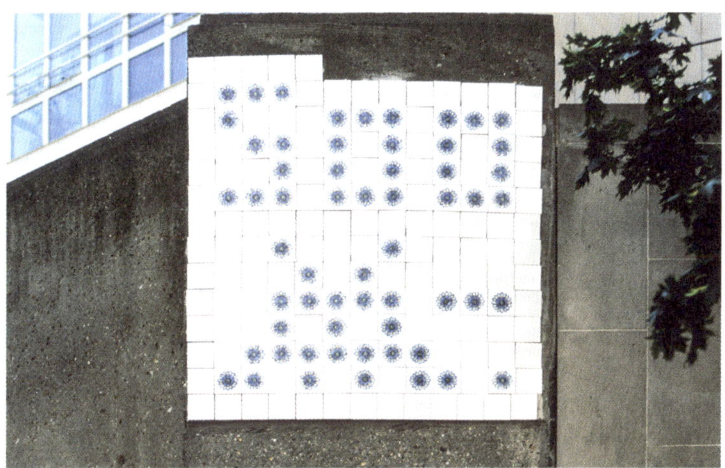

19 *PA_500*, Paris, 2002

made of larger tiles, quite sizeable ones. And this one is interesting, it's a hijacking of an old Macintosh icon that would appear during system errors, it was the warning window. In fact, I've hijacked quite a few others [20].

HUO   It's kind of an archaeology of old computer icons.

NVDR   Yes, icons that have disappeared or evolved, I love investigating their original states. I love these old computer icons. Most of them were created by Susan Kare,[1] who designed all the first icons for Apple systems [21, 22]. I'm in touch with her.

HUO   What about colours? Is there a colour theory? How do you choose colours? Is it purely intuitive?

NVDR   Yes, it's purely intuitive.

HUO   Do you have any favourite colours? You say red always wins.

NVDR   Yes of course, red is very effective, it stands out in the urban environment. There's also a lot of blue because these small tiles are the ones used in swimming pools, which are generally blue.

---

1. Susan Kare (b.1954) is an American artist who graduated from New York University. She was hired by Apple in 1982 to create the graphic interface and fonts for their first computer, the Macintosh.

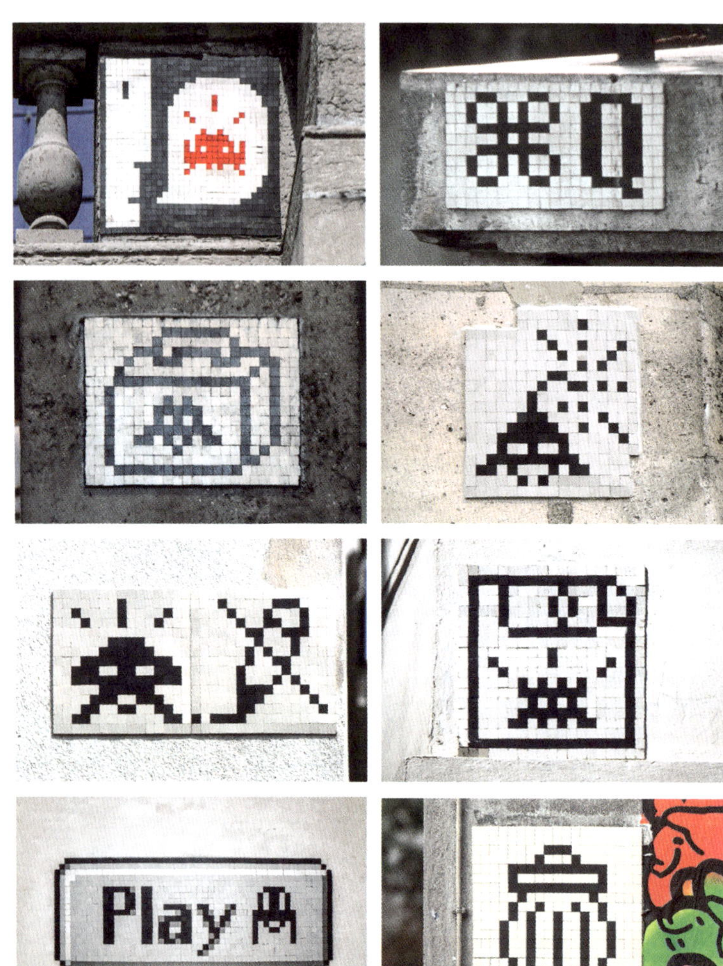

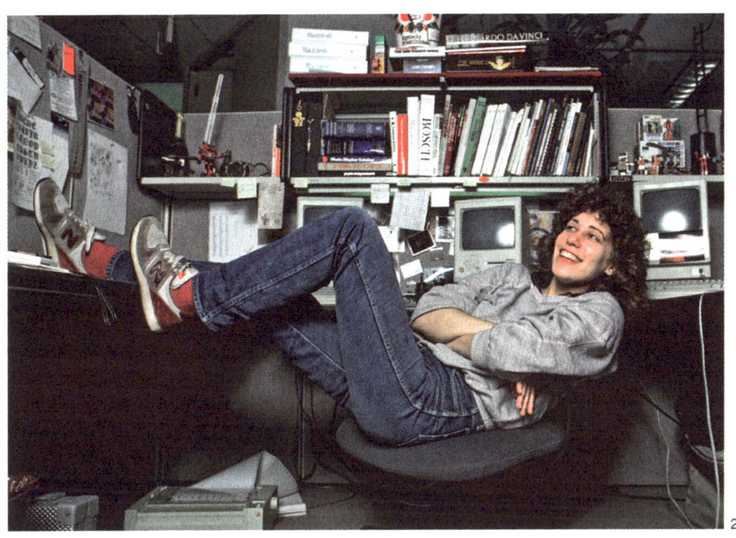

NVDR   Oui, j'en ai utilisé énormément. Ils sont maintenant comptabilisés automatiquement dans ma base de données, je connais le nombre de carreaux utilisés pour chaque pièce. Il y en a plus d'un million en tout. Ça va très vite parce qu'une petite pièce comme celle-ci utilise une centaine de carreaux. Là, il doit y en avoir 200 ou 300 et là, plus d'un millier.

HUO   Et quand arrivent les Rubik's cubes [I] ?

NVDR   J'ai commencé le rubikcubisme [II] en 2005. Et tu vois, là, j'ai fait quelques pièces en hommage à son apparition [23]. J'ai réalisé des mosaïques sur ce thème que j'ai été coller dans les rues, regarde, celle-ci représente un Rubik's cube. J'ai même collé directement des cubes dans la rue car je trouvais ce geste inattendu et surprenant. Mais je ne l'ai pas fait tant que ça parce que, contrairement au carrelage, ce n'est pas un matériau adapté à la rue. Ils sont en plastique donc ils craignent les intempéries, le chaud, le froid, les UV. J'ai donc gardé les cubes pour les pièces de galeries et le marché. Donc là, on doit être en 2005, autour de ma 600ᵉ mosaïque parisienne. Puis ma palette thématique a continué à évoluer. J'aime assez celle-ci ; c'est un détournement d'une plaque qui a été envoyée dans l'espace dans les années 1970 depuis l'observatoire d'Arecibo pour prendre contact avec des extraterrestres [24].

HUO   Ça me fait penser à Picture Generation, un groupe d'artistes apparu au milieu des années 1970 qui utilisaient l'appropriation et le montage pour révéler la façon dont les images étaient construites. Sherrie Levine [III], par exemple, a fait de l'Appropriation un des thèmes centraux de son art, elle s'intéressait au « presque identique ». Sturtevant [IV] avait déjà commencé à reproduire les œuvres de ses contemporains dans les années 1960.

I. Inventé par le sculpteur et architecte hongrois Ernö Rubik (1944) en 1974, le Rubik's cube est un casse-tête géométrique en trois dimensions constitué de six faces de couleurs différentes.

II. Le rubikcubisme est une technique et un mouvement artistique inventé par Invader en 2005 consistant à utiliser des Rubik's cubes en tant que matière artistique. Il a depuis réalisé de nombreuses œuvres utilisant ce procédé.

III. Sherrie Levine (1947) s'approprie des photographies ou des tableaux modernes parmi les plus connus, afin de remettre en question les fondamentaux de l'histoire de l'art : l'authenticité, l'originalité et l'autonomie de l'objet artistique.

IV. Elaine Sturtevant (1924- 2014) était une artiste américaine notamment connue dès 1965 pour la reproduction (de mémoire) d'œuvres d'autres artistes. Son travail questionne la notion de propriété et d'originalité.

HUO   Where do you find the tiles? Do you buy them?

NVDR   Yes, in very traditional tile shops.

HUO   You must have used a lot of them?

NVDR   I've used an enormous amount. They're now automatically recorded in my database, so I know the number of tiles used for each mosaic. There are over a million in total. A small piece like this might use around a hundred tiles. There must be 200 or 300 here and over a thousand there.

HUO   And when did you start incorporating the Rubik's Cubes?[I]

NVDR   I started Rubikcubism in 2005.[II] As you can see, I created some pieces to pay tribute to its introduction [23]. I made street mosaics on this theme, look, this one here represents a Rubik's Cube. I even placed actual cubes on street walls because I thought it'd be unexpected and surprising. But I didn't do this often because, unlike tiles, Rubik's Cubes aren't well-suited for street art; they're made of plastic and they're susceptible to weather conditions and UV rays. So I reserved the cubes for gallery pieces and the art market. This must be 2005, around my 600th Parisian mosaic. My thematic palette continued to evolve thereafter. I quite like this one; it's a twist on a plaque that was sent into space in the seventies from the Arecibo Observatory in an attempt to contact extraterrestrial life [24].

HUO   This reminds me of Picture Generation, a group of artists from the mid-seventies who used appropriation and montage to reveal how images were constructed. Sherrie Levine, for example, made appropriation one of the central themes of her art – focusing on the idea of 'almost identical' works.[III]

I. Invented by Hungarian sculptor and architect Ernö Rubik (b.1944) in 1974, the Rubik's Cube is a three-dimensional geometric puzzle made up of six sides of different colours.
II. Rubikcubism is a technique and artistic movement invented by Invader in 2005, involving the use of Rubik's Cubes as artistic material. He has since produced a number of works using this process.
III. Sherrie Levine (b.1947) appropriates some of the best-known modern photographs, paintings and sculptures in order to question the fundamentals of art history: the authenticity, originality and autonomy of the artistic object.

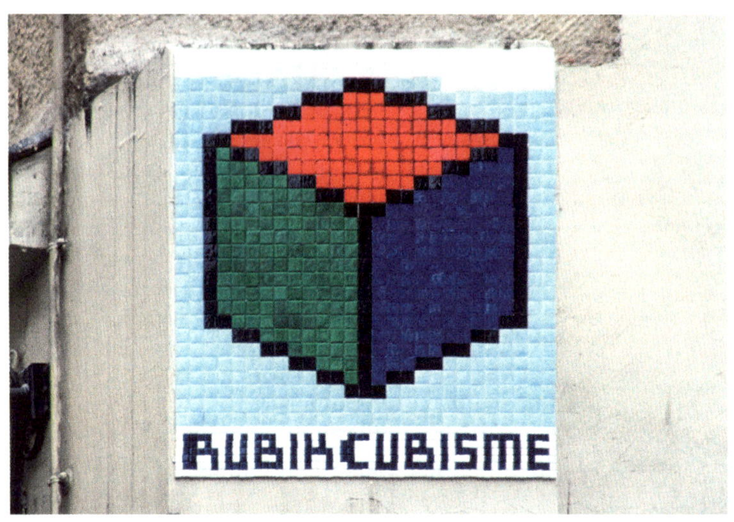

RUBIKCUBISME

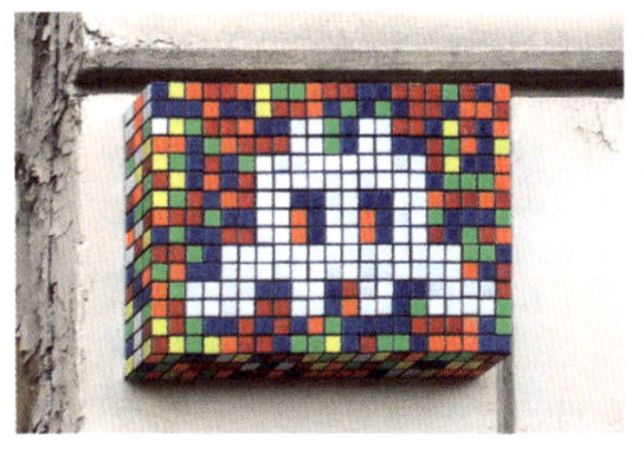

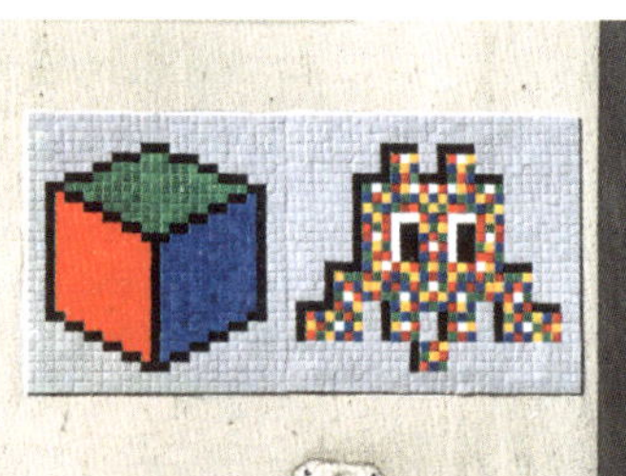

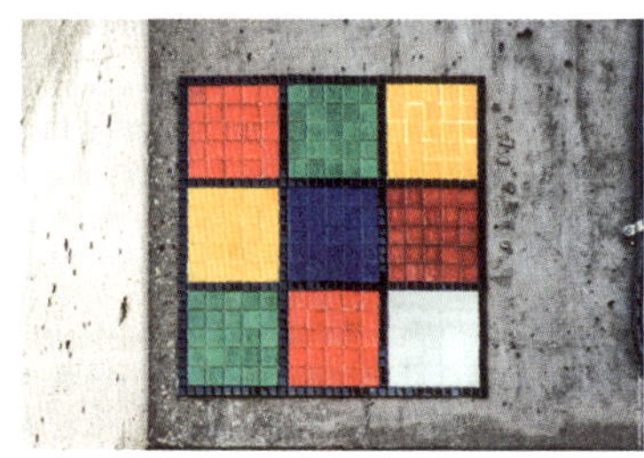

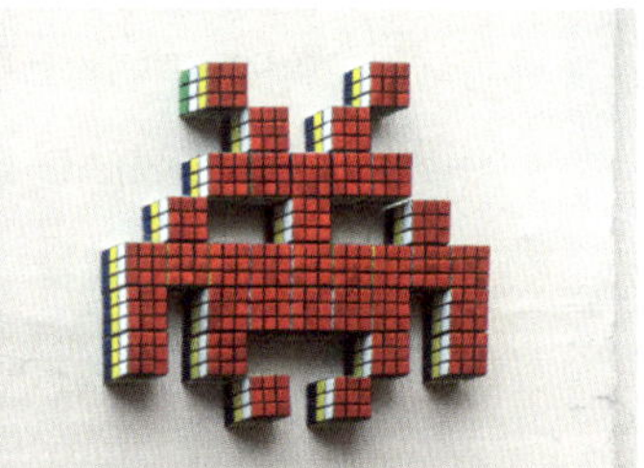

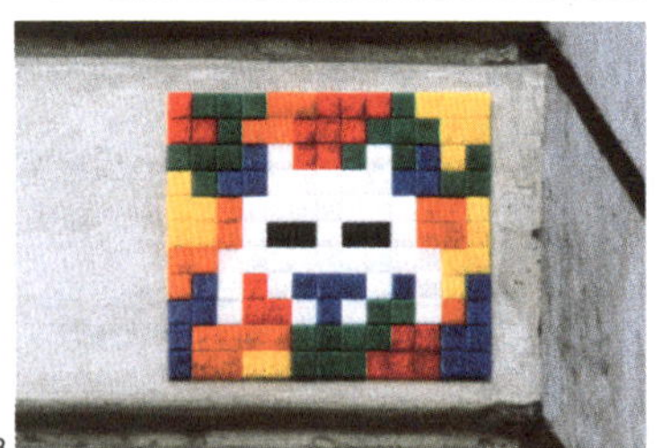

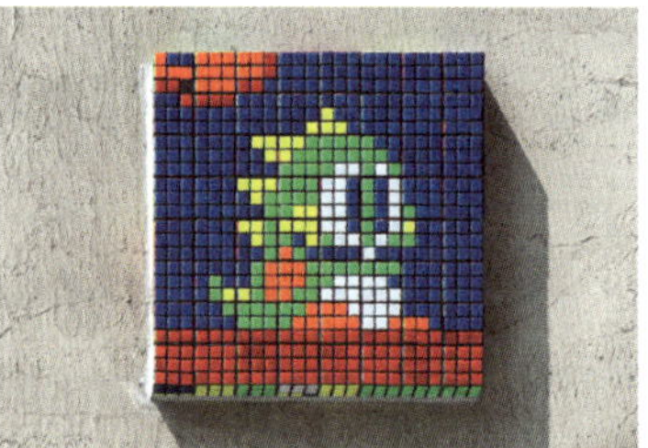

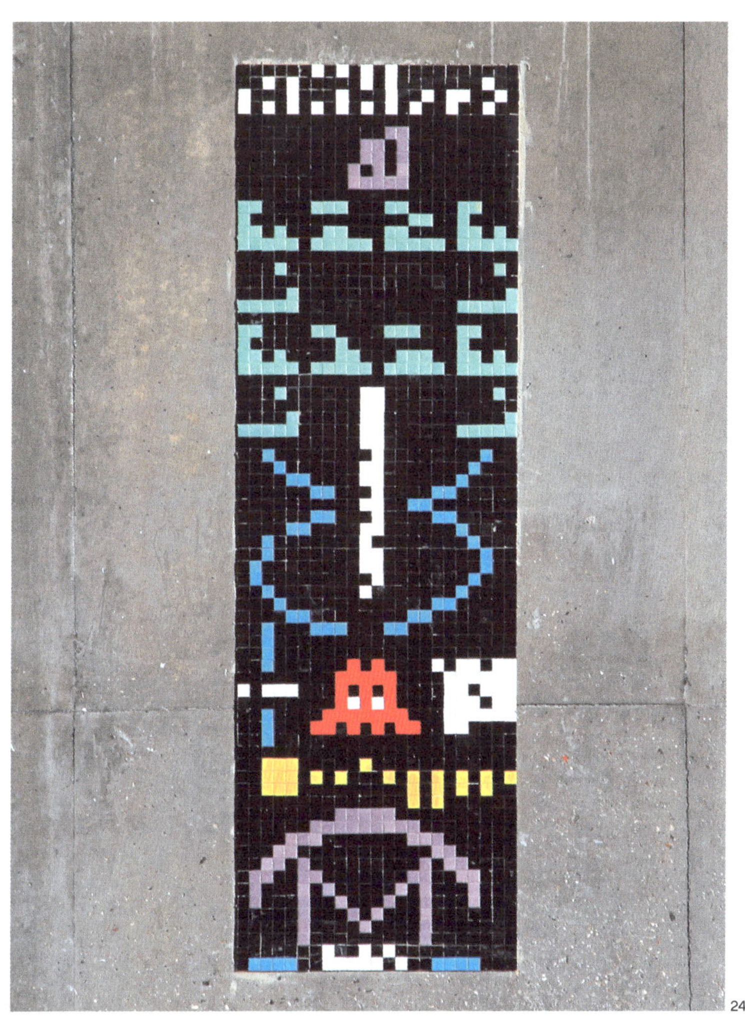

23 Rubik's Cube-themed street mosaics in Paris, 2005–2006:
PA_627 / PA_632 / PA_645 / PA_614 / PA_636 / PA_635 / PA_678

24 *PA_895*, Paris, 2011

NVDR   Oui, je vois bien.

HUO   Est-ce que ces artistes t'ont inspiré ?

NVDR   Je connais leur travail mais on ne peut pas dire qu'ils m'ont
         directement inspiré. C'était dans l'ère du temps et, en tant
         qu'artiste, j'ai peut-être absorbé ces choses-là, mais je ne
         peux pas dire qu'ils m'aient réellement influencé.

HUO   L'évolution est née dans le système lui-même.

NVDR   Oui, je ne voulais pas répéter sans cesse la même chose, cela
         aurait été ennuyeux, pour moi et pour le public. Je me suis
         donc tout d'abord imposé de ne pas répéter deux fois la
         même mosaïque, puis j'ai été chercher d'autres personnages
         de jeux vidéo et enfin d'autres figures ou icônes de la culture
         populaire, ou parfois *underground*. Là, on voit par exemple un
         portrait de la Panthère Rose et, à ses côtés, des personnages
         de *Star Wars*, *Spider-Man*, ou cette *Mona Lisa* qui est rue du
         Louvre [25].

HUO   Ce sont souvent des références aux années 1980. Est-ce que
         l'actualité est entrée dans ton travail ? Est-ce qu'il y a eu des
         réactions à l'actualité ou pas trop ?

NVDR   Parfois, mais c'est assez rare, par exemple j'ai récemment
         réalisé une série sur les NFTs avec des CryptoPunks que j'ai
         reproduits en carrelage[1] [26]. Par contre, je m'inspire rarement
         de l'actualité politique, je ne fais pas un art frontalement
         politique, je pense que le street art est déjà en soi un acte
         politique. Et puis il y a d'autres street artists qui sont déjà
         dans cette démarche et qui le font très bien.

HUO   Oui, qui réagissent.

---

1. Un NFT (de l'anglais *non-fungible token*) ou jeton non fongible est un objet
informatique suivi, stocké et authentifié grâce à un protocole de *blockchains*,
auquel est rattaché un identifiant numérique, ce qui le rend unique et non fongible
(irremplaçable). Ce jeton accorde des droits, de propriété ou autre, sur un objet réel
ou virtuel comme une œuvre d'art (souvent numérique), un contrat, un diplôme
etc., et est associé à un compte propriétaire comme tout jeton de *blockchain*, mais
le jeton étant non fongible, le propriétaire est garanti unique. Les CryptoPunks
sont une collection de 10.000 personnages numériques représentés sur ces jetons
numériques, devenus des pièces de collection vendues pour des sommes record
depuis 2021.

Sturtevant had already begun reproducing works of her contemporaries in the sixties.[I]

NVDR   Yes, I can see that.

HUO   Have these artists inspired you?

NVDR   I know of their work, but I can't say they directly influenced me. It was part of the zeitgeist, and as an artist, I may have absorbed it, but I can't say they really inspired me.

HUO   So the evolution in your work was a natural progression.

NVDR   Yes, I didn't want to repeat the same thing over and over again, that would have been boring, both for me and for viewers. So first of all I made a point of not repeating the same mosaic twice, then I branched out to other video game characters and eventually to figures and icons from popular, or sometimes underground, culture. Here, for example, we see a portrait of Pink Panther and alongside it are characters from *Star Wars*, *Spider-Man* or this *Mona Lisa* on rue du Louvre [25].

HUO   Your work often references the eighties. Has contemporary culture had an impact on your pieces, or have you ever created works in response to current events?

NVDR   Occasionally, but it's quite rare. For instance, I recently did a series on NFTs with CryptoPunks, which I reproduced in tiles [26].[II] However, I'm not often inspired by current political events, I don't make art that's directly political, I think that street art is already a political act in itself. There are other street artists who are already doing this and doing it very well.

I. Elaine Sturtevant (1924–2014) was an American artist best known from 1965 for reproducing (from memory) works by other artists. Her work questions the notion of ownership and originality.

II. An NFT (non-fungible token) is a computer object (a 'token') that is tracked, stored and authenticated using a blockchain protocol, to which a digital identifier is attached, making it unique and non-fungible (irreplaceable). This token grants rights, ownership or otherwise, over a real or virtual object such as a work of art (often digital), a contract, a diploma, etc., and is associated with an owner account like any blockchain token, but as the token is non-fungible, the owner is guaranteed to be unique, which gives the token its value. CryptoPunks are a collection of 10,000 digital characters represented on these digital tokens, which have become collector's items sold for record sums since 2021.

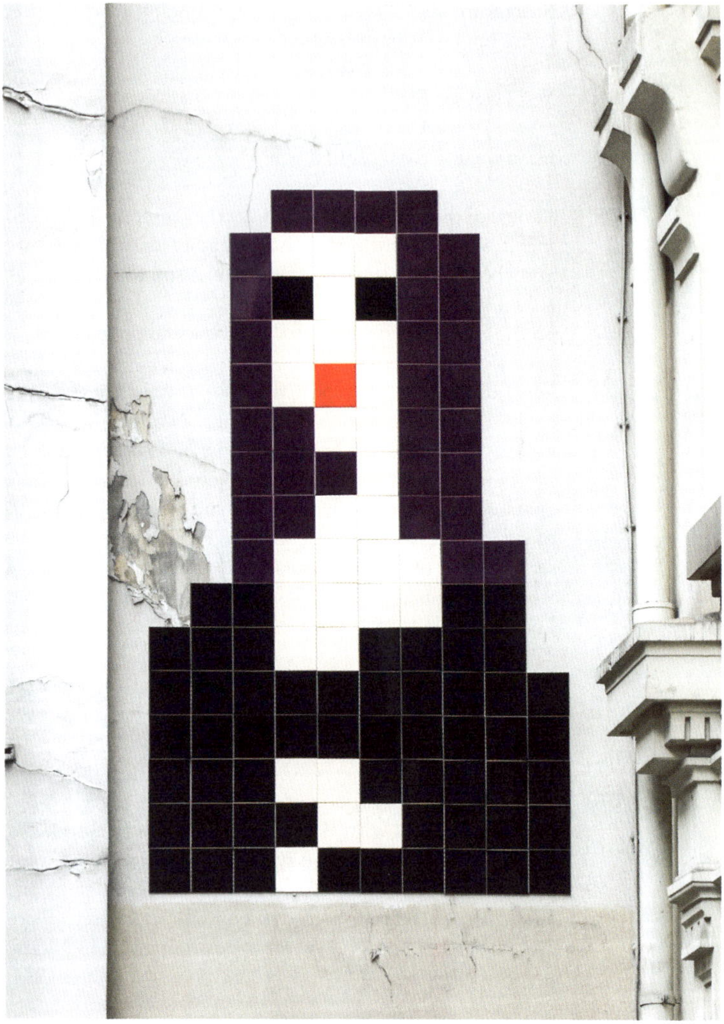

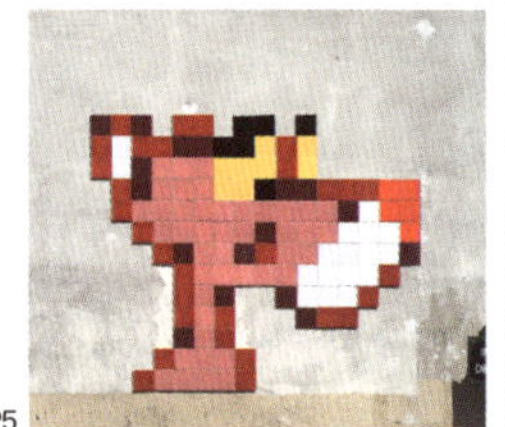

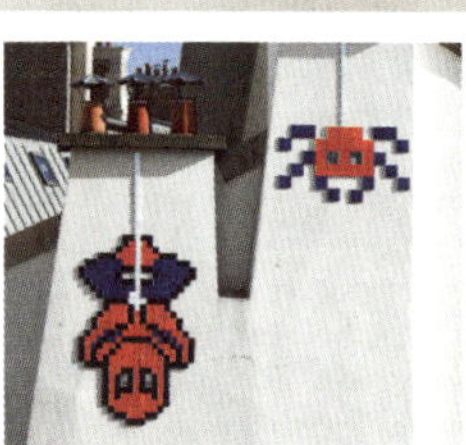

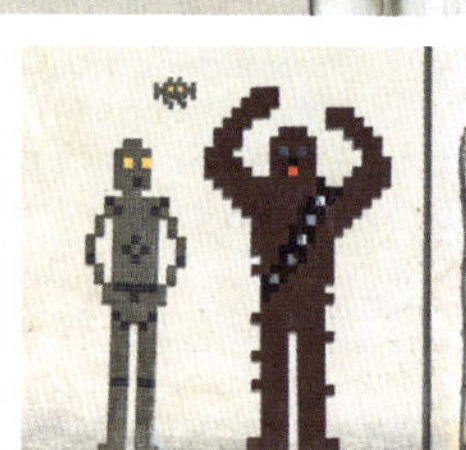

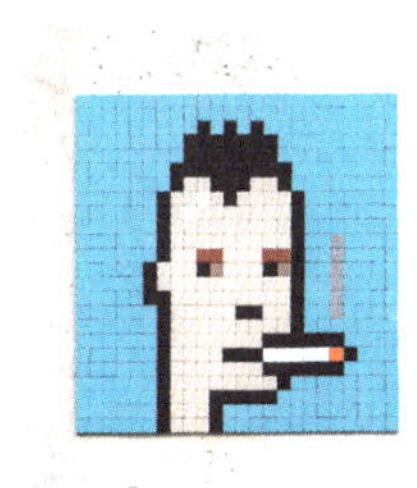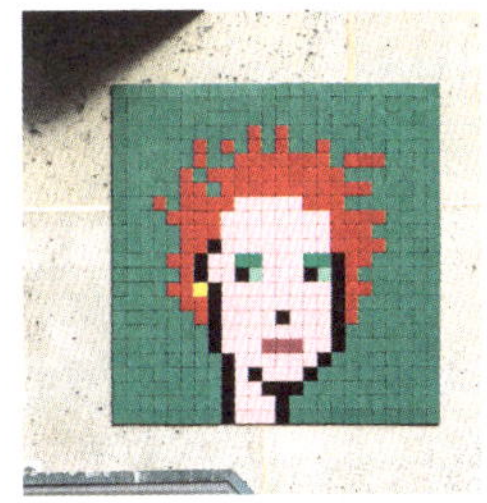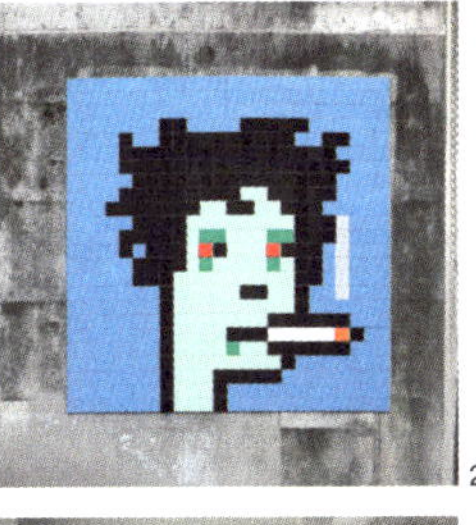

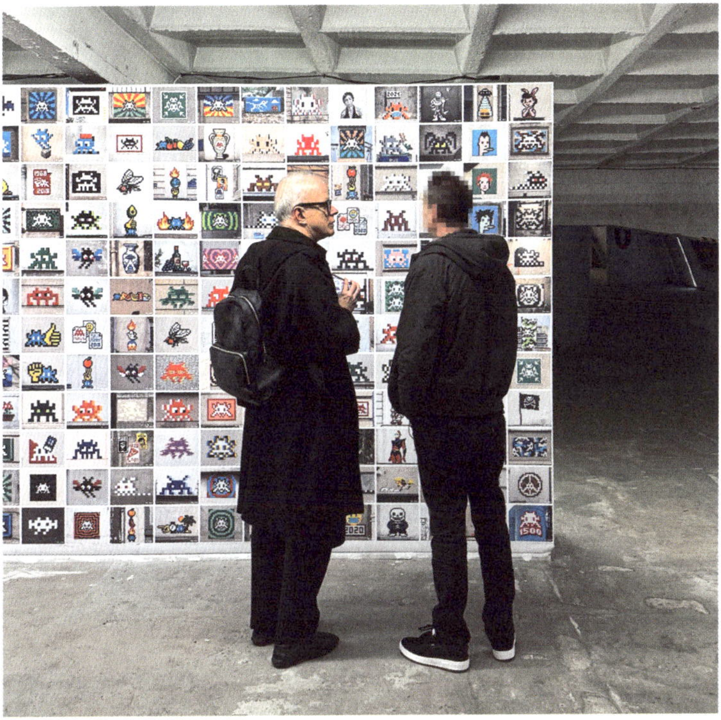

Hans Ulrich Obrist and Invader in front of the installation

NVDR   Oui, ce qui est très bien, mais moi ce n'est pas mon truc, je suis plus dans un geste esthétique, poétique, ludique ou sociologique peut-être, mais rarement politique. Donc, c'est assez rare que je réagisse à chaud à l'actualité politique. C'est arrivé quelques fois, par exemple à Hong-Kong, pendant la révolution des parapluies où j'ai fait une petite pièce représentant un space invader tenant un parapluie que j'ai installé au milieu du campement des manifestants [27] ou des choses comme ça.

HUO   Un parapluie jaune [28].

NVDR   Oui bien sûr. Ou je viens de faire une grande pièce avec le symbole *Peace and Love* ce qui est une façon pour moi de faire du politique ou du moins de réagir à l'actualité.

HUO   *Lost in Space*, c'est un très bon titre [29].

NVDR   Oui, ça fonctionne bien et donc c'est typiquement plus poétique que politique. Ici, un portrait de Picasso qui est devant le musée Picasso [30] car il m'arrive de réagir à l'histoire du lieu ou au nom des rues. Là, par exemple, c'est la princesse Leia de *Star Wars* et elle est rue Princesse à Paris [31].

HUO   Là, il y a plutôt une réaction à la géographie qu'à l'actualité.

NVDR   Oui cela m'arrive mais pas systématiquement, je ne souhaite pas non plus illustrer chaque nom de rue, ou chaque lieu, cela deviendrait un peu trop anecdotique. Voilà, donc là on arrive à 1200, on s'approche de mes pièces les plus récentes. Là, je réagis à nouveau au contexte, celle-ci est sur un hôpital elle représente le Dᵣ House [1], cette pièce est gigantesque, elle fait 3 ou 4 étages de haut [32]. C'est ce que j'appelle mon 1% légal, c'est-à-dire que c'est une commande, ou plutôt une invitation officielle, ce qui me permet de réaliser une très grande pièce que je n'aurais pas pu faire sans autorisation.

HUO   Est-ce que tout ça a été publié dans un livre ?

---

1. *Dᵣ House* (titre originel : *House M.D.*) est une série télévisée américaine créée par David Shore. Elle met en scène un médecin misanthrope, le docteur Gregory House, interprété par l'acteur anglais Hugh Laurie. Diffusée en France de 2007 à 2013, elle était en 2008 la série la plus regardée au monde.

HUO   Yes, those that react or respond to political events.

NVDR   Which is great, but my work tends to prioritise aesthetics, poetry, playfulness and sociology, rather than politics. So it's quite rare for me to react to current political events. It's happened a few times, for example in Hong Kong, during the Umbrella Revolution, I made a small piece representing a space invader with an umbrella and installed it in the middle of the demonstrators' camp [27].

HUO   A yellow umbrella [28].

NVDR   Yes. Or more recently, I've created a big piece with the Peace and Love symbol, which is a way for me to be political, or at least to react to current events.

HUO   *Lost in Space* is a very good title [29].

NVDR   Yes, it works well, so it's typically more poetic than political. Here's a portrait of Picasso in front of the Musée Picasso [30], for I sometimes respond to the history of a place or to street names. There, for example, we have Princess Leia from *Star Wars* on rue Princesse in Paris [31].

HUO   Your work seems to respond more to geography than current events.

NVDR   I don't want to illustrate every street name or every place either, that might become too anecdotal. So here we are now at the 1,200th piece, getting closer to my most recent work. As you can see, I'm again responding to context, this one is on a hospital and depicts Dr House.[1] This mosaic is gigantic, it's three or four storeys high [32]. It's what I call my legal 1%, in other words, it's a commission, or rather an official invitation, which allows me to create a large piece that I couldn't have done without permission.

HUO   Has any of this been published in a book?

NVDR   Yes, there are two books that focus on my work in Paris, I'd

---

1.   Dr House (original title: *House M.D.*) is an American television series created by David Shore. It features a misanthropic doctor, Dr Gregory House, played by English actor Hugh Laurie. Broadcast in France from 2007 to 2013, it was the most watched series in the world in 2008.

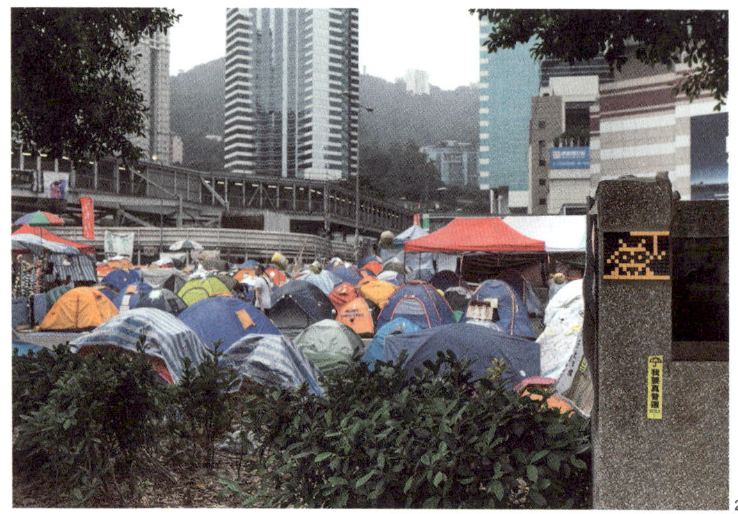

27

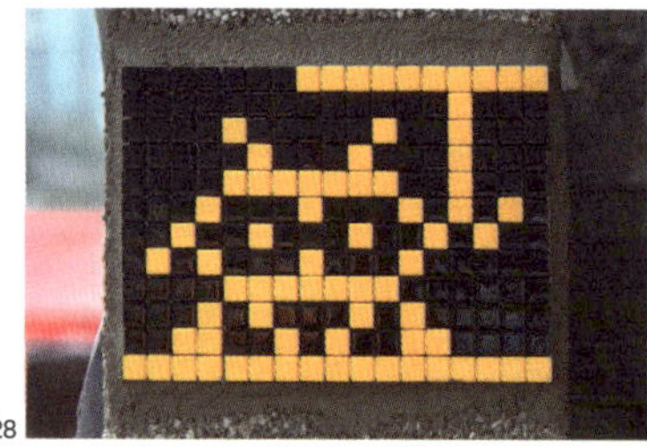

28

29

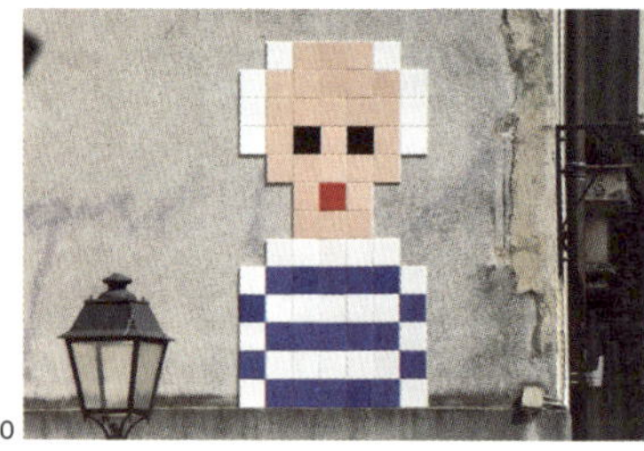

30

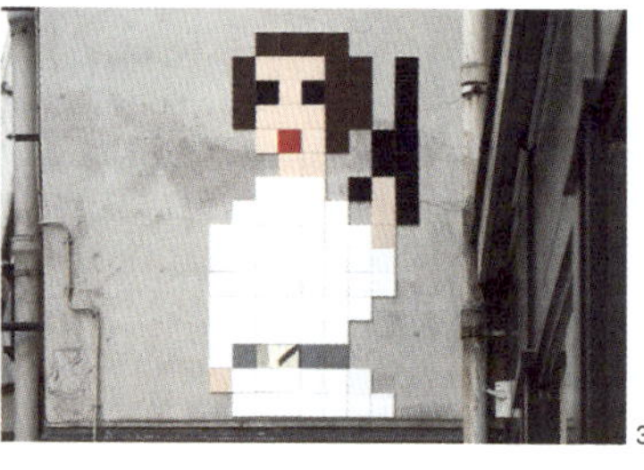

31

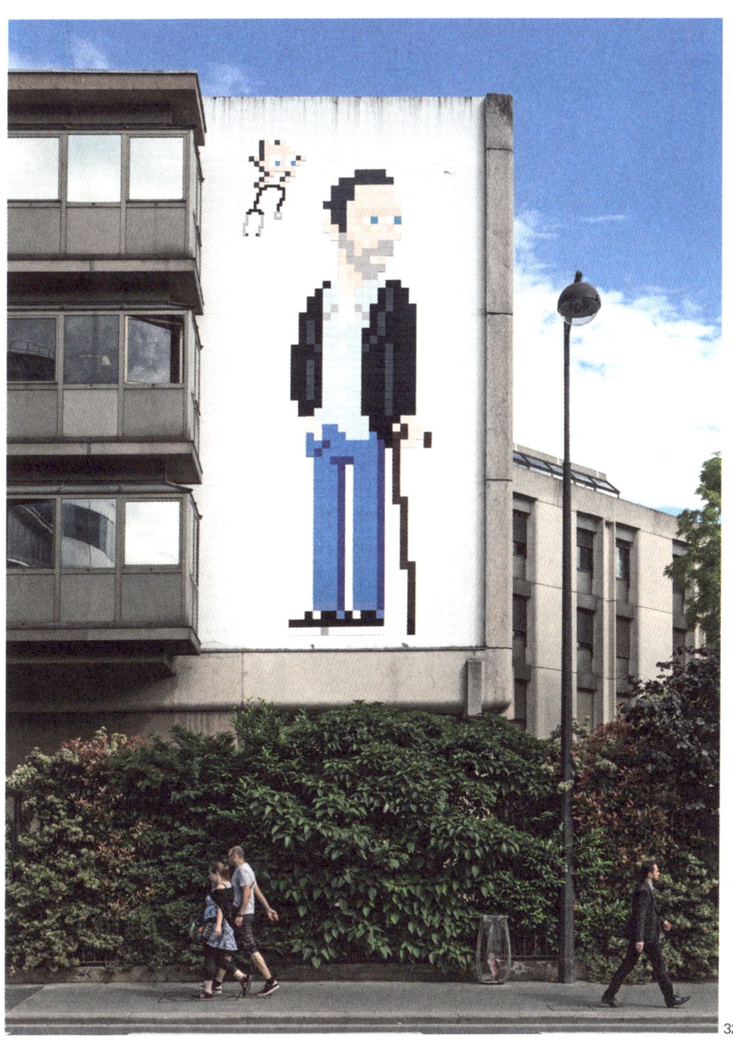

NVDR   Oui, il existe deux livres sur mon travail à Paris, je te donnerai de la documentation tout à l'heure si tu veux. J'aime beaucoup les livres. J'en ai auto-édité une vingtaine. Ils font partie de mon œuvre, au même titre que mes créations plastiques. Là, c'est dans la rue Gît-le-Cœur. Dans cette rue, il y a un petit hôtel où logeaient tous les gens de la *Beat Generation* lorsqu'ils séjournaient à Paris : Ginsberg, Kerouac, Brion Gysin ou William Burroughs.

HUO   C'est pas La Louisiane ?

NVDR   Je ne me souviens plus du nom de l'hôtel [1].

HUO   J'ai passé beaucoup de temps à La Louisiane, avec Jonas Mekas, le grand cinéaste et poète.

NVDR   En tous cas, la rue Gît-le-Cœur est liée à l'histoire de la *Beat Generation*. Et ça, c'est adapté d'une photo de William Burroughs, qui a été prise dans cette rue dans les années 1960, j'ai reproduit sa silhouette que j'ai installée dans la rue [33]. Il est toujours en place, je l'aime beaucoup.

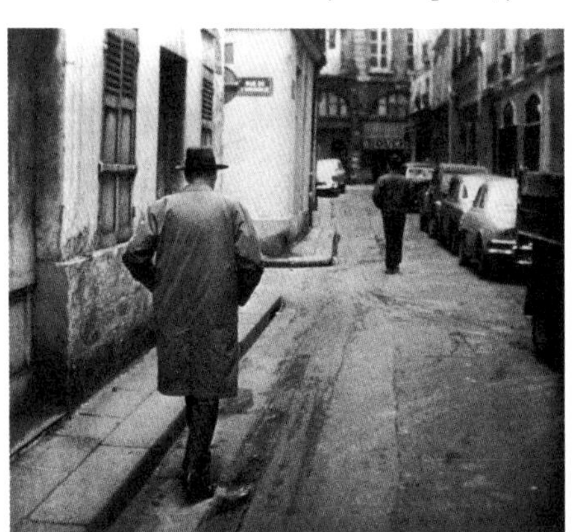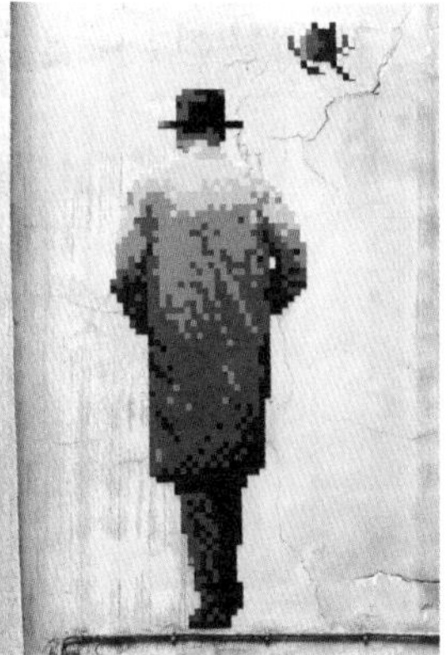

33 William Burroughs, rue Gît-le-Cœur, Paris, 1959 / *PA_1317*, Paris, 2017

HUO   Tu es végétarien ?

NVDR   Oui, je suis végétarien. Celle-ci est sur un McDonald's. C'est une mouche, verte, une mouche à merde [34] ! Quand je l'ai

---

1. Surnommé le *Beat Hotel* et situé 9 rue Gît-le-Cœur près de la fontaine Saint-Michel à Paris, ce petit hôtel peu confortable et à bas prix accueillit des célébrités du mouvement littéraire de la *beat generation*.

be happy to give you some copies later if you're interested. I love books. I've self-published about twenty of them. They are an integral part of my work, just as much as my visual creations. This is in rue Gît-le-Cœur. There's a little hotel on this street where all the Beat Generation stayed when they were in Paris: Ginsberg, Kerouac, Brion Gysin and William Burroughs.

HUO   Isn't that La Louisiane?

NVDR   I can't remember the name of the hotel.[1]

HUO   I spent a lot of time in La Louisiane, with Jonas Mekas, the great filmmaker and poet.

NVDR   Rue Gît-le-Cœur is steeped in the history of the Beat Generation. And this piece is actually based on a photo of William Burroughs taken on this very street in the sixties. I reproduced his silhouette and installed it in the street [33]. It's still there, I like it a lot.

HUO   Are you a vegetarian?

NVDR   Yes, I'm a vegetarian. This one is on a McDonald's building and features a green dung fly [34]! When I installed it, I thought it wouldn't last more than a week, but to my surprise, it's been there for four years now! I guess McDonald's hasn't quite caught on yet. I also created a whole series on the veggie theme, which I installed in the 9th arrondissement of Paris, an area known for its numerous vegetarian establishments. And this mosaic here [35] was installed in 2018 at Place de la Sorbonne.

HUO   A tribute to May 68.

NVDR   Absolutely, 1968–2018, to commemorate 50 years since the events of May 68. I came across a photo taken during May 68 showing demonstrators in front of this exact street corner. So I placed the mosaic on that same corner,

---

1. Nicknamed the Beat Hotel and located at 9 rue Gît-le-Cœur near the Saint-Michel fountain in Paris, this small, low-cost hotel played host to celebrities from the Beat Generation literary movement, some of whom went on to write famous works.

posée, je me suis dit qu'elle n'allait pas durer plus d'une semaine et pourtant ça fait maintenant quatre ans qu'elle est sur ce McDonald's, je pense qu'ils n'ont pas compris le message ! J'ai aussi réalisé toute une série sur le thème *veggie* installée dans le 9ᵉ arrondissement de Paris, un quartier avec beaucoup de lieux végétariens. Et celui-ci, je l'ai posé en 2018, place de la Sorbonne.

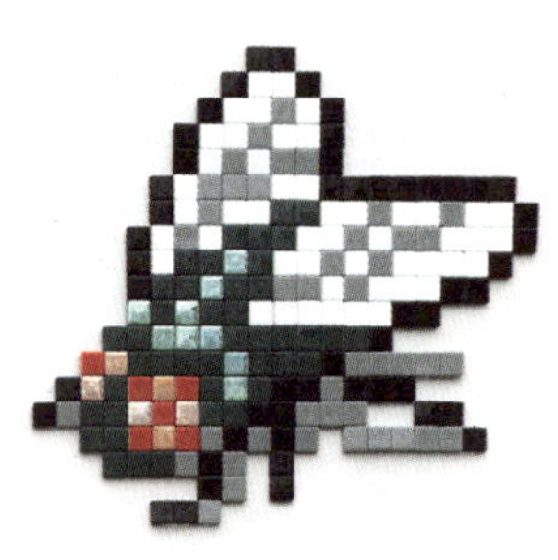

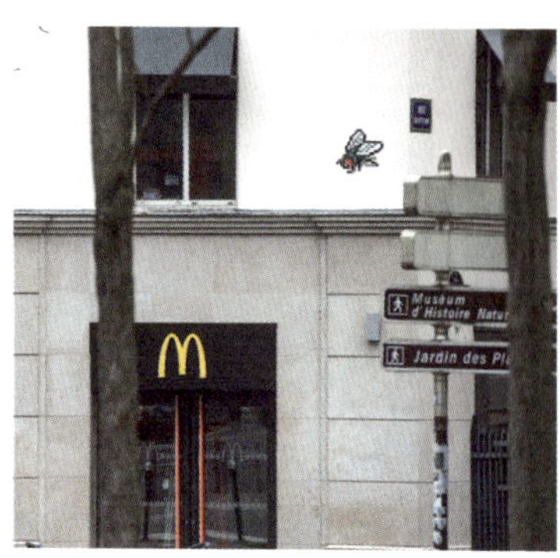

34 *PA_1383*, Paris, 2019

HUO   Hommage à Mai 68.

NVDR   Absolument oui, 1968-2018, 50 ans de Mai 68. J'étais tombé sur une photo prise durant Mai 68 ou on voit les manifestants devant ce coin de mur. Et donc j'ai placé la pièce sur ce même coin de mur 50 ans après [35]. Et ici, c'est un autre hommage à Mai 68. J'appelle ça les affiches pour l'éternité puisqu'elles sont réalisées en carrelage.

HUO   Et tu fais des posters aussi, des affiches, des prints de l'œuvre ?

NVDR   Oui j'ai toujours fait des impressions sur papier et, à mes débuts, j'ai fait des affiches que je collais dans la rue. Et puis j'ai très vite arrêté en me disant que j'avais trouvé un matériau nouveau qui est la mosaïque et qu'il fallait que je me concentre dessus.

HUO   Parce qu'évidemment, en France, il y a le grand pionnier que j'aime beaucoup qui est Ernest Pignon-Ernest[1].

---

1. Ernest Pignon, dit Ernest Pignon-Ernest (France, 1942), est un artiste plasticien français. Depuis la fin des années 1960, il affiche ses dessins qui abordent de nombreux thèmes à caractères sociaux ou politiques sur des lieux soigneusement repérés.

50 years later. This other one is also tribute to May 68. I call them Posters for Eternity as they're made of tiles.

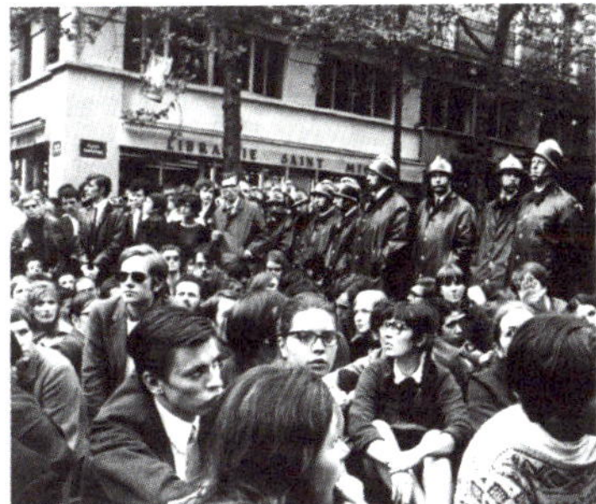 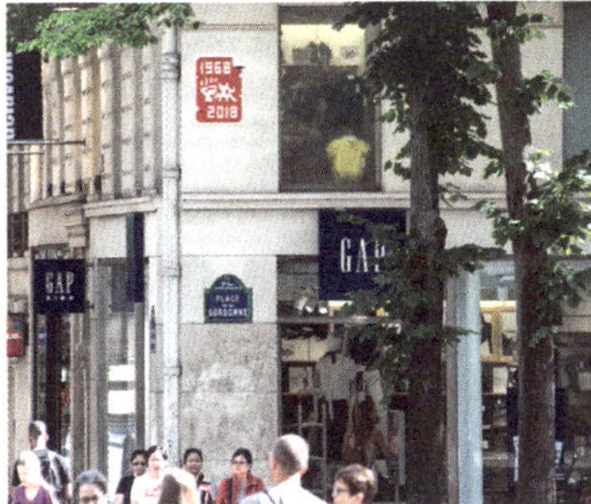

35 Students demonstrating at Place de la Sorbonne, Paris, May 1968 / *PA_1359*, Paris, 2018

HUO   And you also make posters and prints?

NVDR   Yes, I've always made prints on paper and, when I started out, I created posters that I'd put up in the street. Then I stopped very quickly, thinking I'd found a new material– mosaics – and needed to focus on that.

HUO   Because obviously, in France, there's that great pioneer I really like, Ernest Pignon-Ernest.[1]

NVDR   I've never met him but I know his work well.

HUO   He's a pioneer of street art, but with posters.

NVDR   Yes, posters of his drawings. But this is different, these are mosaic posters so, Posters for Eternity [36], because, unlike real posters, they won't deteriorate or fall off after a few months, but will still evoke the appearance of aged posters through trompe l'oeil techniques, like the corners look as though they have become unstuck a little. And this one is on a café called Café des Chats, where there are cats that you can stroke. So I depicted a little mouse armed with a gun to defend himself [37].

HUO   And this one?

---

1. Ernest Pignon, also known as Ernest Pignon-Ernest (b.1942), is a French visual artist. Since the late sixties, he has been displaying his drawings in carefully selected locations, addressing a wide range of social and political themes.

NVDR   Je ne l'ai jamais rencontré mais je connais bien son travail.

HUO   C'est un pionnier du street art, mais avec des affiches.

NVDR   Oui, des affiches de ses dessins. Mais ça, c'est différent, ce sont des affiches réalisées en mosaïque donc des affiches pour l'éternité [36], puisque contrairement à des vraies affiches, elles ne vont pas se détériorer ou se décoller après quelques mois et tu vois je simule quand même leur vieillissement mais en trompe l'œil, tu vois les coins sont comme cornés, comme si elles étaient un peu décollées. Cette autre mosaïque est sur un café qui s'appelle le Café des Chats, dans lequel il y a des chats qui déambulent. Alors j'ai représenté une petite souris armée d'un flingue pour se défendre [37].

HUO   Et là ?

NVDR   Alors celui-là, c'est sur un cinéma parisien mythique, le Grand Rex. C'est un détournement de l'image du générique de la Paramount, avec la montagne et les étoiles [38].

HUO   Tu joues souvent avec les logos ?

NVDR   Parfois, oui, j'adore les logos, ils font tellement partie de notre vie quotidienne. C'est même un art en soi.

HUO   Est-ce que la notion du détournement t'intéresse ?

NVDR   Oui, bien sûr. J'aime beaucoup l'idée de détournement. Même l'installation qu'on a vue en bas, c'est une sorte de détournement. Mais oui, l'idée de détournement est très importante pour moi.

HUO   Et là, *Invader was here* [39].

NVDR   Oui le *Was Here* est un classique, cela résume tout, j'étais là et j'ai créé cela. Sur celui-ci il y a un effet optique. On dirait que ça vibre [43]. Et ceux-là je les ai faits en plein Covid. Ce sont des sortes de *time capsule*[1] [40].

HUO   Qu'est-ce qui s'est passé pendant la Covid ?

---

1. Une capsule temporelle est une œuvre de sauvegarde de biens, d'informations ou d'éléments artistiques, un témoignage pour les générations futures.

NVDR   So this one's about a legendary Paris cinema, the Grand Rex. It's a twist on the Paramount credits image, with the mountain and the stars [38].

HUO   Do you often play with logos?

NVDR   Sometimes, yes, I love logos, they're such an integral part of our daily lives. It's an art form in itself.

HUO   Are you drawn to the concept of hijacking in your art?

NVDR   Yes, I really like subverting existing contexts or ideas. Even the installation we saw downstairs is a kind of diversion. But yes, the concept of hijacking is very important to my creative approach.

HUO   And this is *Invader Was Here* [39].

NVDR   Yes, *Was Here* is a classic, it sums it all – I was there and created that. On this one, there's an optical illusion. It looks like it's vibrating [43]. And this other one I made during Covid. It's kind of a time capsule [40].

HUO   What happened during Covid?

NVDR   Well, here you see, I've responded to the news because, with Covid, we've all experienced something that's beyond comprehension.

HUO   During lockdown.

NVDR   Yes, during lockdown, I found myself slowing down a bit, though I still managed to put up a few pieces. However, my actions were criticised on Instagram, with claims that it could encourage others to go out and potentially risk their lives. In any case, the funny thing is that this was the only time in my life that I worked with permits because, you know, you needed a pass to go outside. And I would get myself passes saying 'Space Invaders, a street art company, will be working between 3 and 6 a.m. on such and such a street'. For example, this is a portrait of Nina Simone that I stuck on a small cabaret where she sang at the end of

NVDR   Et bien là j'ai réagi à l'actualité car avec la Covid on a tout
         de même vécu quelque chose qui dépasse l'entendement.

HUO   Pendant le confinement.

NVDR   Oui, pendant le confinement. J'ai un peu ralenti mon rythme
         mais j'ai posé quelques pièces, des gens m'écrivaient pour
         m'incendier sur Instagram en me disant : « tu ne peux pas
         faire ça, des gens vont sortir et vont mourir à cause de toi ».
         En tous cas, ce qui est drôle c'est que c'est la seule fois de
         ma vie où j'ai travaillé avec des autorisations puisque, tu
         sais, il fallait se faire un laisser-passer pour sortir. Et moi,
         je me faisais des laisser-passer en disant « Space Invaders,
         entreprise de street art, interviendra entre trois et six heures
         du matin dans telle rue ». Par exemple, là, c'est un portrait
         de Nina Simone[1] que j'ai collé sur un petit cabaret où elle a
         chanté à la fin de sa vie [41]. Et je l'ai fait en plein confinement,
         les rues étaient complètement vides. Pendant que j'installais
         cette pièce une voiture de police est passée : ils m'ont regardé
         pendant cinq minutes, et moi je continuais comme si de rien
         n'était, et puis ils sont repartis sans me contrôler ! En tous
         cas j'aime beaucoup cette pièce. Je l'ai faite et puis je me
         disais qu'il lui manquait un truc. Et j'ai vu que Nina Simone
         portait souvent des boucles d'oreilles en diamant. Donc j'ai
         trouvé ces carreaux qui scintillent comme des diamants et
         j'y suis retourné quelques jours plus tard pour lui rajouter
         ces boucles d'oreilles. Et là, je me suis dit parfait, là elle est
         parfaite.

HUO   Et là, cette pièce est liée au confinement ?

NVDR   Absolument. Là, on est en 2020 et bien sûr ce petit smiley
         avec un masque sur le visage représente la période Covid [42].

HUO   J'avais travaillé sur une affiche avec Gérard Fromanger[2], qui
         est mort maintenant et aussi en mai 68, il faisait beaucoup
         d'affiches.

I. Eunice Kathleen Waymon alias Nina Simone (1933-2003) était une illustre
pianiste, compositrice et chanteuse de jazz américaine. Elle fut également
militante pour les droits civiques.
II. Gérard Fromanger (1939-2021) est un peintre français. Cofondateur de l'Atelier
populaire des Beaux-Arts en mai 1968, il a notamment créé des affiches murales et
slogans accompagnant les luttes des étudiants et des ouvriers en Mai 68.

her life [41].[1] And I did it in the middle of lockdown, the streets were completely empty. While installing this piece, a police car drove by, they looked at me for five minutes, and I carried on as if nothing had happened, and they left without checking me! Anyway, I really like this piece. I made it and then I thought it was missing something. I saw that Nina Simone often wore diamond earrings. So I found these squares that sparkle like diamonds and I went back a few days later to add these earrings. I then thought, perfect, now she's perfect.

HUO   Is this work [42] associated with the lockdown period?

NVDR   Yes, we're now in 2020, and obviously that little smiley face with the mask symbolises the Covid era.

HUO   I worked on a poster with Gérard Fromanger, who has since passed away.[II] During May 68, he also created numerous posters.

NVDR   Yes, I know his work, he's a Pop artist.

HUO   He designed a logo for the coronavirus.

NVDR   I wasn't aware of that.

HUO   It's interesting that France's rich tradition in street art remains relatively unknown internationally.

NVDR   Yes, and during the events of May 68, countless posters emerged from the silkscreen workshop at the École des Beaux-Arts, becoming a prominent fixture on the streets. Later, in the eighties, Paris saw a surge of stencil artists and painters, but for reasons unknown, their work never garnered international acclaim.

I. Eunice Kathleen Waymon, better known as Nina Simone (1933–2003), was an illustrious jazz pianist, composer and singer. She was also a civil rights activist.
II. Gérard Fromanger (1939–2021) is a French painter. Co-founder of the Atelier Populaire des Beaux-Arts in May 1968, he created wall posters and slogans to accompany the student and worker demonstratrions of May 68.

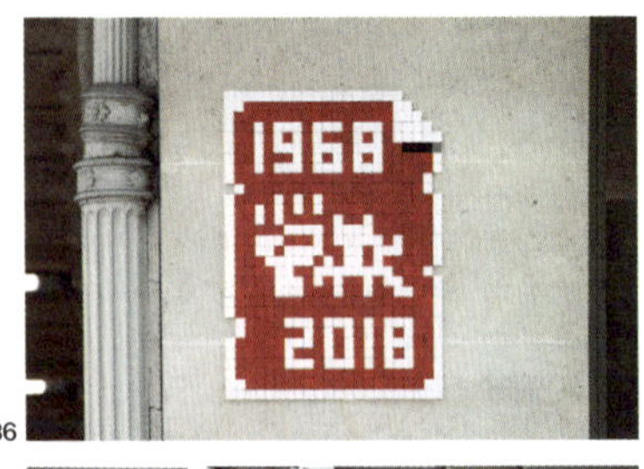

36

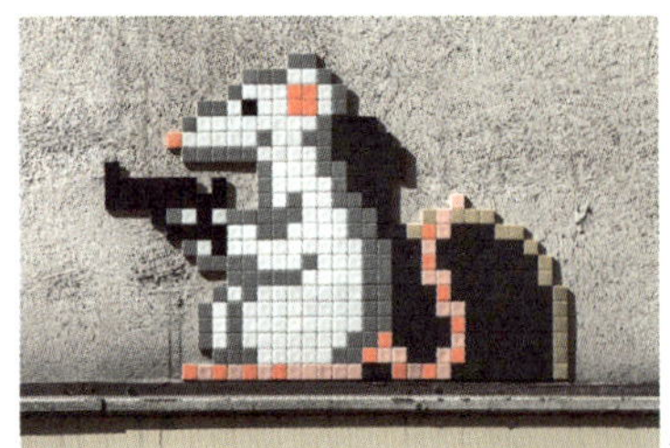

37

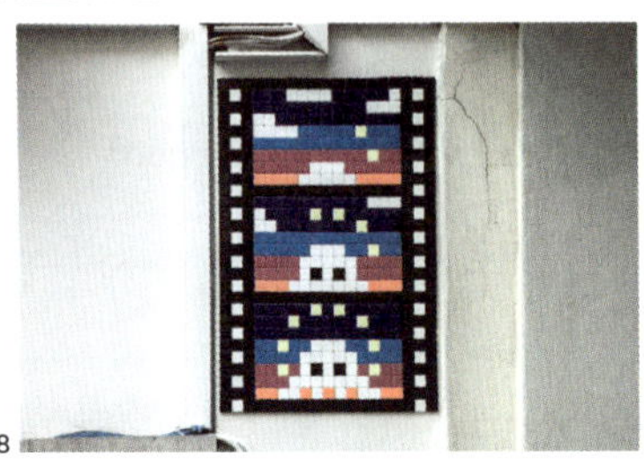

38

39

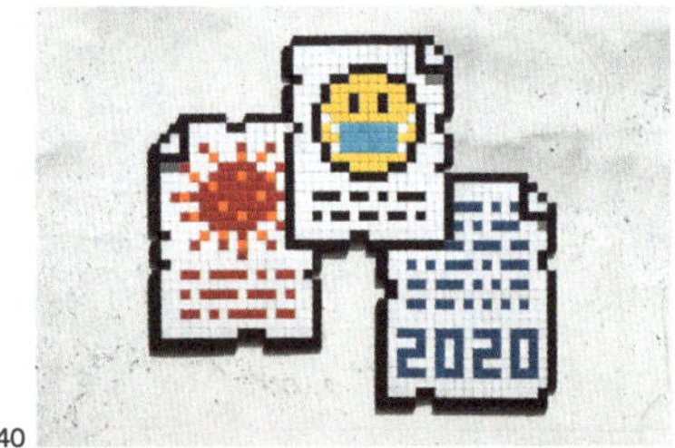

40

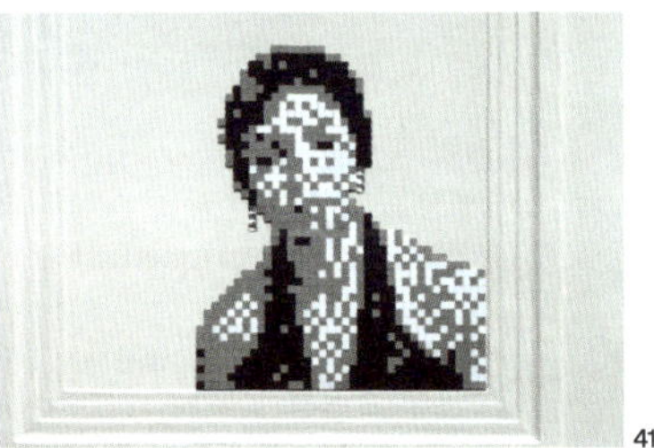

41

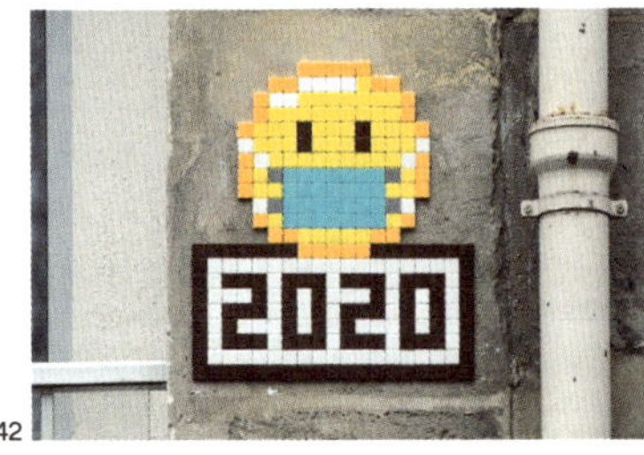

42

43

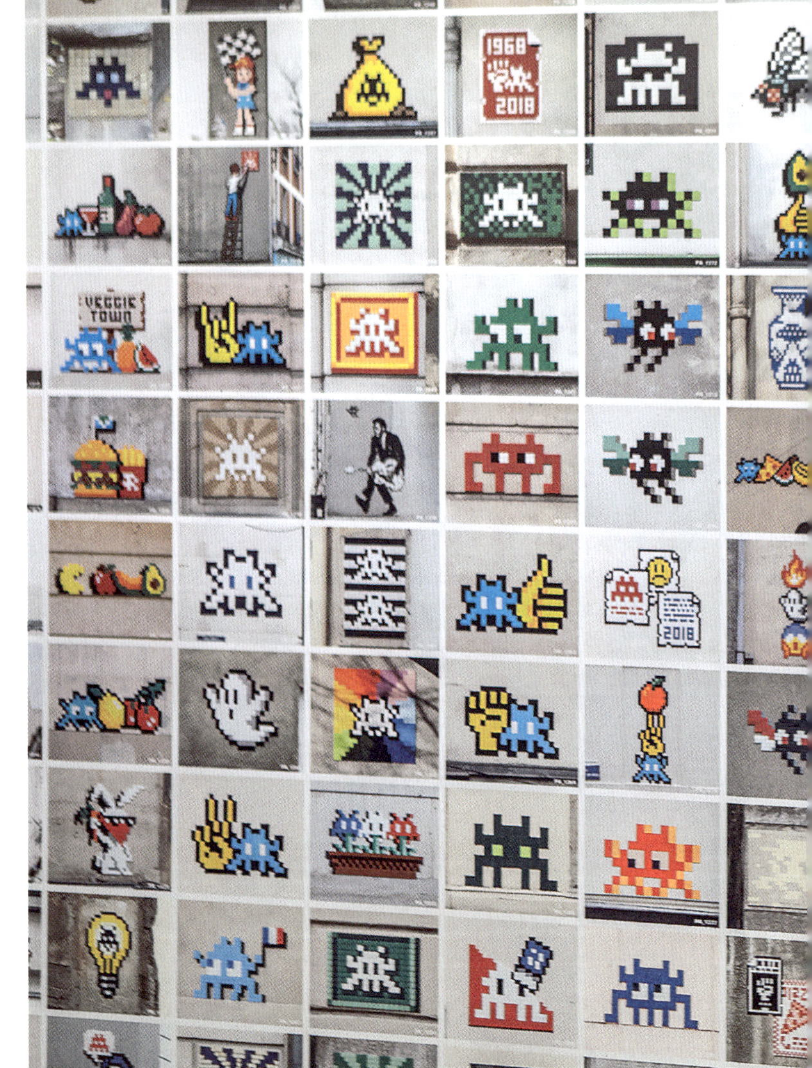

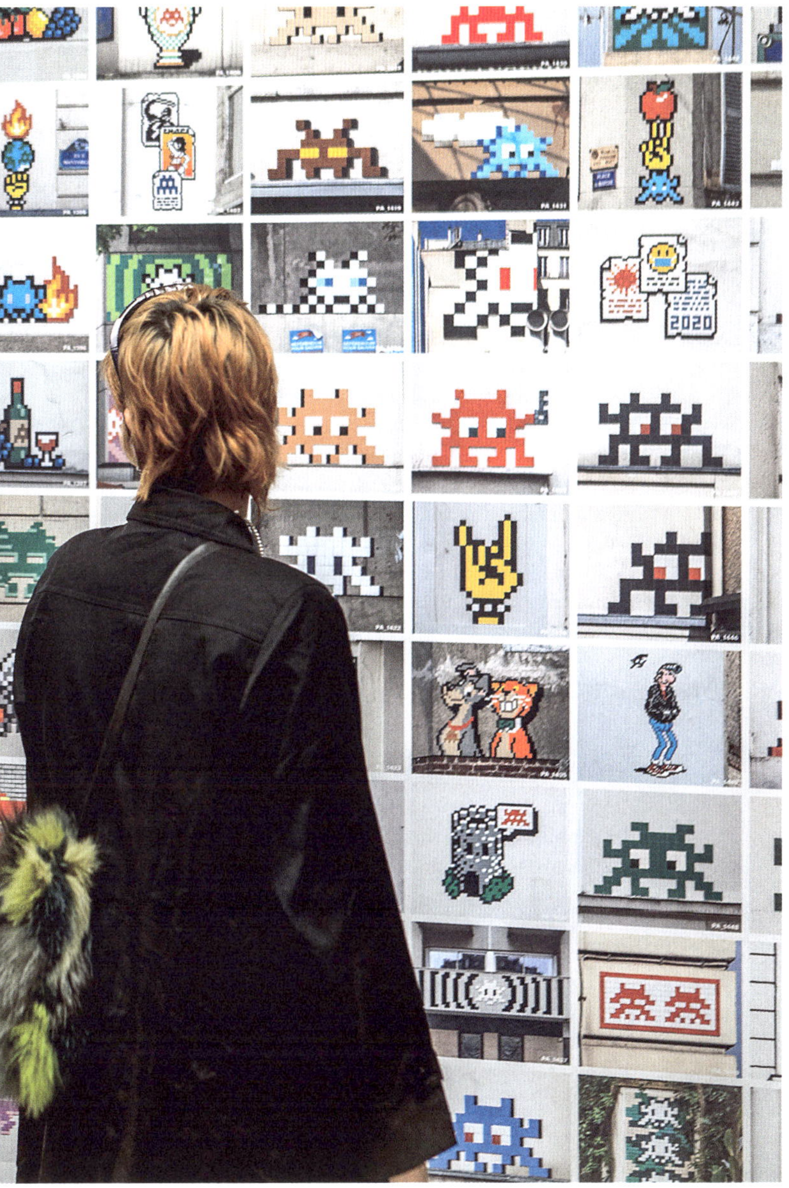

   Detail of the installation

NVDR   Oui, je vois bien son travail, c'est un artiste pop.

HUO   Oui, et il a fait un logo du virus Covid.

NVDR   Je ne savais pas.

HUO   Donc, c'est intéressant parce qu'il y a en fait, en France, une tradition que les gens à l'étranger connaissent peu.

NVDR   Oui et il y a eu Mai 68 bien évidemment, où de nombreuses affiches ont été produites et collées dans les rues, elles étaient réalisées dans l'atelier de sérigraphie de l'école des Beaux-Arts. Et puis dans les années 1980 il y a eu tout un mouvement de pochoiristes et de peintres qui ont travaillé dans les rues de Paris, mais quelque chose n'a pas fonctionné, je ne sais pas pourquoi mais ils n'ont pas du tout percé à l'international.

HUO   Et il y avait cet autre artiste du Street Art en France, qui a un nom très long mais qui utilise une abréviation, comment il s'appelle ? Dans les années 1960 ?

NVDR   Gérard Zlotykamien [1] ?

HUO   Oui, Zloty.

NVDR   Zloty, oui. Il est incroyable, lui c'est vraiment le pionnier, il a travaillé dans les rues avant même les premiers graffitis américains [44]. En France il a influencé tous ceux qui à leur tour se sont mis à travailler dans l'espace public. Il existe des photos extraordinaires où on le voit taguer ses personnages dans le Paris des années 1960, vêtu d'un costume en velours et d'un attaché case. D'ailleurs, il avait disparu et il est réapparu assez récemment. J'ai même entendu dire que le Centre Pompidou venait d'acquérir quelques-unes de ses œuvres. Alors là, ce sont les CryptoPunks dont je t'ai parlé, tu vois, je les ai reproduits en mosaïque. Je leur ai donné une matérialité physique, tout comme je l'ai fait avec les space invaders.

---

1. Gérard Zlotykamien alias Zloty (1940) est un artiste plasticien français qui a commencé à peindre dans l'espace public en 1963. Ses personnages, qu'il appelle les « éphémères », évoquent les ombres humaines qui se sont imprimées sur les murs après l'explosion d'Hiroshima.

HUO   There's this other street artist in France, with a very long
        name, but he goes by an abbreviation. He was active in the
        sixties… What's his name?

NVDR   Gérard Zlotykamien?[1]

HUO   Yes, Zloty.

NVDR   Zloty, yes. He's incredible, he's a true pioneer, his work in
        public spaces predates even American graffiti [44]. In France,
        he had a profound influence on all the artists who followed
        in his footsteps and began to explore public art. There are
        some remarkable photos of him tagging his characters
        around Paris in the sixties, impeccably dressed in a velvet
        suit and carrying a briefcase. Interestingly, he disappeared
        for a while and has only resurfaced recently. I've even heard
        that the Centre Pompidou has just acquired some of his
        works. We are now at the CryptoPunks I mentioned earlier,
        which, as you can see, I've reproduced in mosaic form, giving
        them a physical materiality similar to the space invaders.

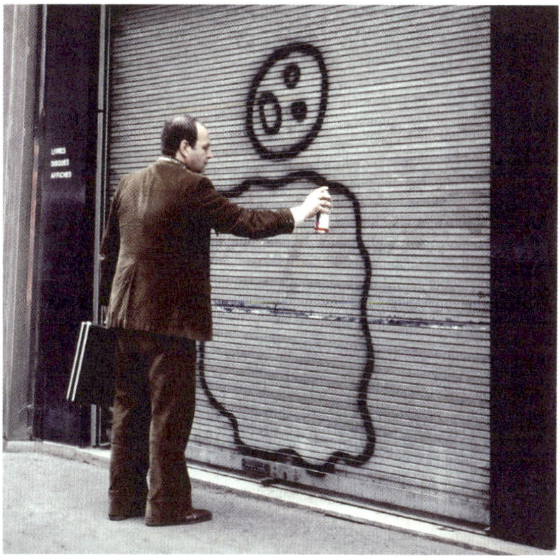

44 Gérard Zlotykamien, Paris, 1984

1. Gérard Zlotykamien, better known as Zloty (b.1940), is a visual artist who began
painting in public spaces in 1963. His figures, which he calls 'ephemera', evoke the
human shadows that were imprinted on walls after the Hiroshima explosion.

HUO   Il y a un nouveau livre qui sort sur le CryptoPunk. J'ai interviewé Matt Hall et John Watkinson [1] pour ce livre.

NVDR   Oui, j'en ai entendu parler aussi, je crois que mes pièces sont évoquées dans ce livre. Tu vois, j'en ai reproduit quelques-uns en carrelage en respectant la grille originale de 16 par 16 pixels. Je les ai matérialisés avec des carreaux de mosaïque alors qu'à la base c'est quelque chose de virtuel, du code informatique, de la *blockchain*.

HUO   Donc là, c'est un exemple d'une nouvelle technologie, une référence à la blockchain.

NVDR   Oui.

HUO   Et le tout dernier, le 1500ᵉ ?

NVDR   On peut le voir là. D'ailleurs, tu vois c'est le dernier de la grille. Donc, tu as le premier là-bas et là le dernier.

HUO   Donc on peut dire que c'est un catalogue raisonné, en fait.

NVDR   Oui mais uniquement des invasions parisiennes. En attendant les suivants bien sûr car je vais continuer, mais en ce moment j'ai très peu de temps pour l'invasion des rues car cette exposition m'accapare.

HUO   Des invasions parisiennes, parce qu'après il y en a beaucoup d'autres ? Il y en a combien au total ?

NVDR   Précisément 4169 dans le monde. Donc à Paris, il y en a à peu près un tiers. C'est clairement la ville la plus envahie au monde.

HUO   C'est incroyable. 1500 pièces à Paris.

NVDR   Maintenant, je vais te montrer quelque chose, c'est mon application *Flashinvaders*. Sur cet écran [45], on voit apparaître en temps réel toutes les photographies, enfin tous les flashs réalisés à travers le monde. Regarde, il vient d'y en avoir un là, il y a une seconde, il y a deux secondes. Hop, il y en a un nouveau.

---

1. Matt Hall et John Watkinson sont des développeurs canadiens qui sont à l'origine des NFTs CryptoPunks.

HUO   There's a new book coming out about CryptoPunks. I interviewed Matt Hall and John Watkinson for it.[1]

NVDR   Yes, I've also heard of it, I think my pieces are mentioned in this book. I've recreated some CryptoPunks using tiles in the original 16 by 16 pixel grid. Although they exist primarily as virtual entities – computer code and blockchain – I've given them a tangible form using mosaic tiles.

HUO   So this is an example of a new technology, a reference to blockchain.

NVDR   Yes.

HUO   And the latest, the 1,500th?

NVDR   You can see it here. In fact, it's the last one in the grid. So you've got the first one there and the last one here.

HUO   You could say this is actually a catalogue raisonné.

NVDR   Yes, but it only showcases the Parisian invasions thus far. Future pieces will eventually be added, as I carry on creating them. However, I currently don't have much time for street invasions due to the demands of this exhibition.

HUO   Parisian invasions, because there are others? How many in total?

NVDR   Globally, there are precisely 4,169. Paris alone has about a third, making it the most heavily invaded city in the world.

HUO   1,500 pieces in Paris is incredible.

NVDR   Now let me show you something, it's my *Flashinvaders* application. On this screen [45], you can view in real-time all the photographs, or flashes, captured globally. Look, there was one just now, one second ago, two seconds ago. And now here's a new one.

HUO   There are cameras.

---

1. Matt Hall and John Watkinson are Canadian developers who are behind the NFT CryptoPunks.

HUO   Il y a des caméras.

NVDR   Non, ce sont les photos des gens qui utilisent l'application et c'est en temps réel. Tout à l'heure, quand tu en as flashé un en bas, ta photo est apparue sur cet écran, dans ce flux.

HUO   Tu veux dire que ça, ce sont les gens qui utilisent l'application, en direct.

NVDR   Oui c'est exactement ça. Et voilà, il y en a un nouveau. Et pourtant là il est encore tôt, nous sommes le matin et il pleut. Regarde, depuis qu'on parle, il y a eu quatre nouvelles photos. Tu vois, il y a même un compteur là, il y a eu un total de 24 239 598 flashs. Hop, un nouveau ! 24 239 599 !

HUO   C'est vraiment une pièce planétaire !

NVDR   Oui, regarde, il y en a une à Tokyo, là, qui vient d'être prise. Et là Versailles, Londres. On voyage à travers l'espace, le temps et mon travail.

HUO   Donc le mien a dû apparaître, genre, il y a 20 minutes.

NVDR   Oui, il est déjà loin derrière.

HUO   Tout ça, c'est archivé, après.

NVDR   Oui... C'est archivé sur le serveur pour les besoins de fonctionnement du jeu. Regarde, depuis qu'on parle, il y en a eu dix.

HUO   Et tu gardes les photos ?

NVDR   Et bien, les photos sont sur le serveur, ça veut dire 24 239 609 photos. Plus de 24 millions, c'est phénoménal, c'est vertigineux. Et là, c'est assez tranquille parce qu'on est tôt le matin. Si tu viens le week-end, un jour où il fait beau, c'est tac, tac, tac, tac, tac, tac, tac, il y en a plusieurs par seconde.

HUO   Un peu comme l'installation en bas. La première pièce qu'on a vue, ça s'accélère pendant le jeu, non ?

NVDR   Oui, comme un rythme rapide... Et en même temps, c'est complètement différent.

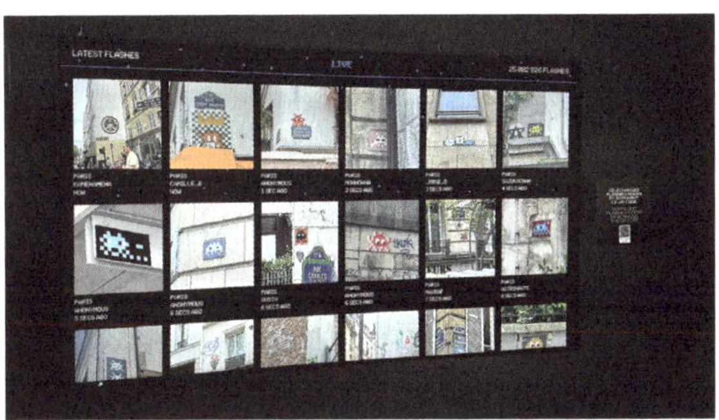

45 *Flashinvaders* live photo feed

NVDR   No, these are photos taken by individuals using the app, and it's all happening live. When you took a photo earlier, it appeared on this feed.

HUO   So these are the people using the app, in real-time.

NVDR   Yes, exactly. And there goes another one. Even at this early hour, with the rain. In the short time we've been talking, four more were added. See the counter, it's now at 24,239,598 flashes. Wait, another one – 24,239,599.

HUO   It really is a global experience!

NVDR   Yes, look, there's one in Tokyo just now. And Versailles and London. We're traversing space, time and my work simultaneously.

HUO   So mine must have appeared, like, 20 minutes ago.

NVDR   Yes, it's already far behind.

HUO   Is it all archived afterwards?

NVDR   Yes... It's archived on the server for the purposes of running the game. Look, ten more have been added.

HUO   And you're keeping the photos?

NVDR   Well, the photos are stored on the server, all 24,239,609 of them. More than 24 million, which is phenomenal – almost unfathomable! And it's pretty quiet right now because it's early in the morning, but if you visit during a weekend,

HUO   Et en fait, c'est un jeu.

NVDR   Disons que c'est quelque chose d'hybride mais oui, ça peut
          être vu comme un jeu. La boucle est bouclée. Je suis parti
          d'un jeu et je l'ai transformé en art, et puis en un autre jeu.
          J'avoue être impressionné par le succès de cette application.
          Et surtout, cela a créé ce phénomène dont je t'ai parlé, les
          réactivations, car quand une pièce disparaît des gens la
          refabriquent et ils la réinstallent pour pouvoir la flasher !

HUO   Ça devient vraiment une participation collective.

NVDR   Oui c'est comme une plante que tu coupes et qui repousse. Et
          tu recoupes et ça repousse. Et cela grâce à d'autres personnes
          que moi.

HUO   Ça veut dire aussi que l'autorité ne peut plus l'enlever. Ou les
          propriétaires, s'ils enlèvent...

NVDR   Certaines pièces ont été refaites une dizaine de fois ! Elles
          réapparaissent sans cesse.

HUO   Et est-ce qu'il y a des *fan clubs* comme ça que tu connais ou
          c'est des fans anonymes ?

NVDR   Ça a commencé spontanément, ce sont des anonymes, mais
          maintenant ils sont en contact avec une personne de mon
          équipe. J'ai une communauté de fans incroyable. Cette
          application a généré une vraie communauté. Par exemple,
          il y a un gars à Tokyo qui accueille les Parisiens qui vont à
          Tokyo. Et quand les gens de Tokyo viennent à Paris, ils sont
          aidés par les Parisiens qui leur font un *flash tour*. Regarde,
          depuis qu'on en parle, il y a eu 50 flashs. Je trouve que cette
          page qui affiche ce flux de flashs en temps réel est vraiment
          stupéfiante, c'est le joyau de cette application, elle est
          accessible par tout le monde depuis l'application ou mon
          site internet. Tiens regarde, la *Mona Lisa* de la rue du Louvre
          vient d'apparaître.

HUO   Qu'est-ce qu'il se passe avec ceux qui sont illégitimes ? Ceux
          qui ne sont pas de toi, tu es aussi alerté sur ça ? Parce que ça,
          c'est une autre archive.

on a sunny day, it's click, click, click, click, click, click, click, there are several per second.

HUO   A bit like the installation downstairs. The first piece we saw, it speeds up during the game, doesn't it?

NVDR   Yes, like a fast rhythm… and at the same time, it's completely different.

HUO   And actually, it's a game.

NVDR   Let's say it's a hybrid of sorts, but yes, it can be seen as a game. It's come full circle – I took a game and turned it into art, which then evolved into another game. I'm honestly impressed by the success of this application. Most importantly, it has sparked that phenomenon I mentioned earlier, the 'reactivators'. When a piece disappears, people recreate it and reinstall it just to be able to flash it!

HUO   It truly becomes a collective effort.

NVDR   Exactly, and it's like a resilient plant – you cut down, and it grows back; you cut it again, and it continues to grow. All thanks to people other than me.

HUO   It also means that the authorities, or even the property owners, can no longer remove them.

NVDR   Some pieces have been recreated over a dozen times! They just keep reappearing.

HUO   Are these fans part of any orgasined clubs, or are they mostly anonymous?

NVDR   It all started spontaneously with anonymous fans, but now they're in contact with someone on my team. I have an incredible fan community. This application has cultivated a real sense of camaraderie. For example, there's a guy in Tokyo who welcomes Parisians when they visit, and Parisians offer 'flash tours' to visitors from Tokyo in return. Look, since we started talking, there have been 50 more flashes. In any case, I find this live feed of flashed photos in the app truly captivating. Look, the Mona Lisa piece on rue du Louvre has just appeared. To me, this ever-changing page is the crown

NVDR   Tu veux dire quand des copies sont flashées ? Et bien un message indique « Not made by Invader ».

HUO   Ah oui, donc ce n'est pas archivé.

NVDR   Non. Et puis il y en a de plus en plus, c'est un peu déroutant car les gens pensent qu'il s'agit des miennes. Personnellement je n'oserais pas aller plagier aussi frontalement un autre artiste mais bon… Je suppose que c'est bon signe et que je devrais être honoré. Mais continuons la visite, là c'est l'idée que… En fait j'ai toujours utilisé des autocollants, j'en ai collé des dizaines de milliers, ce sont en quelque sorte des ersatz de mosaïque et je les vois comme des mini-œuvres d'art. Et ce qui est intéressant dans la rue c'est que bien souvent un *sticker* attire d'autres *stickers*. Donc là, j'ai fait « Le mur du sticker » [46]. J'ai juste collé un des miens, mon classique qui est *Invader Was Here* [47] au centre du mur et j'ai invité les visiteurs à coller le leur et voilà le résultat, le mur en est maintenant rempli.

HUO   Et ceux-là, ce sont les tiens.

NVDR   Non, ce sont des sortes d'hommages. Ce sont des gens qui reproduisent mes créations sur un sticker et qui écrivent leurs noms en dessous. Cette pièce est donc une sorte d'expérience participative qui a incroyablement bien fonctionné. Montons maintenant à l'étage suivant, il est très intéressant car on va passer de l'invasion de Paris à l'invasion du monde [48].

NIVEAU 3
L'INVASION DU MONDE

NVDR   Ici, non seulement j'élargis le champ géographique mais… Il faut que tu saches que dans ma base de données, je garde deux photos officielles pour chaque pièce installée : un gros plan, comme tous ceux qu'on vient de voir pour Paris, et aussi une photographie en plan large où l'on voit la pièce dans son contexte. Parce que je trouve que c'est ça qui est intéressant, le contexte et la vie autour. Le paysage, l'architecture et l'activité des gens dans leur quotidien dont la pièce fait maintenant partie. Et donc ce sont ces photos que l'on va découvrir maintenant. Pour cela j'ai construit une

jewel of this application, it's accessible to everyone through the app or my website.

HUO	What happens with the illegitimate works – the ones that aren't yours? Are you aware of them as well? That's another archive entirely.

NVDR	You mean when copies are flashed? Well, a message appears saying 'Not made by Invader'.

HUO	Right, so they're not really archived then.

NVDR	No. As time goes on, more and more imitations have emerged. It throws people off because they think I made them. Personally, I wouldn't dream of ripping off another artist's work so blatantly, but whatever... I suppose it's a good sign and I should be flattered. Let's get on with the tour, here's the idea... I've always used stickers, tens of thousands of them. They're sort of ersatz mosaics, and I consider them mini works of art. And what's interesting is that, in the streets, one sticker often attracts others. So here I've created The Sticker Wall [46]. I placed one of my classic *Invader Was Here* [47] stickers, and invited visitors to add their own, resulting in a wall covered in them. There are also a lot of drawings and little messages – it's become a kind of visitors' book.

HUO	And these are yours.

NVDR	No, they're sort of tributes. People replicate my designs on a sticker and add their names underneath. So this piece has turned into a successful interactive experience. Let's head up to the next floor, which is very interesting, as we're going from the invasion of Paris to the world invasion [48].

LEVEL 3
WORLD INVASION

NVDR	Not only am I expanding the geographical reach, but you should know that for each piece in my database, I keep two official photos: a close-up, like the ones we've just seen for Paris, and also a wide shot showing the piece in its context. Because I think that's what's interesting, the context and the environment surrounding the piece – the landscape, the

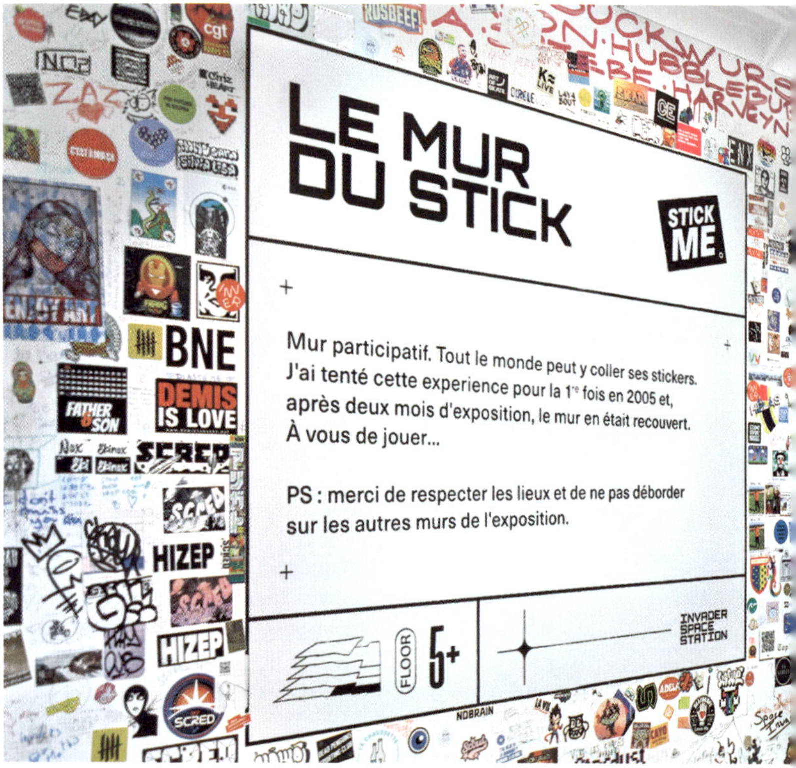

LE MUR DU STICK
STICK ME.

Mur participatif. Tout le monde peut y coller ses stickers. J'ai tenté cette experience pour la 1re fois en 2005 et, après deux mois d'exposition, le mur en était recouvert. À vous de jouer...

PS : merci de respecter les lieux et de ne pas déborder sur les autres murs de l'exposition.

FLOOR 5+
INVADER SPACE STATION

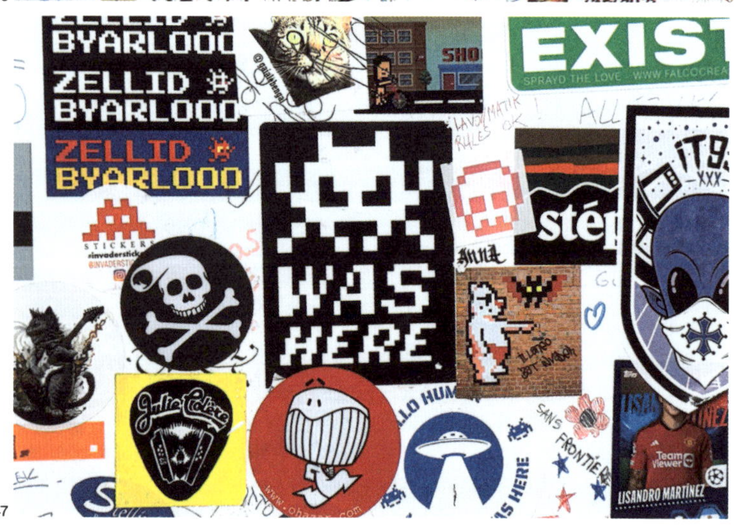

ZELLID BYARLOOO
ZELLID BYARLOOO
ZELLID BYARLOOO
EXIST
SPRAYD THE LOVE · WWW.FALCOCREA
WAS HERE
stép
ANNA
LISANDRO MARTÍNEZ
Team Viewer

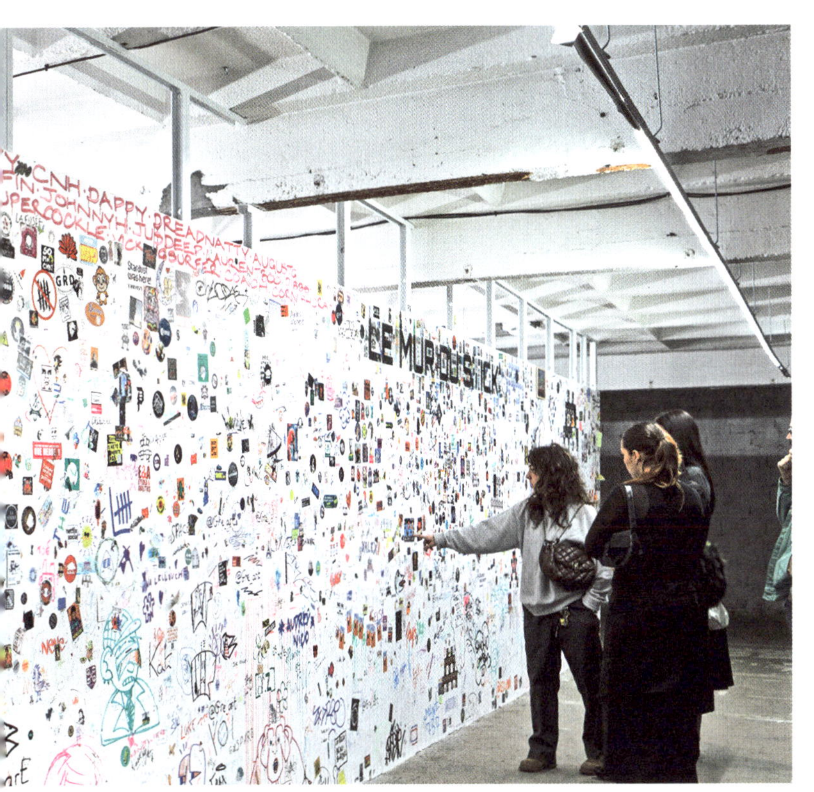

46 *The Sticker Wall*
47 *Invader Was Here* sticker

sorte de labyrinthe que l'on va traverser, c'est un parcours qui va nous les faire découvrir par ordre chronologique et parfois, tu vas voir, il y a de très grands formats qui vont du sol au plafond. Donc là on retrouve le numéro un. Quand j'ai posé le numéro un, j'ai été le photographier quelques temps après et j'ai écrit « ici commence une histoire » sur le trottoir, puis j'ai fait cette photo.

HUO   Tu savais déjà à cette époque-là.

NVDR   Je ne savais pas que cette histoire allait m'amener si loin mais je savais que c'était le début d'une histoire. Donc ici on va faire un tour du monde à travers une sélection de photos qui montrent les mosaïques dans leur environnement.

HUO   Et comment sont-elles collées ?

NVDR   Elles sont cimentées, c'est très résistant. Je travaille avec plusieurs types de colles et de ciment que j'adapte aux différentes situations.

HUO   Donc on n'arrive vraiment pas à les enlever ?

NVDR   Non, pas sans les casser en tout cas. Regarde ces photos, tu vois, leur dénominateur commun c'est d'avoir une mosaïque quelque part dans le paysage. Et ces photos sont à mes yeux comme du bon vin, elles se bonifient avec le temps, un peu comme quand on regarde des photos anciennes de Brassaï, de Cartier-Bresson ou de Doisneau, il y a cette poésie, cette beauté d'un temps révolu. Mes premières photos étaient prises à l'argentique, avec de la pellicule, et tu remarqueras qu'on ne voit personne avec un téléphone portable à la main. Il y a encore des cabines téléphoniques dans les rues et il n'y a pas de trottinette ni de voitures électriques. On commence à sentir que ce sont des photos qui ont 25 ans. Elles ont commencé à prendre de l'âge. Donc là, c'est encore Paris pendant une manifestation [49], elle est très belle cette photo d'ailleurs. Et puis j'ai commencé à voyager à l'étranger, ici, à Londres [50], car Londres est une ville importante et facilement accessible depuis Paris en train. Amsterdam [51], pour cette invasion j'avais reçu un mail un lundi d'un gars que je ne connaissais pas et qui me disait « Salut, si tu veux venir envahir Amsterdam je peux t'héberger », j'ai donc préparé des pièces pendant la semaine et j'ai sauté dans un

architecture and people's daily lives and activities, of which the piece is now a part. In order to explore these photos, I've built a kind of labyrinth for us to navigate a path that will guide us through the photos chronologically. Occassionally, you'll notice large formats spanning from floor to ceiling. Here, we see the first piece. After installing it, I later returned to photograph it, I wrote on the pavement 'Here begins a story', and took this photo.

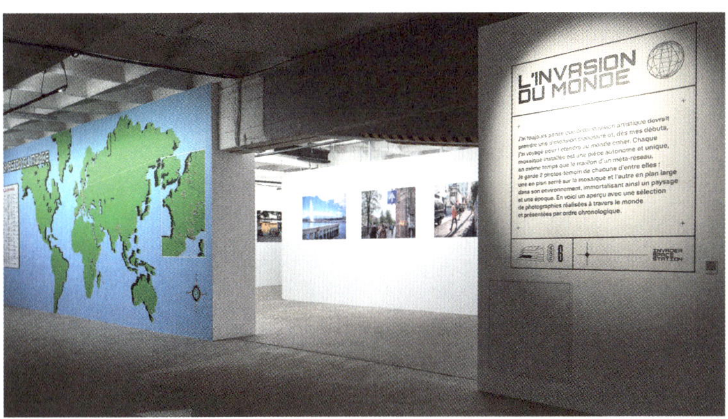

48 *World Invasion* level

HUO   You already knew back then.

NVDR   I didn't know how far this journey would take me, but I knew that it was the start of something special. We'll now embark on a global tour through a selection of photos showing the mosaics in their respective environments.

HUO   And how are these mosaics fixed in place?

NVDR   They're cemented, which makes them very resistant. I work with multiple types of glues and cement, adjusting them to different circumstances.

HUO   So they can't really be removed?

NVDR   No, not without breaking them, at least. As you look at these photos, notice that they all share the common thread of featuring a mosaic integrated within the surrounding landscape. To me, these photos are like fine wine, they improve with time, a bit like when you look at old photos

train pour Amsterdam le vendredi avec tout mon matériel. Arrivé à la gare le gars était là, c'était un jeune étudiant il m'a amené chez lui, et il m'a donné un double de ses clés en me disant « fais comme chez toi ». C'était vraiment sympa de sa part, il ne m'a rien demandé en échange et à l'époque j'étais très peu connu. Ensuite, j'ai perdu son contact et je m'en voulais car j'avais envie de le remercier et puis il m'a récemment écrit, vingt-cinq ans après ! Du coup je l'ai fait venir à Paris pour qu'il visite l'expo. Là, c'est à Genève [52] et tout comme là, à Tokyo [53], j'avais été invité à participer à une exposition de groupe. Alors, je leur ai dit : il faut absolument que je vienne pour accrocher mon œuvre. Mais bien sûr c'était un prétexte pour me faire payer les frais du voyage et apporter du carrelage dans mes valises pour envahir la ville. Et j'ai répété cela bien des fois pour voyager et étendre mon invasion dans des villes étrangères. En tous cas, tu vois, derrière chaque pièce, derrière chaque invasion, il y a une histoire.

HUO   Combien de temps ça prend de coller une pièce ?

NVDR   Ça dépend, c'est très variable. Une petite pièce comme ça, ça peut aller très vite. Par contre, quand elles sont plus grandes ou que le spot n'est pas facile d'accès, ça prend plus de temps. Mais l'idée c'est toujours d'aller le plus vite possible et d'être le plus discret possible, pour bien évidemment ne pas se faire attraper en flagrant délit.

HUO   Tu travailles souvent la nuit ?

NVDR   Oui, la grande majorité des pièces ont été installées de nuit. J'aime beaucoup cela parce que la nuit les villes sont différentes. C'est magique, tu es seul au cœur de la nuit pour réaliser une œuvre d'art.

HUO   Il y a un assistant qui vient avec toi ?

NVDR   Pas à mes débuts mais maintenant souvent, oui. Cela me permet d'être plus rapide et puis c'est mieux que quelqu'un puisse surveiller mes arrières quand je suis face au mur.

HUO   Tu utilises une source de lumière.

 NVDR   Non, je travaille avec la lumière ambiante. C'est rare que je

by Brassaï, Cartier-Bresson or Doisneau, there's this poetry, this beauty of a bygone era. My first photos were captured on film and you'll notice that you don't see anyone with a mobile phone in their hand. There are still telephone boxes on the streets and no scooters or electric cars. They really look like 25-years-old photographs. They've started to age. So here again it's Paris during a protest [49], it's a very nice photo. Then I started travelling abroad, here in London [50], because London is a major city and easily accessible from Paris by train. Amsterdam [51], for this invasion I'd received an email on Monday from a guy I didn't know who said 'Hi, if you want to come and invade Amsterdam I can offer you a place to stay', so I prepared some pieces during the week and jumped on a train to Amsterdam on Friday with all my equipment. When I got to the station, the guy – a young student – was there to greet me. He showed me to his flat, gave me a copy of his keys, and told me to make myself at home. That was so nice of him. He didn't ask me for anything in return and at the time I wasn't very well known. Then I lost contact with him and I felt bad because I wanted to thank him, and then a month ago he wrote to me again, 25 years later! So I asked him to come to Paris to see the exhibition. Here, it's Geneva [52] where I'd been invited, just like in Tokyo [53], to take part in a group exhibition. I told them I absolutely have to be there to hang my work. But of course it was an excuse for a free trip and to bring tiles in my suitcases to invade the city. I've repeated this many times in order to travel and extend my invasion to foreign cities. So you see, behind every piece and every invasion, there's a story.

HUO How long does it take to install a mosaic?

NVDR It depends, it varies greatly. A small piece like this can be up very quickly. On the other hand, when they're bigger or the location isn't easy to access, it can take longer. But I always aim to work as quickly and discreetly as possible to avoid getting caught in the act.

HUO Do you often work at night?

NVDR Yes, the vast majority of my installations were done at night. I like that a lot because cities look different at night. It's magical, you're alone in the middle of the night, creating works of art.

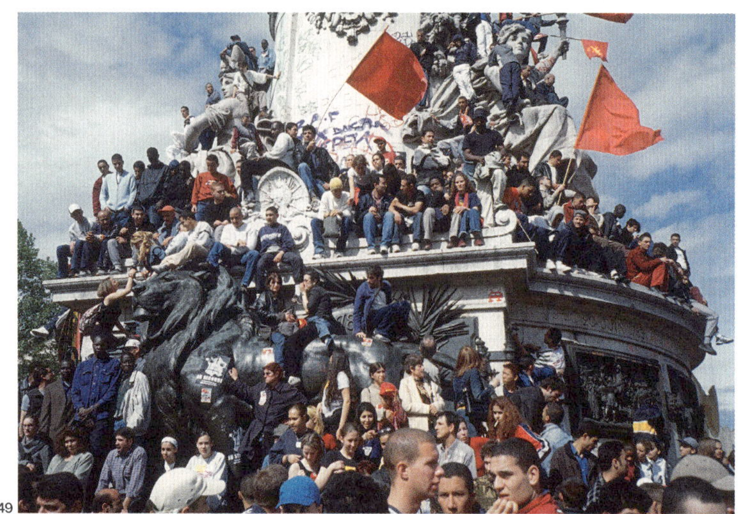

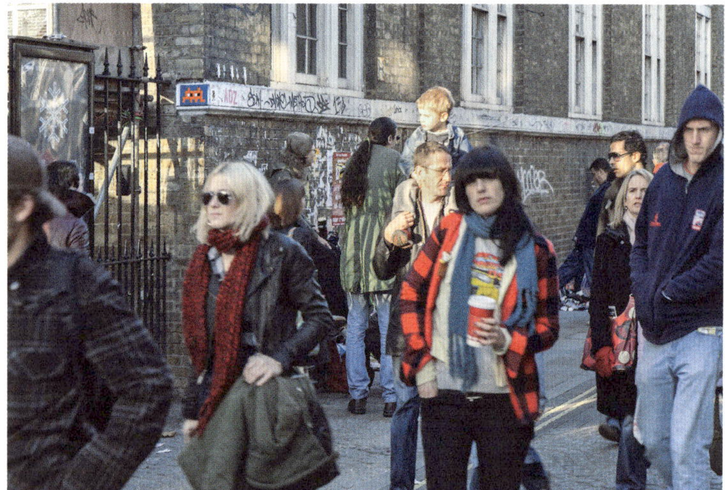

49→53   Street mosaics across the world, 1998–1999:
PA_105, Paris / *LDN_24*, London / *AMS_16*, Amsterdam /
GNV_17, Geneva / *TK_12*, Tokyo

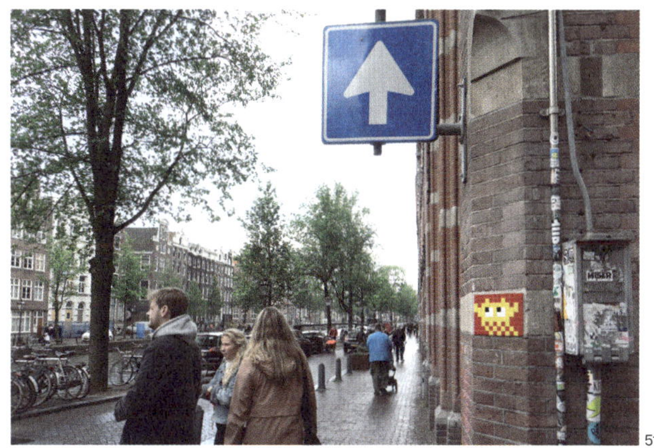

51

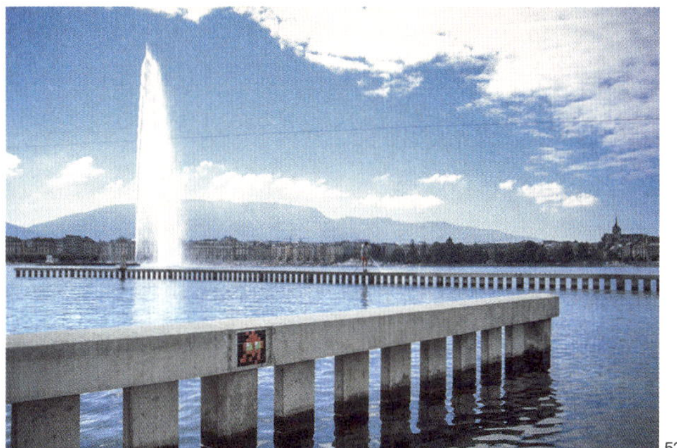

52

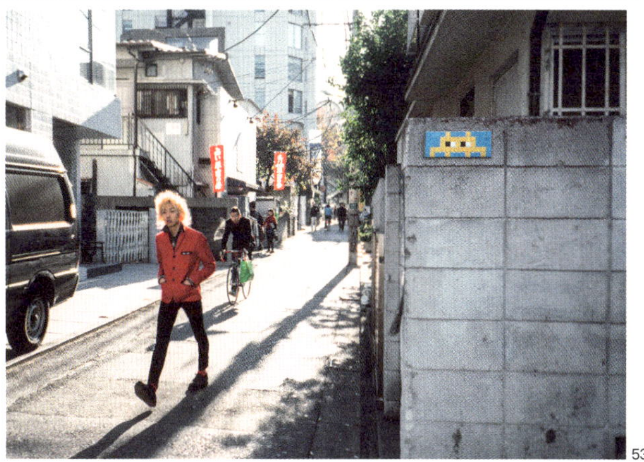

53

rajoute de l'éclairage parce que ça attirerait l'attention. Donc Tokyo, Amsterdam, Genève… Je passe beaucoup de temps à prendre ces photos, c'est vraiment une partie importante du processus. Pour avoir une bonne photo, en général, j'en prend au moins cinquante puis je choisis ma préférée. Enfin… quand c'était de l'argentique, j'en prenais moins parce que j'étais limité à des pellicules de 24 ou 36 poses et cela avait un certain coût, mais avec le numérique, c'est devenu bien plus pratique, je peux en prendre beaucoup plus. Cette photo est incroyable, c'est en Australie, à Perth [54]. J'ai été poser celui-là à la nage, c'était très compliqué parce que quand je suis arrivé au spot j'étais à bout de souffle au milieu de l'océan. J'ai repris mon souffle et je suis quand même parvenu à poser la pièce. Mais ce qui est incroyable, c'est qu'il était très tôt, il n'y avait personne. Je suis revenu sur la plage et là, il y a cette surfeuse qui est apparue juste à côté, comme sortie de nulle part.

HUO C'est la première personne qui a vu la pièce.

NVDR Oui, c'est sûr. Et regarde, elle est en rouge et jaune, exactement les mêmes couleurs que la mosaïque. Elle fixe la pièce du regard. Elles se regardent l'une l'autre. Cette photo est très belle. Là, c'est à Istanbul, en Turquie. Et là, c'est une histoire que j'ai avec le signe Hollywood [55] et qui s'étend sur une dizaine d'années. À chaque fois que j'allais à Los Angeles, je montais sur cette colline jusqu'au pied du signe Hollywood – ce qui est interdit – et je mettais une pièce sur une lettre. Et j'ai fini par en avoir une sur chacune des douze lettres du signe. Le repérage est très important pour moi parce que quand je pose une pièce, je pense à la photo que je vais ensuite prendre, je pense au cadre. J'essaye donc de trouver des endroits photogéniques. Là, je sais que des gens vont passer ici. Donc quand j'installe ma pièce, j'oriente la direction de regard du personnage vers la rue. Et après, c'est comme de la chasse, je vais me cacher avec mon appareil photo et j'attends que des gens passent. Regarde comme cette photo est belle. Le cadre, la perspective, les murs de briques, les personnages et la mosaïque qui les regarde. C'est à Manchester [56].

HUO Il y a en fait une mise en perspective, mais il y a aussi une prospection du lieu.

HUO   Do you bring an assistant with you?

NVDR   Not when I started out, but now, yes, quite often. It allows me to be quicker and also to have someone watch my back when I'm up against a wall.

HUO   Do you use artificial lighting?

NVDR   No, I rely on ambient light. I rarely add lighting because that would draw unwanted attention. Here you have Tokyo, Amsterdam, Geneva... I spend a lot of time capturing these photos, it's a really important part of the process. To get a good shot, I typically take at least 50 and select my favourite. Well... when it was film, I took fewer pictures because at the time I was limited to 24 or 36 exposure film rolls which were quite expensive, but with digital, it's become much more practical and I can take a lot more. This photo is incredible, it's in Perth, Australia [54]. I swam out to install this one, which was very difficult, because when I got to the location, I was out of breath in the middle of the ocean. I caught my breath and still managed to install the piece. But the incredible thing was that it was very early and there was nobody there. I came back to the beach, and there was this surfer who appeared right next to me, as if out of nowhere.

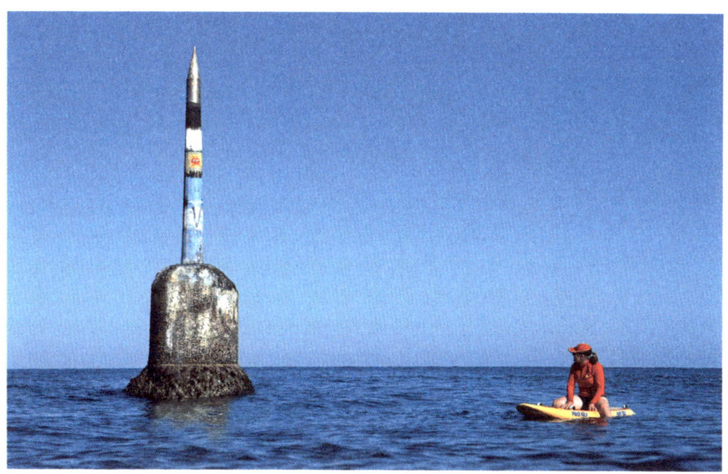

54 *PRT_12*, Perth, Australia, 2002

HUO   The first person to see the mosaic.

NVDR   Absolument, c'est un gros travail de repérage où la prospection du lieu est primordiale. Je parle souvent d'acupuncture urbaine, il faut être précis et piquer aux bons endroits dans l'immensité des villes. Là c'est à Bangkok, regarde l'énergie de cette photo [58]. Elle est magnifique. Et là, je commence à m'adapter à la culture locale, c'est en Corse, j'ai détourné la petite tête de Maure avec le bandeau blanc, tu sais, c'est le symbole de la Corse [57]. Donc ça, je l'ai fait de plus en plus souvent, de m'adapter à la culture, au contexte. Et là c'est à Mombasa, c'est ce que j'appelle une invasion sauvage. C'est-à-dire qu'au début, je n'avais pas les moyens de me payer des invasions lointaines d'où mon recours aux institutions pour voyager. Et quand j'ai commencé à avoir plus de moyens financiers, j'ai fait des invasions que j'auto-finançais. Donc là, je prends un billet d'avion pour le Kenya en Afrique, je passe une semaine à Mombasa qui est complètement en dehors des circuits de l'art et j'envahis la ville.

HUO   Avec beaucoup de pièces.

NVDR   Ça dépend. En général, j'apporte entre dix et cinquante pièces. L'idée est de quadriller la ville, dans les lieux fréquentés mais aussi en dehors des sentiers battus. Là on passe d'un beau café à Vienne à une ruelle sombre de Newcastle [59]. J'aime beaucoup ce type de contraste. J'ai eu beaucoup de mal à choisir ces photos, parce que j'ai maintenant envahi plus de 180 villes à travers le monde et je ne pouvais en montrer ici qu'une petite centaine. Donc j'ai dû faire un choix drastique. Avec cette idée de jouer avec des effets de contraste, regarde ici le côté très propre du café viennois et là ces trois gars qui passent dans la ruelle à Newcastle avec leurs bières à la main, ils ne sont pas très rassurants. Et tu remarqueras qu'à nouveau je m'adapte au lieu. On est en Angleterre donc la mosaïque représente un Union Jack, le drapeau britannique, avec un invader en son centre. Et là c'est à Saint-Tropez, j'avais alors loué une camionnette que j'avais remplie de carrelage pour sillonner toute la Côte d'Azur pendant trois semaines. Chaque jour j'allais dans une nouvelle ville coller une pièce ou deux et tu peux remarquer que mes pièces commencent à devenir plus grandes, plus volumineuses.

HUO   Et là, c'est sous l'eau.

NVDR   Yes, that's for sure. Look, she's in red and yellow, exactly the same colours as the mosaic. And she's staring at it – it's like they're looking at each other. It's a beautiful photograph. This one is in Istanbul, Turkey. And here, my history with the Hollywood [55] sign goes back over a decade; during each trip to Los Angeles, I would climb the hill to the foot of the Hollywood sign and install a mosaic on one of its letters, despite it being forbidden. And I ended up having one on each of the twelve letters of the sign. Scouting locations is crucial for me, because when I put up a piece, I'm thinking about the photo I'm going to take next, I'm thinking about the frame. So I strive to find picturesque places. Here, I know people will pass by, so when I install my mosaic, I orient the space invader's gaze towards the street. Then, it's like hunting, I hide with my camera and wait for people to pass by. Look how beautiful this photo is – the frame, the perspective, the brick walls, the people and the mosaic looking back at them. This one is in Manchester [56].

HUO   So it involves contextual placement and scouting locations.

NVDR   Absolutely, scouting locations is a substantial undertaking where the initial assessment of the site is of utmost importance. I often speak of urban acupuncture, you have to be precise and choose the right places in the vastness of cities. Here is Bangkok, look at the energy in this photo [58] – it's magnificent. And here, I'm starting to adapt my work to the local culture. This is in Corsica and I've subverted the little Moorish head with the white band, you know, the symbol of Corsica [57]. So I've been doing that more and more often, adapting to the local culture, to context. And this is in Mombasa, it's what I call a wild invasion. In the beginning, I couldn't afford to go on far-flung invasions, so I had to rely on institutions to help me travel. As my financial resources grew, I was able to self-finance my invasions. So now I can take a flight to Kenya in Africa, spend a week in Mombasa, which is completely off the art map, and invade the city.

HUO   With lots of mosaics.

NVDR   It depends. Generally, I bring between ten and fifty pieces. The idea is to criss-cross the city, in popular places but also off the beaten track. Here, we go from a beautiful café in Vienna to a dark alleyway in Newcastle [59]. I really like this

NVDR C'est à Cancún, au Mexique [61]. C'est une collaboration avec un sculpteur qui s'appelle Jason deCaires Taylor, il immerge ses sculptures dans les fonds marins et il m'a proposé de coller quelques invaders sur ses sculptures avant de les plonger dans la baie de Cancún. J'adore, car l'idée c'est aussi de trouver des nouveaux territoires donc les fonds marins c'est génial. En plus, ce qui est formidable c'est que ces pièces vivent maintenant entourées de toutes sortes de créatures sous-marines, des plongeurs m'en ont envoyé des photos avec des poissons nageant autour et des algues qui les recouvrent peu à peu. Ça, c'est devant la sortie du Guggenheim de Bilbao. C'est-à-dire que quelqu'un qui visite le Guggenheim, la dernière œuvre qu'il voit c'est cette pièce parce qu'elle est en face de la sortie [63]. Tu vois, ces deux filles en uniforme sont des gardiennes du musée qui sont sorties pour la photographier. Et là, on voit clairement que, comparé à mes premières pièces, elles deviennent beaucoup plus grandes.

HUO Il y a les yeux. Il y a cette idée du regard. C'est très important. Ce que je vois, ce qui me regarde.

NVDR Bien sûr. Il y a l'idée que les space invaders observent les humains, c'est comme un corps étranger qui prend place dans nos vies et qui nous observe. Donc là, à nouveau une invasion sauvage, à Katmandou. J'ai pris un billet d'avion, je suis parti à Katmandou, je suis resté dix jours. J'en ai mis dans toute la ville. Et puis j'ai enchaîné sur l'Inde avec Varanasi. Pour les mosaïques de cette série, j'ai repris la couleur sacrée de l'Inde, l'orange et je leur ai ajouté un troisième œil. Regarde, cette photo est magnifique, c'est sur les bords du Gange [65].

HUO Là, ça devient plus ou moins à taille humaine.

NVDR Là, on est même plus grand que la taille humaine. C'est à Montauban, c'est la ville du peintre Ingres. Donc j'ai fait une référence à Ingres en reprenant son tableau *La Source* et j'ai appelé cette pièce *la Source de l'Invasion*, puisque j'ai remplacé l'eau qui sort de la cruche par des petits invaders [62]. La Corée du Sud, San Diego… Regarde la beauté de cette photo. Les gens me disent, mais ce n'est pas possible, ce sont des figurants. Et en fait, non, ce sont des gens qui passent, c'est de la patience, c'est d'attendre le bon moment pour déclencher l'obturateur.

kind of contrast. I had a hard time choosing these photos, because I've now invaded more than 180 cities around the world and I could only show a few hundred here. So I had to make a drastic choice. With this idea of playing with contrasts, look at the very clean Viennese café on this side, and here, at those three guys walking through an alleyway in Newcastle with beers in hand, they're not very reassuring. And you'll notice that once again I'm adapting to the place. We're in England, so the mosaic depicts a Union Jack, the British flag, with an invader at its centre. And this is in Saint-Tropez, where I hired a van and filled it with tiles to traverse the Côte d'Azur for three weeks, and every day I would go to a new town to install a mosaic or two, and you can see that my pieces are starting to get bigger, more voluminous.

HUO   And this one is underwater.

NVDR   It's in Cancún, Mexico [61]. It's a collaboration with a sculptor called Jason deCaires Taylor, who submerges his sculptures on the seabed. He invited me to stick a few invaders on his sculptures before immersing them in Cancún bay, Mexico. I love this idea, as it's also about exploring new territories, and the seabed is a unique location. What's also great is how these works are now surrounded by various marine creatures – divers have shared photos with me, capturing fish swimming around the sculptures and green algae slowly covering them. This is by the exit of the Bilbao Guggenheim. In other words, if you visit the Guggenheim, the last work you'll see is this mosaic, as it's opposite the exit [63]. These two girls in uniform are museum guards who stepped outside to take a photo. As you can see, compared to my earlier works, these invaders are much larger in scale.

HUO   The eyes are important. They represent the concept of observation, both what I see and what's watching me.

NVDR   Indeed. The idea behind space invaders is that they are observing humans, like an extraterrestrial presence that has infiltrated our world. So here we have another wild invasion, this time in Kathmandu. I purchased a plane ticket, flew there and stayed for ten days, installing invaders all over the city. Then, I went on to Varanasi in India. For this series of mosaics, I incorporated the sacred Indian colour, orange,

55

RAINBOW CARS
24 HOUR
SERVICE
0161 236 0909
HART
STREET
HOUR
RA
C

56

ME DE BASTIA

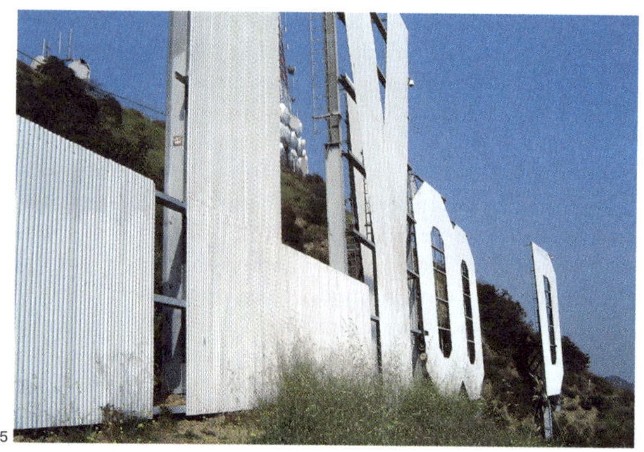

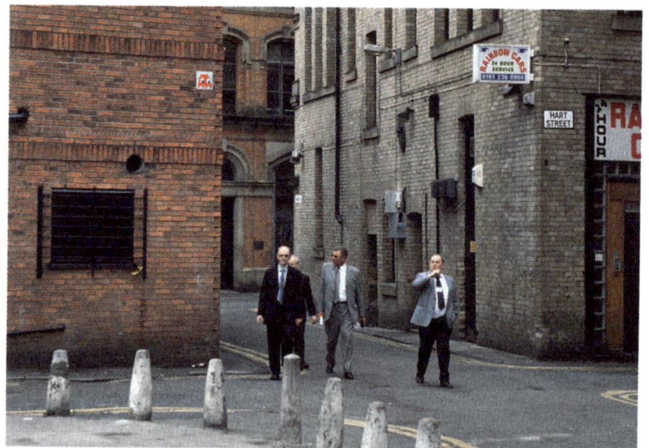

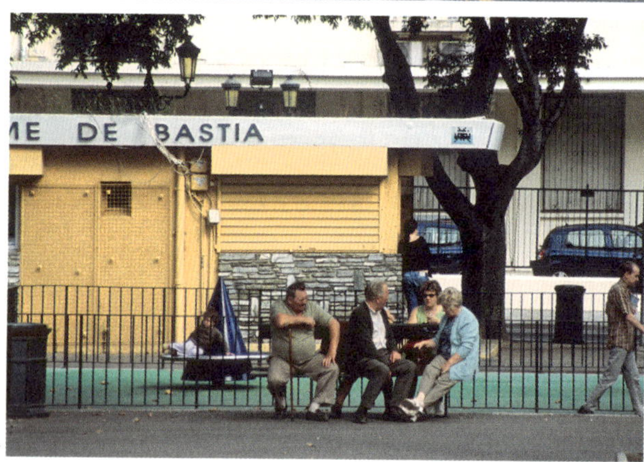

57

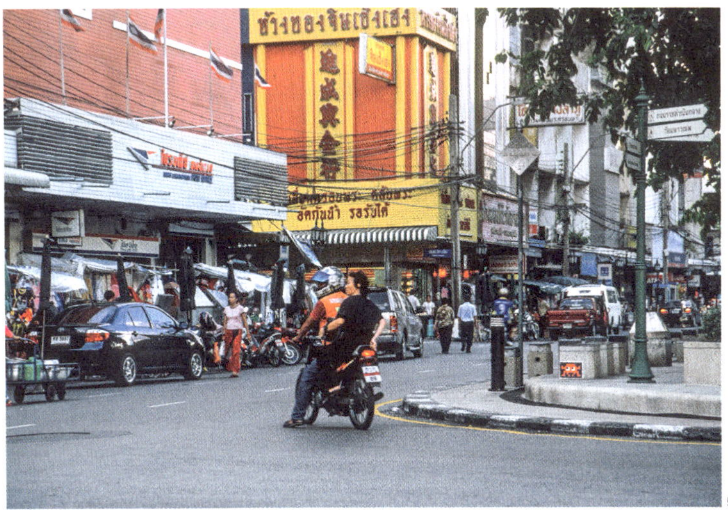

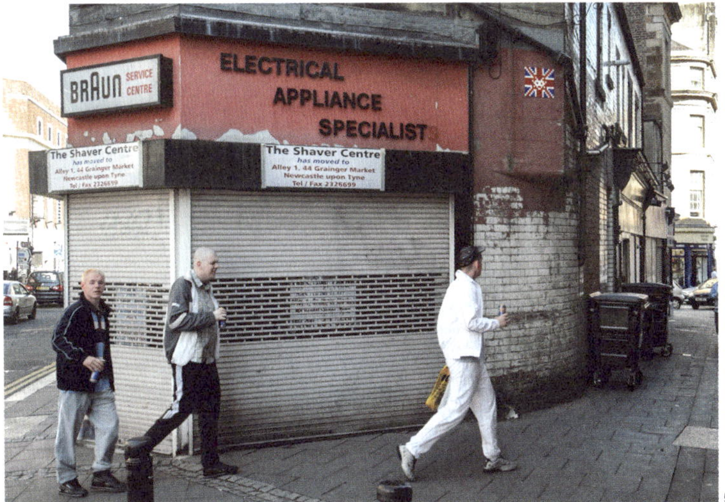

54→58   Worlwide street mosaics, 2004–2006:
LA_104, Los Angeles / *MAN_23*, Manchester /
BTA_19, Bastia / *BGK_32*, Bangkok / *NCL_11*, Newcastle

HUO   On dirait des sculptures vivantes.

NVDR   Oui, tu as un sans-abri, un militaire, un employé de bureau,
        on dirait presque des statues de cire [64]. Tu vois, ce sont
        vraiment des *time capsules* ces photos. Là encore, personne
        n'a de portable à la main. C'est la première fois que je les
        expose, jusqu'ici on ne pouvait les voir que dans mes livres.
        Et, avec ces grands tirages, ça les met en valeur, ça fait
        apparaitre pleins de détails. Regarde, tu as ici cette superbe
        sculpture italienne à Rome à côté de la villa Médicis et là,
        une sculpture américaine. Donc, Amérique versus Italie.
        Je pense que c'est pendant *Art Basel Miami*[1], avec ces deux
        gars tout tatoués qui exposaient leurs peintures dans la rue.

HUO   C'est à Miami ?

NVDR   Oui, c'est à Miami. Ils sont incroyables non ? Là c'est à São
        Paulo au Brésil. Je ne sais pas si tu sais mais São Paulo est la
        seule ville au monde où ils ont inventé leurs propres graffitis.
        Ça s'appelle la *pixação* [60] et c'est ce qu'on voit là. Tu vois,
        normalement, les graffitis, c'est comme ça dans la tradition
        américaine. Mais eux ils ont créé leur propre lettrage qui
        est très différent. Et c'est le seul endroit du monde où il
        s'est passé ce phénomène. Il y a un livre très intéressant
        sur le sujet qui s'appelle *Pixação : São Paulo Signature*. Ici,
        une très belle photo à Hong Kong, avec un hommage à

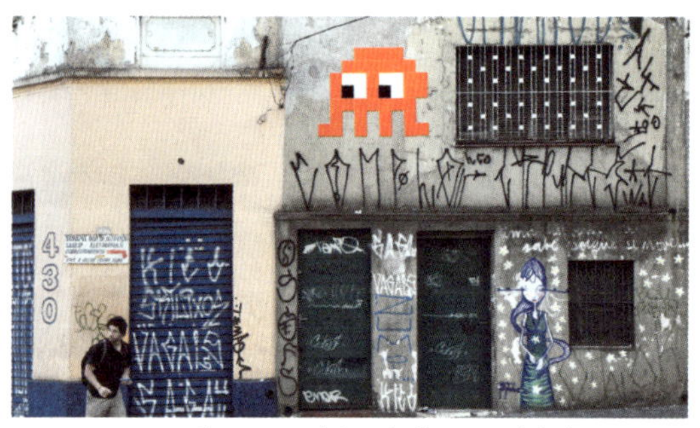

60 *SP_24*, São Paulo, 2011, and detail of *pixação* alphabet writing

---

1. Art Basel est une foire d'art contemporain née en 1970 à Bâle. Elle se tient à Bâle,
Paris, Hong Kong et Miami et reste l'un des plus importants lieux de vente d'art
contemporain au monde.

and added a third eye. Take a look at this stunning photo, captured on the banks of the Ganges [65].

HUO   The scale is almost human-like now.

NVDR   In this case, the invader is even larger than life-size. This piece is located in Montauban, the hometown of the painter Ingres. As a tribute to Ingres, I recreated his painting *La Source* (The Spring), replacing the water coming out of the jug with little invaders [62], and aptly named it *La Source de l'invasion*. Here are some more examples from South Korea and San Diego... Isn't this photo remarkable? People often say to me that it's not possible, that it's all staged, but they're genuine moments captured with patience, waiting for the perfect shot.

HUO   They look like living sculptures.

NVDR   Precisely, there's a homeless person, a soldier, an office worker; they almost look like wax figures [64]. These photos truly serve as time capsules. Once again, no one has a mobile phone in their hand. It's the first time I've exhibited these images; previously, they were only featured in my books. With these large prints, they really stand out and reveal a lot of detail. Look, here you have this superb Italian sculpture in Rome next to the Villa Medici, juxtaposed with an American sculpture. So, it's an 'America versus Italy' moment. I think this was during Art Basel Miami,[1] with these two tattooed guys exhibiting their paintings in the street.

HUO   In Miami?

NVDR   Yes, it's in Miami. Aren't they incredible? That's in São Paulo, Brazil. Did you know São Paulo is the only city in the world where they've developed their own unique graffiti style? It's called *pixação* [60] and that's what we're seeing here. Typically, graffiti is like this in the American tradition, but in São Paulo, they've created their own distinctive lettering. And it's the only place in the world where this has happened. There's a very interesting book on the subject called *Pixação: São Paulo Signature*. Here's a beautiful photo from Hong Kong,

---

1. Art Basel is a contemporary art fair founded in 1970 in Basel. It is held in Basel, Paris, Hong Kong and Miami, and remains one of the world's most important venues for selling contemporary art.

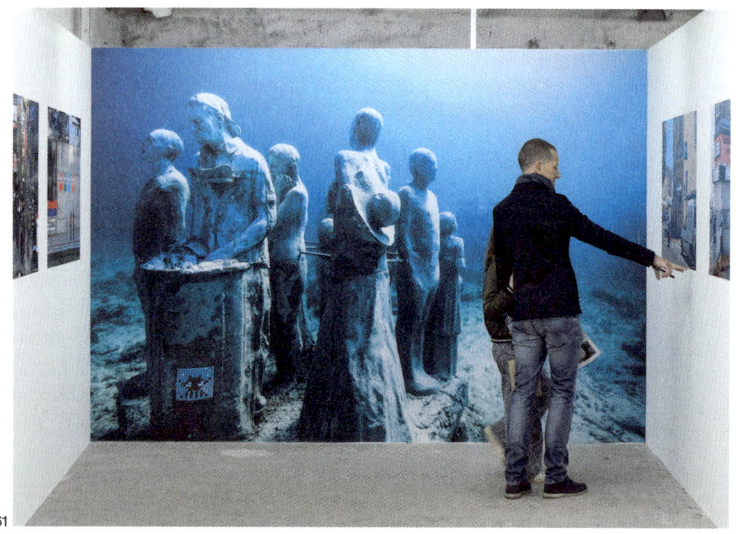

61

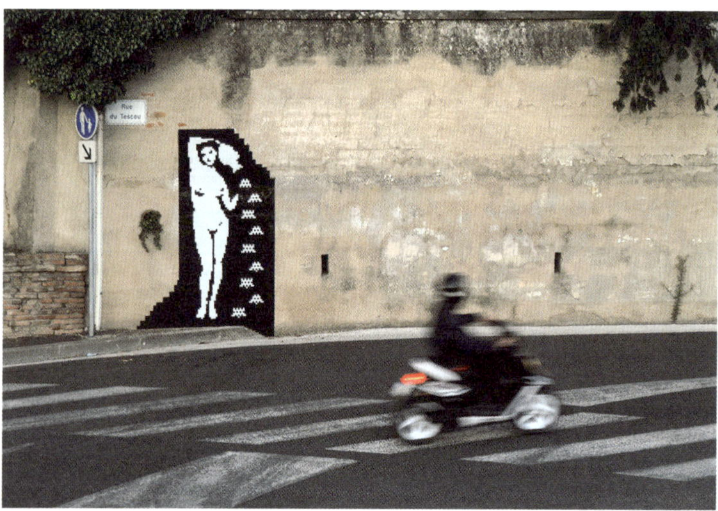

62

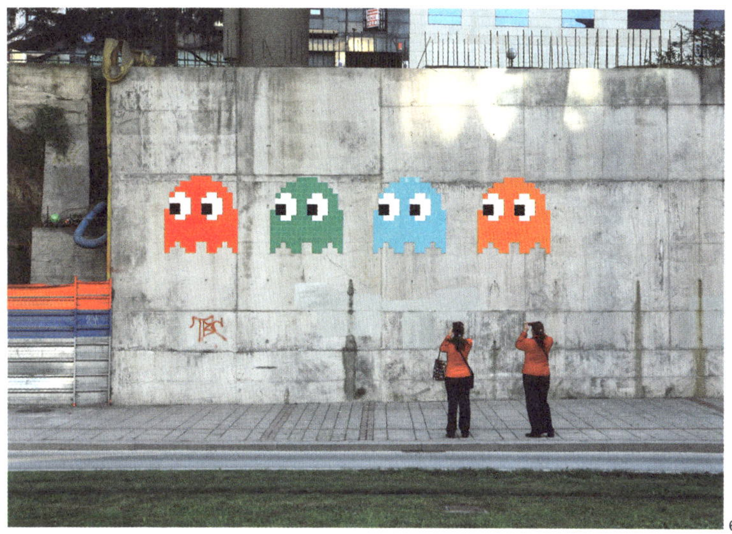

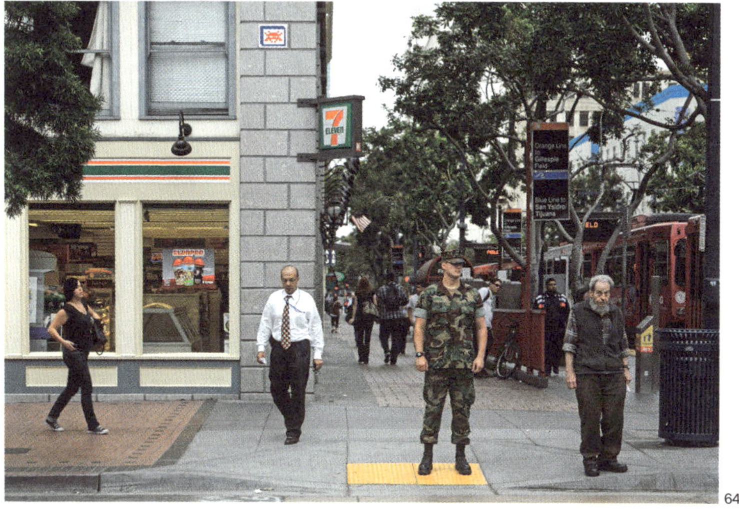

61→64 Street mosaics across the world, 2007–2012:
CCU_02, Cancún / *MTB_09*, Montauban /
BBO_23 to *BBO_26*, Bilbao / *SD_11*, San Diego

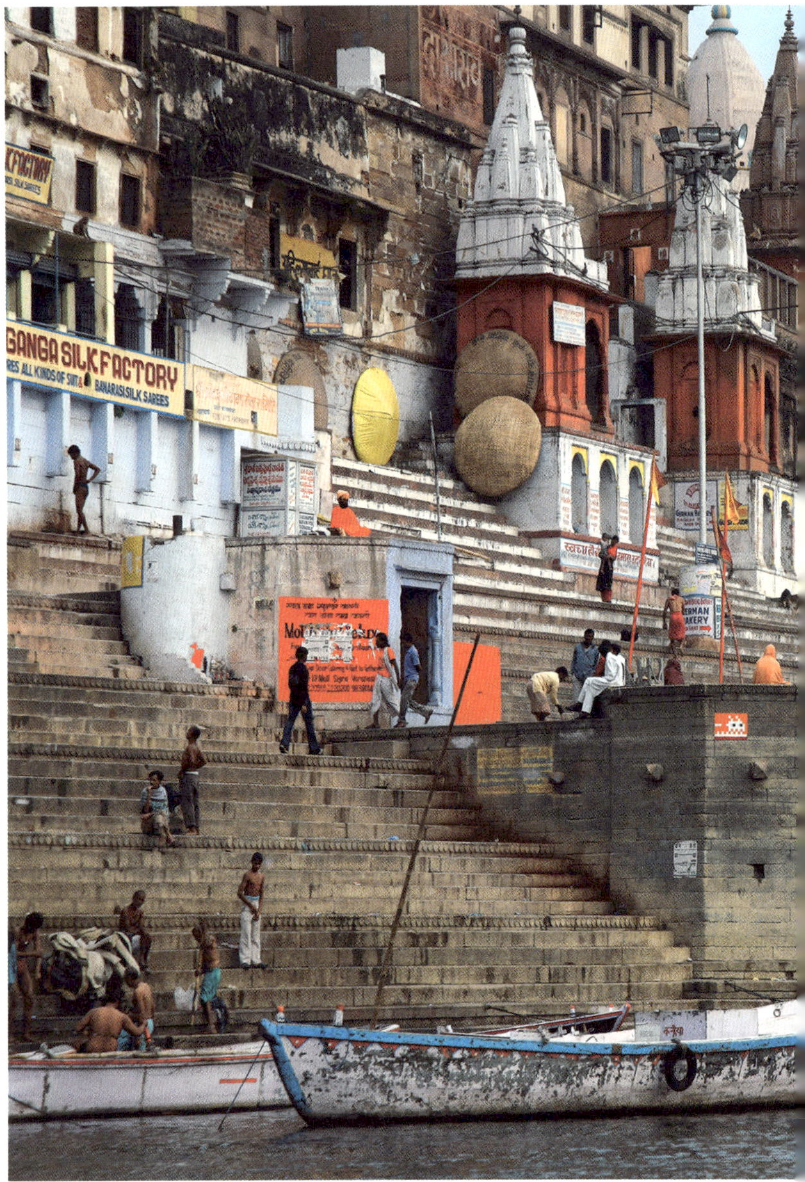
GANGA SILK FACTORY
GERMAN BAKERY

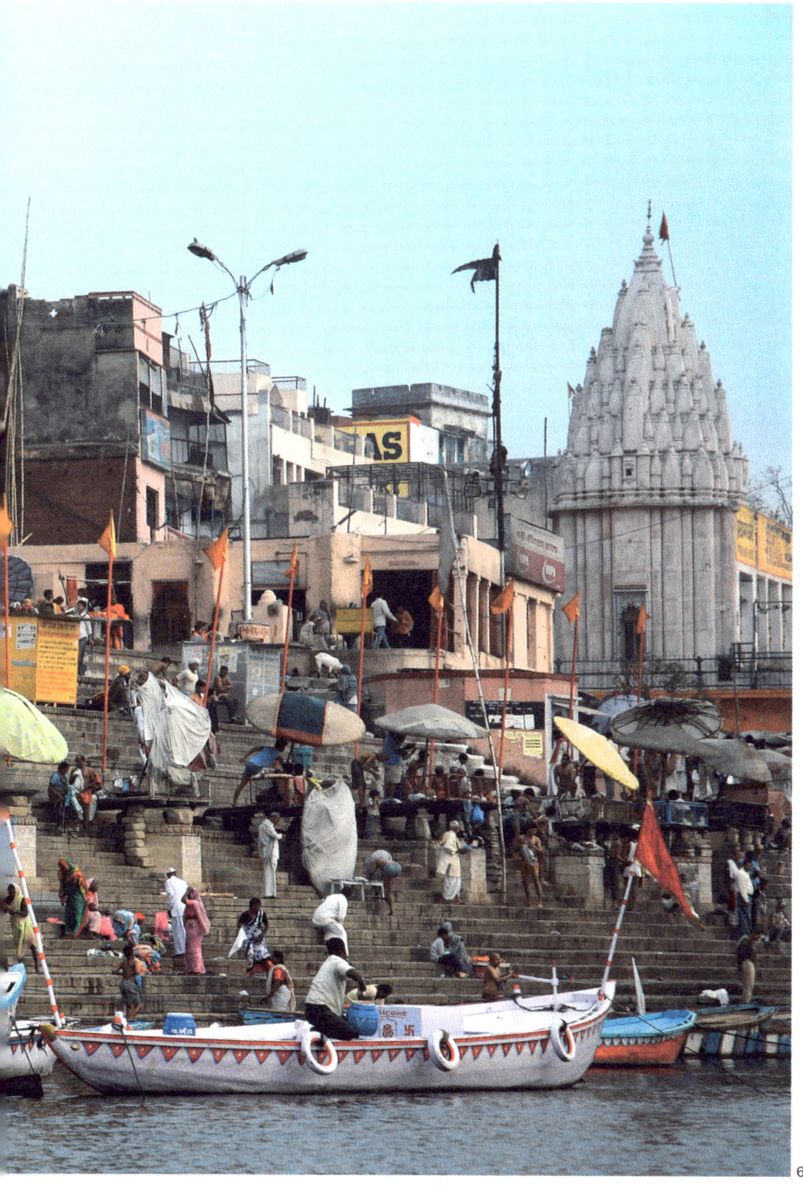

90–91   65 *VRN_13*, Varanasi, 2008

Bruce Lee [I] au milieu de l'agitation des rues [66]. Ici, Londres, où j'ai représenté un fantôme de *Pac-Man* auquel j'ai ajouté l'éclair de David Bowie [II], donc une sorte d'hommage à l'Angleterre [67], pays du rock et de la pop music. Regarde, là c'est à Pigalle à Paris [68], il y a un très beau mouvement de passants dans la rue et au-dessus tu as ces enseignes Sex Club et kebab, j'aime beaucoup cette photo, elle est très vivante. Ici, la réserve naturelle de Grumeti en Afrique, avec cette antilope qui a l'air de regarder ce petit lion en mosaïque [69]. Et juste à côté j'ai placé cette photo à Tokyo où l'on sent la modernité japonaise avec ce grand robot et mon petit *Astro Boy* [III], là. Et ça, c'est un peu le Saint Graal, c'est dans l'ISS, la Station Spatiale Internationale, à bord de laquelle j'ai une pièce [70]. C'est incroyable non ? J'ai renvoyé un space invader dans l'espace. En fait un jour, j'en ai envoyé un dans la stratosphère avec un ballon d'hélium et une caméra GoPro. Donc il est monté, le ballon a explosé et j'ai récupéré tout le dispositif avec les images de la GoPro et j'en ai fait un film documentaire. Puis j'ai projeté le film dans des cinémas puis, action réaction, j'ai reçu un message de quelqu'un travaillant à l'Agence Spatiale Européenne qui m'a dit, j'ai vu ton film, est-ce que tu aimerais maintenant aller plus haut et en mettre un dans l'ISS ?

HUO   C'est comme ça que c'est né ?

NVDR   Oui, c'est comme ça que c'est né. Ça a pris trois ans pour y arriver.

HUO   Et il est dans l'ISS ?

NVDR   Oui. Il a été installé par une astronaute italienne dans le module européen et il fait 16 fois le tour de la terre par jour, à 400 kilomètres d'altitude. Et d'ailleurs, avec l'application

---

I. Lee Jun-Fan alias Bruce Lee (1940-1973) était une vedette du cinéma américain. Après des études de théâtre, il créa une méthode puis son école d'arts martiaux, le *jeet kune do*. Il devint acteur, producteur et réalisateur de films mettant en scène ses combats de haut niveau et connut un grand succès populaire international.

II. David Robert Jones alias David Bowie (1947-2016) était un musicien, acteur et artiste britannique au succès et à l'influence immenses. La couverture de son album *Aladdin Sane* (1973) le représente maquillé avec un éclair qui traverse son visage, peut-être l'image la plus célèbre de l'artiste.

III. *Astro le petit robot* est une série de bandes dessinées de science-fiction, précurseur du type *shōnen manga* (pour enfants) extrêmement populaire internationalement. Son adaptation à l'écran dès 1963 en fit la première série animée japonaise d'une longue série.

with a tribute to Bruce Lee amidst the bustle of the streets [66].[1] And this is London, where I've depicted a *Pac-Man* ghost embellished with David Bowie's lightning bolt,[II] paying homage to England's rich history of rock and pop music [67]. Look, that's Pigalle in Paris [68] – I love this photo, it captures the vibrant atmosphere of the street; there's a lovely movement of passers-by, and above, there are these sex club and kebab signs. This next photo was taken in the Grumeti nature reserve in Africa, showing an antelope curiously examining a mosaic lion [69]. Right next to it, I've placed this photo of Tokyo where the modernity of Japan is evident with this big robot. And there's my little Astro Boy.[III] This here is a bit like the Holy Grail – I have a piece on board the International Space Station (ISS) [70]! Isn't that incredible? I sent a space invader back into space. Actually, one day, I sent one into the stratosphere with a helium balloon and a GoPro camera. It went up, the balloon exploded, I recovered the whole device with the GoPro footage and turned it into a documentary film. Then I showed the film in cinemas and, as a result, someone from the European Space Agency, who'd seen the film, asked me if I'd like to go even higher and place a space invader in the ISS.

HUO   Is that how it started?

NVDR   Yes, that's how it came about. It took three years to get there.

HUO   And it's in the ISS?

NVDR   Yes, it was installed by an Italian astronaut in the European module and now circles the earth 16 times a day, at an altitude of 400 kilometres. What's more, with the application, if you flash the sky when the ISS passes over your town, it works because the programme tracks the ISS's position in real-time.

I. Lee Jun-Fan, better known as Bruce Lee (1940–1973), was an American film star. After studying theatre, he created a method and then his own school of martial arts, *jeet kune do*. He became an actor, producer and director of films featuring his high-level fights, and enjoyed great international success.
II. David Robert Jones, better known as David Bowie (1947–2016), was a hugely successful and influential musician, actor and artist. The cover of his 1973 album *Aladdin Sane* shows him wearing make-up with a lightning bolt shooting across his face, perhaps the artist's most famous image.
III. *Astro the Little Robot* is a series of science fiction comics, a precursor of the *shōnen manga* (for children) type that is extremely popular internationally. Its adaptation for the screen in 1963 made it the first Japanese animated series of a long series.

IN TEMPLE STREET
利
天九
麻雀
長
陽 逸
TAXI

66

ROOF N
CONTRA TOR
CENTRAL
STREET
CITY ROAD
KEEP
CALM
CUT
UNIVERSITY
FEES
Scholarships Available
COME LIKE IT
Modeselektor
09
KE

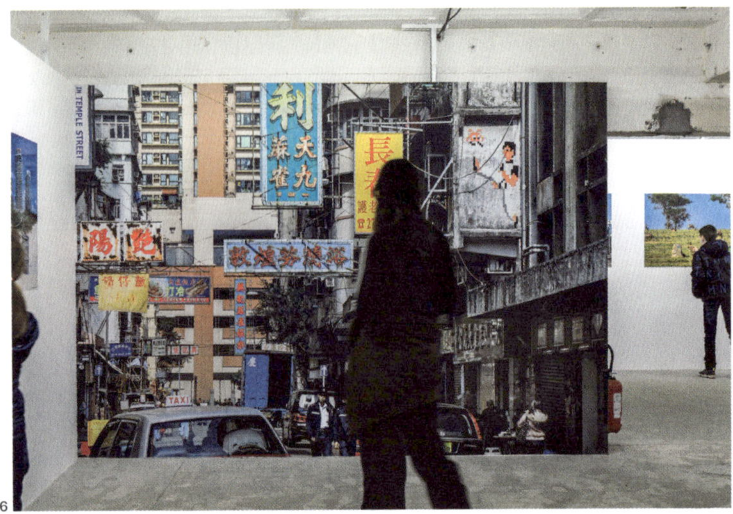

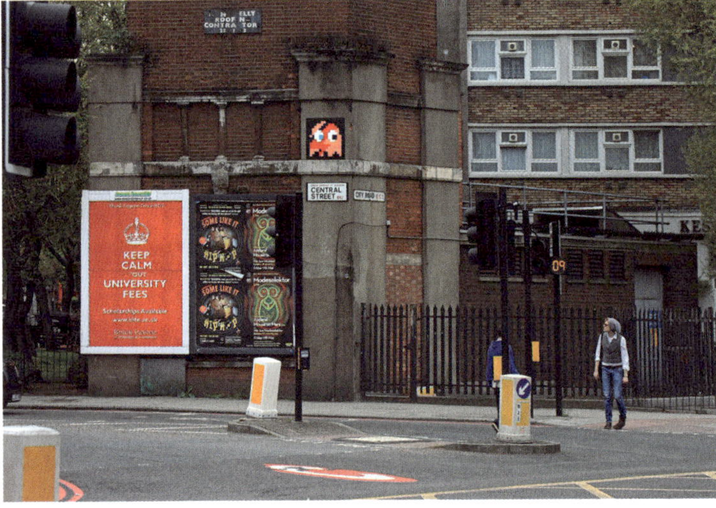

67

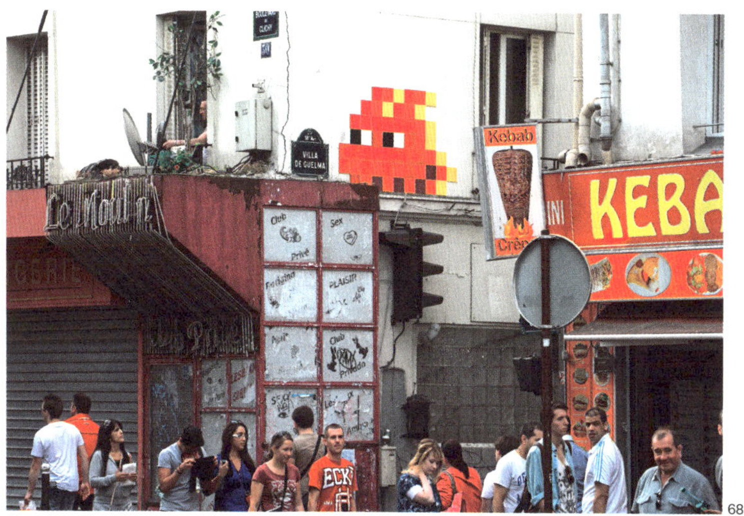

68

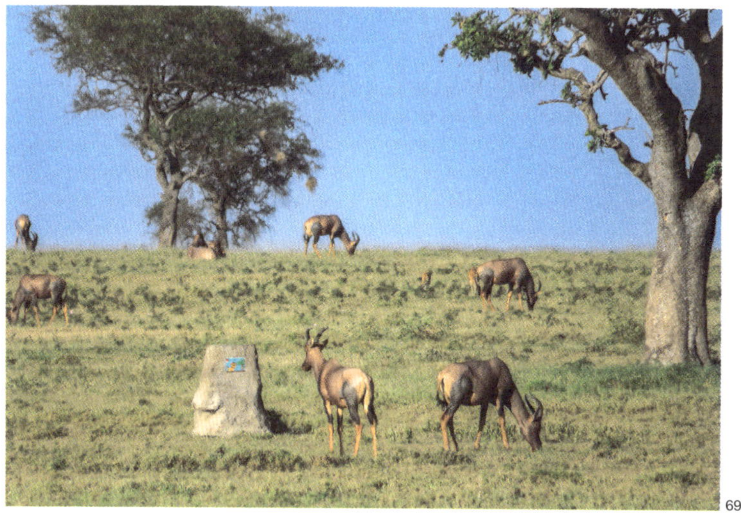

69

si tu flashes le ciel quand l'ISS passe au-dessus de ta ville, ça marche, parce que le programme suit la position de l'ISS en temps réel.

HUO	Et ça, c'est en Suisse ou en France ?

NVDR	C'est à Anzère, au milieu des montagnes suisses. Ici, New York. Et là, j'ai mis ces deux grandes photos face à face : le dénuement du désert tunisien et l'hyper-technologie de l'ISS. Voilà et c'est ce que j'aime dans toutes ces photos, c'est cette diversité de paysages. Ça, c'est rue Serge Gainsbourg [1]. C'est la seule rue Serge Gainsbourg en France, à Clermont-Ferrand [71]. Et donc, j'ai fait ce grand Serge Gainsbourg façon 8 bit, il fait 3 ou 4 m de hauteur.

HUO	C'est très beau ça.

NVDR	Oui très beau, complètement illégal et il y a une belle histoire derrière. Quand je suis venu faire cette photo, juste après l'avoir posé, j'ai vu la propriétaire sortir de sa maison, une vieille dame, et donc elle a été voir ce qui était arrivé à son mur, je pense que quelqu'un l'avait prévenue par téléphone, elle a regardé la pièce puis elle est rentrée chez elle. Et je me suis demandé si elle allait la détruire ou la garder car elle n'est pas anodine, elle a totalement transformé sa maison. Et puis, quelques temps après, son petit-fils m'a envoyé un e-mail en me disant que sa grand-mère avait apprécié mon intervention et en m'expliquant qu'elle était une « juste », que pendant la guerre elle avait caché des enfants juifs dans la cave de cette maison. Ce qui est un hasard incroyable car Gainsbourg avait aussi été un enfant juif caché pendant la guerre. C'est assez extraordinaire, non ? Il est toujours là. Parfois, il y a des graffitis qui apparaissent dessus ou à côté mais ils sont soigneusement nettoyés. Là, c'est une de mes invasions les plus extrêmes. J'ai été poser trente pièces dans les tunnels du métro de New York [72]. Sachant que les métros tournent 24 heures sur 24, c'est donc très dangereux en plus d'être strictement interdit. J'ai fait ça en hommage à un artiste que j'admire énormément

---

1. Lucien Ginsburg alias Serge Gainsbourg (1928-1991) était un auteur, musicien et artiste français, un provocateur dont le succès éclectique et la qualité des chansons, aux paroles très travaillées, ont considérablement marqué les pays francophones des années 1970 et 1980.

HUO   Is that in Switzerland or France?

NVDR   It's in Anzère, nestled in the Swiss mountains. This is New
        York. And here, I've placed these two large photos side by
        side: one depicting the barreness of the Tunisian desert, the
        other showcasing the advanced technology used by the ISS.
        I find the diversity of landscapes in these photos captivating.
        And this is rue Serge Gainsbourg in Clermont-Ferrand [71],
        the only street in France with this name.[I] So I created this
        large, 8bit-style Serge Gainsbourg portrait, measuring
        approximately 3 to 4 metres in height.

HUO   That's beautiful.

NVDR   Yes, very, and completely illegal – there's a nice story
        behind this one. When I came to take this photo right after
        installing it, I saw the owner – an old lady – coming out
        of her house to see what had happened to her wall, I think
        someone must have warned her on the phone. She looked
        at the piece and then she went back inside. I wondered
        if she was going to get rid of it or keep it, since it's not
        exactly small – it's totally transformed her house. Later
        on, her grandson emailed me saying that his grandmother
        had appreciated my intervention, explaining that she was a
        'Righteous' person, who, during the war, hid Jewish children
        in the cellar of that house. What an incredible coincidence –
        Gainsbourg was also a Jewish child in hiding back then. It's
        quite extraordinary, isn't it? It's still there today. Sometimes,
        graffiti appears on it or next to it, but it's usually cleaned up
        carefully. This next piece was part of one of my most extreme
        invasions. I placed 30 works in the tunnels of the New
        York City subway [72] – a dangerous and strictly forbidden
        endeavour as trains run 24 hours a day. This was a tribute
        to an artist I admire enormously called Revs.[II] You can see
        a page of his in the background here, because he wrote his

---

I. Lucien Ginsburg, better known as Serge Gainsbourg (1928–1991), was a French
songwriter, musician and artist, a provocateur whose eclectic success and the
quality of his songs, with their carefully crafted lyrics, had a major impact on
French-speaking countries in the seventies and eighties.
II. Revs is a New York graffiti artist who has been active since the eighties. He
began by signing Revlon before adopting the diminutive Revs in the nineties. In
1993 he teamed up with graffiti artist Cost, with whom he covered Manhattan with
posters bearing short slogans. From then on, he shook up conventions through
a variety of techniques and projects, making him one of the key players in the
transition from graffiti to street art.

qui s'appelle Revs [1]. On voit ici une page à lui dans le décor, car il a écrit son autobiographie dans les tunnels du métro new-yorkais. J'ai découvert son travail dans les années 2000 et j'ai voulu le rencontrer mais il est très *underground*. Tous les gens qui le connaissaient et à qui je disais vouloir le rencontrer me répondaient « Tu n'y arriveras pas, il ne veut rencontrer personne, il est très sauvage ». Ça m'a pris dix-huit ans pour finalement réussir à le rencontrer et je n'ai pas été déçu, c'est quelqu'un d'une grande intégrité et qui vit en accord avec ses principes. Donc voilà, mes photos continuent. Los Angeles. Bâle [73]. Tu connais la légende qui dit que sous chaque arc-en-ciel il y a un chaudron d'or caché ? À Bâle, j'ai fait toute une série avec des space invaders en or sous un arc-en-ciel parce que, pour un artiste, la foire de Bâle, c'est un peu le chaudron d'or. Alors, celui-là est assez extraordinaire. C'est le plus haut à Paris. Il est au troisième étage de la tour Eiffel [75]. Il fait partie de mon 1% légal. J'ai eu l'autorisation de le faire. J'adore cette photo. Et là, regarde, c'est à Marseille [74]. On est pourtant dans le centre-ville, loin de la mer et le gars ne porte pas de chemise, pas de pantalon, pas de chaussures : très Marseille ! Et là c'est peut-être un de mes plus beaux projets aussi. C'est quand je suis arrivé à 3999 mosaïques installées dans le monde, la prochaine allait être la 4000ᵉ. Et je me suis dit, il faut que je trouve un endroit incroyable pour cette 4000ᵉ pièce. Mais pendant des mois, j'ai séché, je n'ai rien posé dans les rues parce que je ne trouvais pas d'endroit où installer la 4000ᵉ.

HUO   Il fallait trouver un endroit magique.

NVDR   Oui, c'est ça, Il fallait trouver un endroit exceptionnel et qui fasse sens. J'ai alors découvert qu'il existait une ville en Bolivie qui s'appelle Potosí et qui est perchée à 4000 mètres d'altitude. C'est un grand plateau au sommet des montagnes, c'est magnifique, surréaliste. C'est une ville minière. Tu vois, ça, c'est... regarde, on voit les gens qui travaillent dans la mine. J'ai été là-bas et j'ai posé le 4000ᵉ

---

1. Revs est un graffeur new-yorkais actif depuis les années 1980. Il commence par signer Revlon avant d'adopter le diminutif de Revs dans les années 1990. Dès 1993, il s'associe avec le graffeur Cost avec qui il recouvre Manhattan d'affichettes arborant de courts slogans. Il va dès lors bousculer les conventions à travers divers techniques et projets qui en font un des maillons incontournables du passage du graffiti au street art.

autobiography in the tunnels of the subway. I discovered his work in the 2000s and was eager to meet him, but he's very underground. People who knew him told me that I wouldn't be able to meet him, that he didn't want to meet anyone and that he's very wild, but I persisted and managed to connect with him after 18 years. He didn't disappoint – he truly lives by his principles. So there you have it, my photos continue. Los Angeles. Basel [73]. You know the legend that under every rainbow there's a hidden pot of gold. In Basel, I did a whole series of space invaders in gold under a rainbow because, for an artist, Art Basel is a bit like a pot of gold. This one is quite extraordinary – the highest in Paris. It's on the third floor of the Eiffel Tower [75], part of my legal 1%. I was given permission to install it. I love this photo. And look, this is in Marseille [74]. We're in the city centre, far from the sea, and this guy's not wearing a shirt, trousers or shoes–very Marseille! And this is perhaps one of my finest projects too. When I reached 3,999 mosaics installed worldwide, I knew the 4,000th piece needed to be in an amazing location. For months, I sat on my hands, I didn't install any new work as I was searching for the best place for the 4,000th piece.

HUO   You had to find the perfect spot.

NVDR   That's right, I had to find an exceptional place, one that would make sense. So I discovered that there is a town in Bolivia called Potosí, perched at an altitude of 4,000 metres. It's a big plateau atop the mountains, it's breathtaking and surreal. It's a mining town. You see, this is… look, you can see the people working in the mine. I went there and installed the 4,000th mosaic at precisely 4,000 metres with an altimeter in my hand. This photo shows the 4,004th piece [77].

HUO   So there are multiple works there.

NVDR   Yes, it was such a challenging journey that it would have been a shame to install only one. I arrived with 500 kilograms of material, enough for about 50 pieces. And this one here is a subversion. Are you familiar with the Clash album,[1] *London Calling*, where the

---

1. Formed in 1976, the band separated in 1986. The Clash were a leading band of the British punk rock movement before going on to international success.

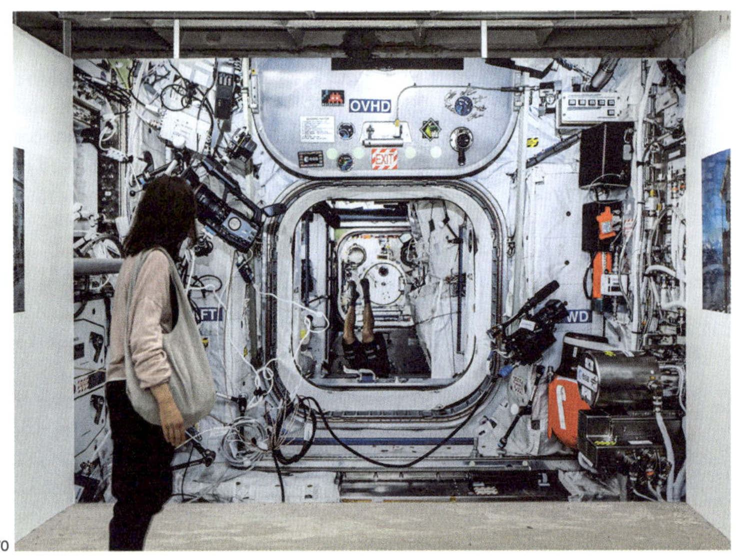

70

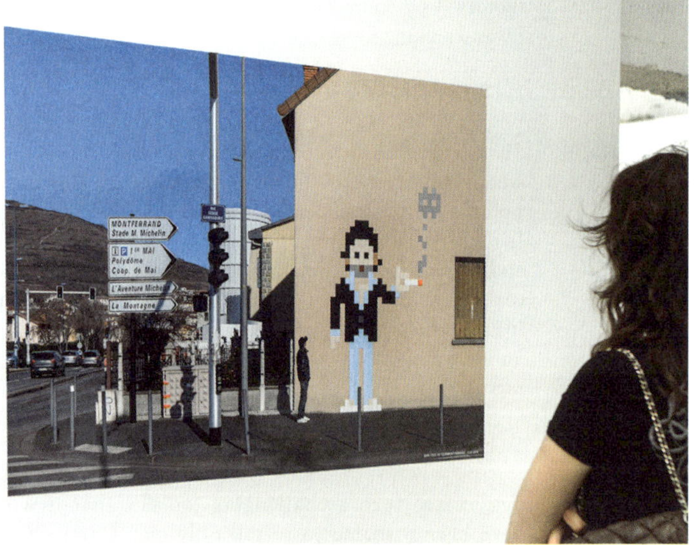

71

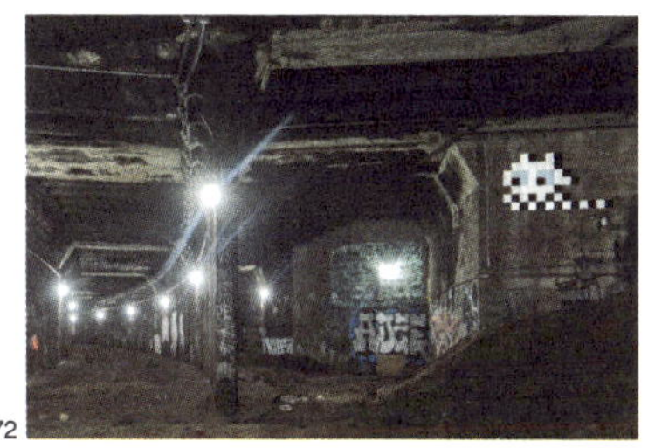
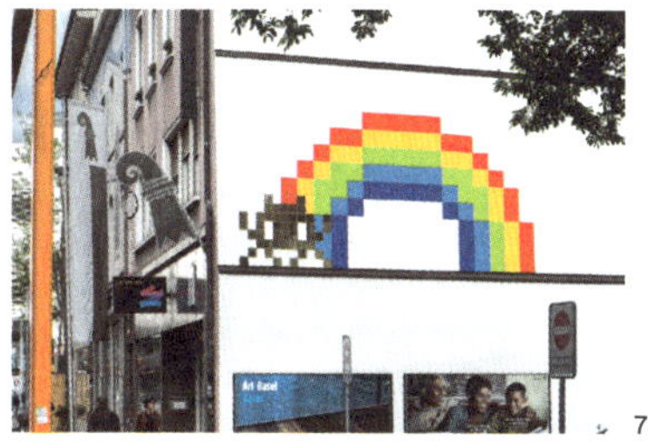
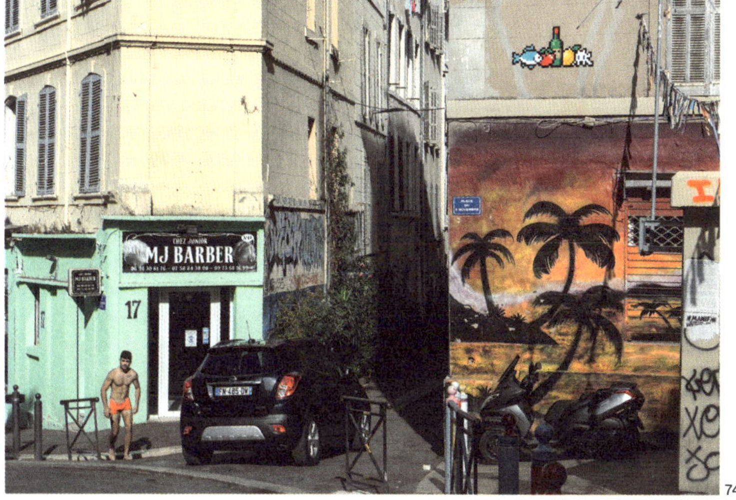

70 → 74   Street mosaics across the world, 2015–2020: *Space2*, ISS /
CLR_14, Clermont-Ferrand / *NY_210*, New York /
BSL_25, Basel / *MARS_34*, Marseille

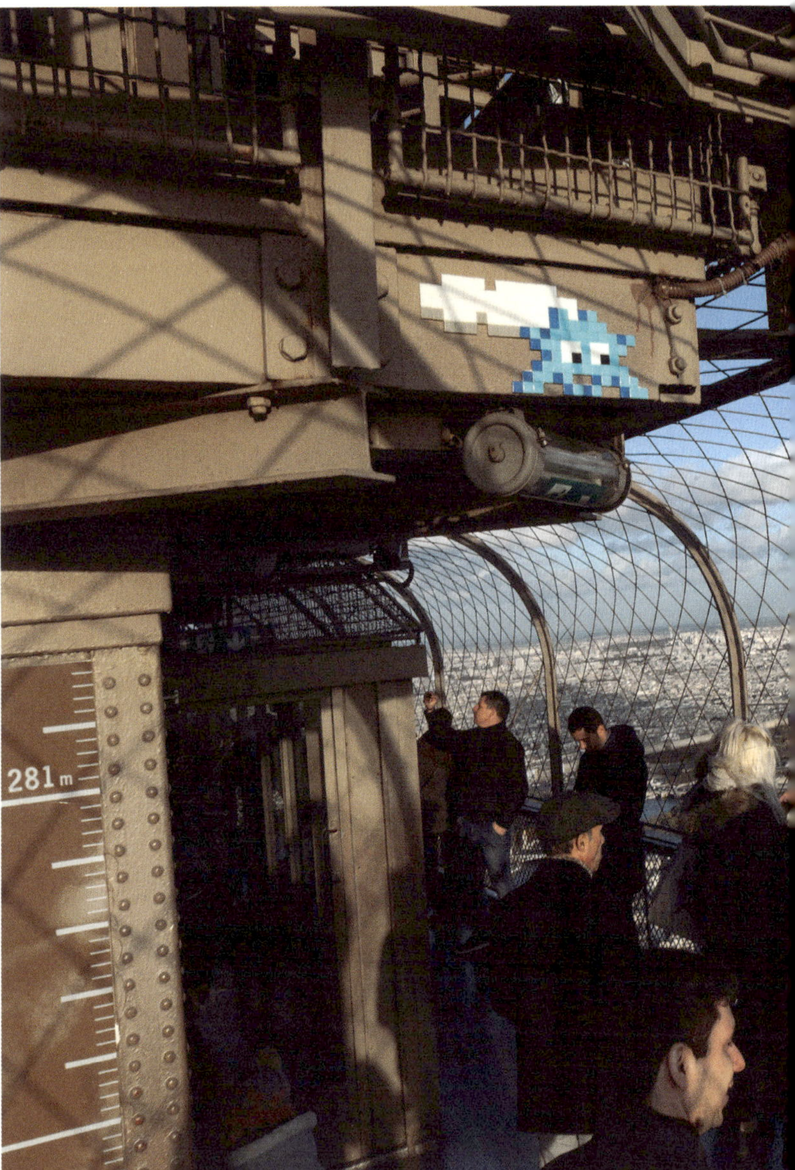

281 m

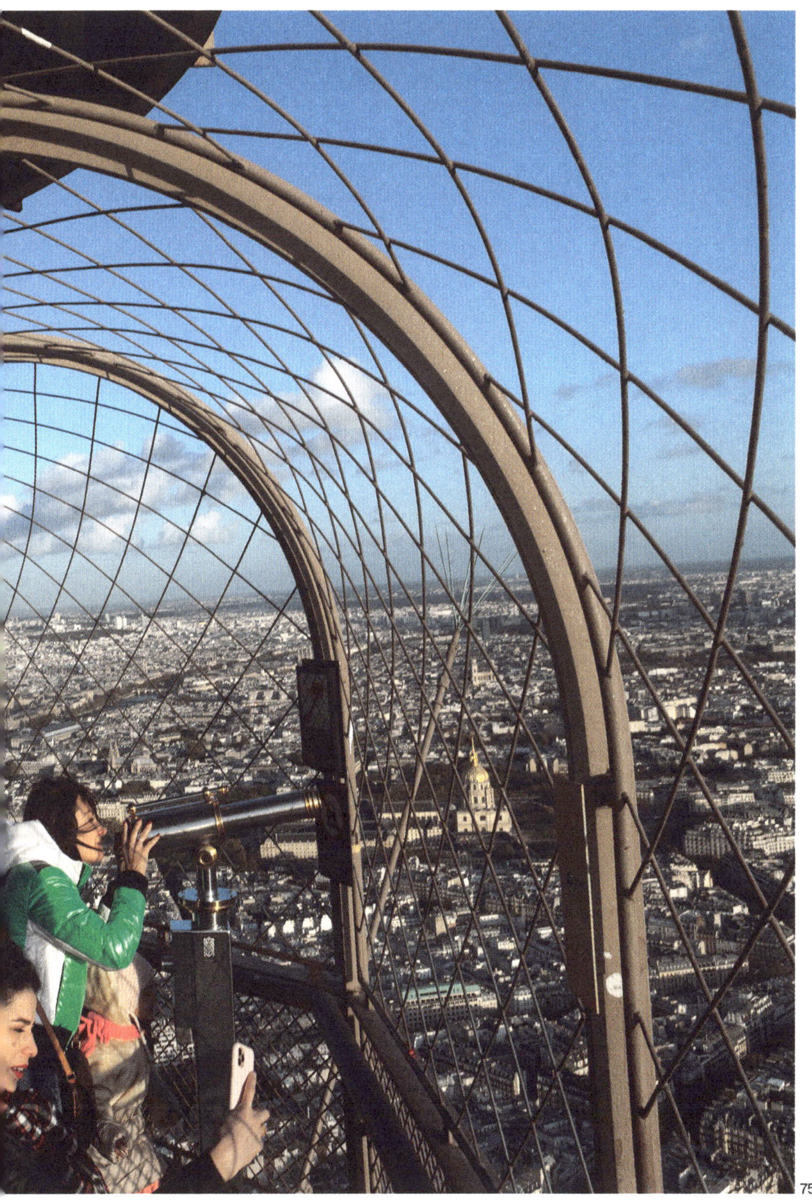

75 *PA_1431*, top floor of the Eiffel Tower, Paris, 2019

à précisément 4.000 mètres d'altitude, avec un altimètre en main. Sur cette photo c'est le 4004ᵉ [77].

HUO   Donc, il y en a plusieurs.

NVDR   Oui, parce que c'était tellement compliqué d'aller là-bas que cela aurait été dommage de n'en poser qu'un, J'y suis allé avec 500 kilos de matériel, de quoi installer une cinquantaine de pièces. Et celle-ci c'est un détournement. Tu connais l'album de Clash [1] *London Calling* ? Où sur la couverture on voit le bassiste casser sa basse sur scène ? Et bien j'ai remplacé la basse par une pioche. Et il est placé à l'entrée des mines de Potosí.

HUO   Parfois ça implique une histoire incroyable.

NVDR   Oui, Potosí ça a été une histoire incroyable. Et là c'était l'été dernier, j'ai travaillé à Fontainebleau. C'est une grande forêt à cinquante kilomètres de Paris, entourée de plein de petits villages. J'avais envie de sortir de l'espace urbain et d'aller vers quelque chose de plus inattendu, plus champêtre. On y trouve par exemple la ville de Barbizon, qui est le berceau de l'impressionnisme. En tous cas ce n'est plus du tout de l'art urbain, on est entre *street art* et *land art* et j'en ai mis dans la forêt [76], dans la campagne, dans tous les petits villages alentours. Donc voilà, là on a fait un tour du monde.

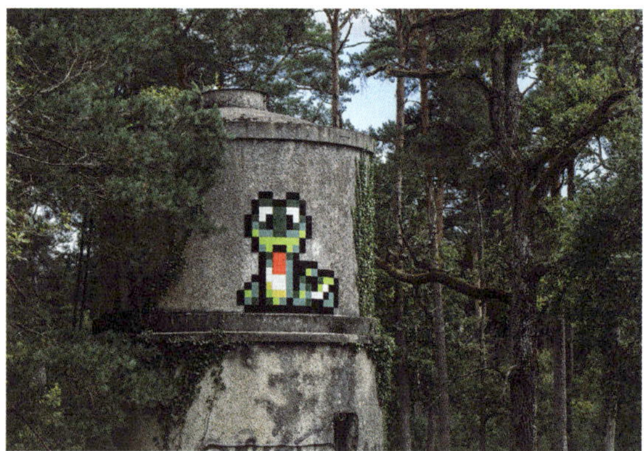

76 *FTBL_40*, Fontainebleau, 2023

---

1. Formé en 1976 et séparé en 1986, The Clash était un groupe phare de la scène punk rock britannique qui a ensuite connu un succès international.

cover shows the bassist smashing his bass on stage? Well, I've replaced the bass with a pickaxe. And it's placed at the entrance to the Potosí mines.

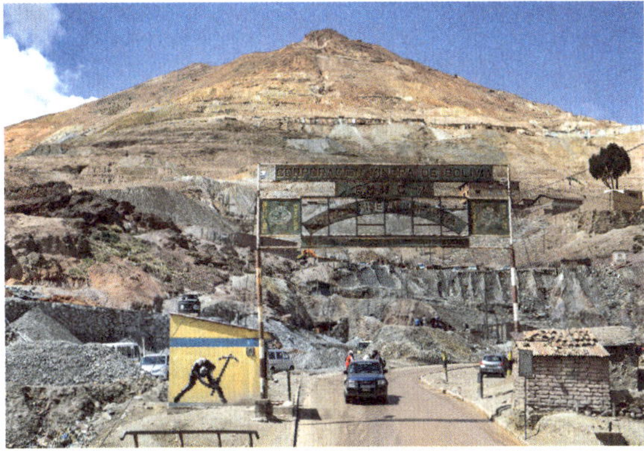

77 *POTI_05*, Potosí, 2022

HUO   Some of these installations have incredible stories behind them.

NVDR   Yes, Potosí was a remarkable experience. This one is from last summer, I worked in Fontainebleau, a large forest located 50 kilometres from Paris and surrounded by small villages. I wanted to get away from urban environments and do something more unexpected and rural. For instance, there's the town of Barbizon, which is the birthplace of the Impressionists. In any case, it's no longer urban, it's a blend of street art and land art, with installations in the forest [76], countryside and surrounding villages. So there you have it, a world tour.

HUO   Yes, we've travelled the globe together.

NVDR   A global tour through my works. Now, let's proceed to the next level [78].

LEVEL 4
VIDEO LOOPS

NVDR   In this section, I present short video loops, akin to animated paintings [79]. These bite-sized clips narrate short stories.

HUO   Oui, on a fait un tour du monde ensemble.

NVDR   Un tour du monde à travers l'œuvre. Passons au niveau
           suivant [78].

NIVEAU 4
BOUCLES VIDÉO

NVDR   Je montre ici des petites boucles vidéo un peu comme
           des tableaux animés [79]. Ce sont des petites boucles très
           courtes, qu'on butine et qui racontent des petites histoires.
           Ce sont des petites séquences que j'ai tournées moi-même,
           sauf celle-ci qui a été filmée par Samantha Cristoforetti,
           l'astronaute qui a installé ma pièce à bord de la Station
           Spatiale Internationale. À nouveau, j'aime bien le contraste
           entre ce film à bord de l'ISS et celui-ci en Inde sur les bords
           du Gange [80].

HUO   Donc là, on est dans le registre de la documentation.

NVDR   Mi-œuvre mi-documentation, la limite est floue pour moi.

HUO   Là, c'est un jeu vidéo ?

NVDR   Oui, c'est pendant le confinement. Comme j'étais enfermé
           chez moi la plupart du temps, j'ai été envahir un jeu vidéo
           qui était très tendance à l'époque, *Animal Crossing* [81].

HUO   Avec leur autorisation ?

NVDR   Non, parce que tu peux intervenir en tant que joueur. En fait,
           c'est un jeu participatif.

HUO   C'est le drapeau, en fait.

NVDR   Le drapeau et le t-shirt du personnage. En plus, il court avec
           une échelle à la main, c'est une sorte d'autoportrait ; et là,
           c'est une des rares archives de mon invasion des tunnels du
           métro new-yorkais. On me voit marcher le long des rails et
           puis en train d'installer une pièce. Celle qu'on a vue tout à
           l'heure en photo.

Most of them are short sequences I filmed myself, except for one filmed by Samantha Cristoforetti, the astronaut who installed my work aboard the International Space Station. Again, I like the contrast between this ISS footage and the one in India on the banks of the Ganges [80].

HUO   So now we're talking about documentation.

NVDR   It's a blend of artwork and documentation, for me the distinction between the two is quite blurry.

HUO   Is this a video game?

NVDR   Yes, I created it during the Covid lockdown. While confined at home, I invaded a popular video game at the time, *Animal Crossing* [81]. It's an island. So I created an invader on the Animal Crossing island.

HUO   With their permission?

NVDR   No, you can just get involved as a player. It's a participatory game.

HUO   It's the flag?

NVDR   It's on the flag and the character's T-shirt. What's more, he's running with a ladder in his hand, it's a kind of self-portrait. Here is one of the rare archives of my invasion of the New York City subway tunnels. You can see me walking along the tracks and then installing a mosaic – the one we saw earlier in the photo.

HUO   You had to avoid trains.

NVDR   Absolutely. With trains passing by and the danger of touching the electric rail, it was a very intense assignment. I spent almost two weeks in the tunnels. This is the so-called 4,000th mosaic. We're at an altitude of 4,000 metres in Potosí, and it was incredibly difficult because there's very little oxygen at that altitude [82]. Sometimes, you'd wake up at night breathless, as if you were exerting yourself. So imagine how difficult it was to install 50 works... I was there for a month, I was constantly out of breath.

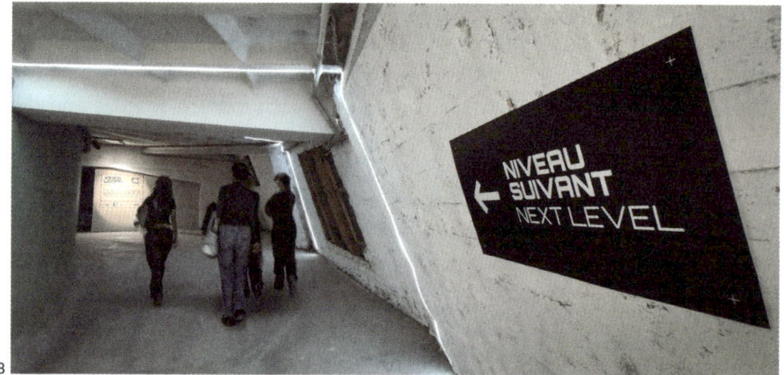

78

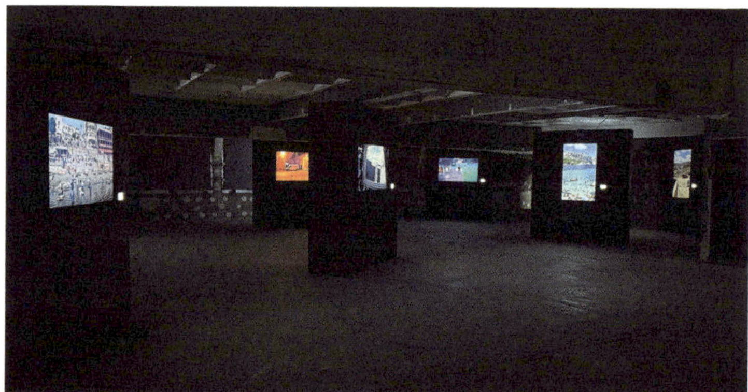

79

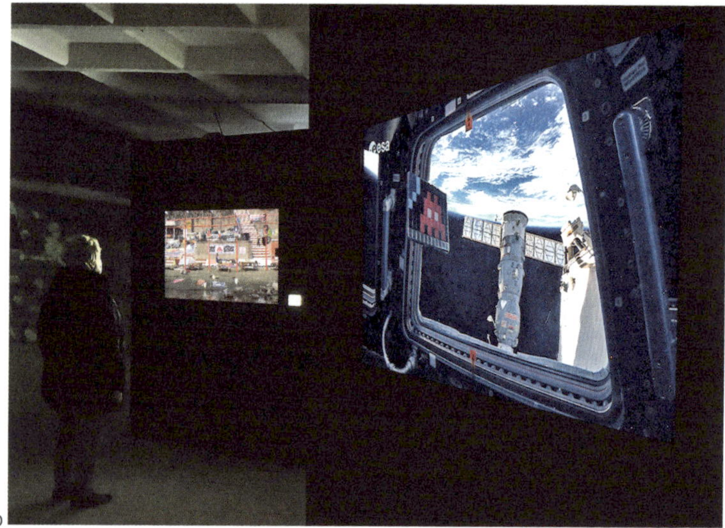

80

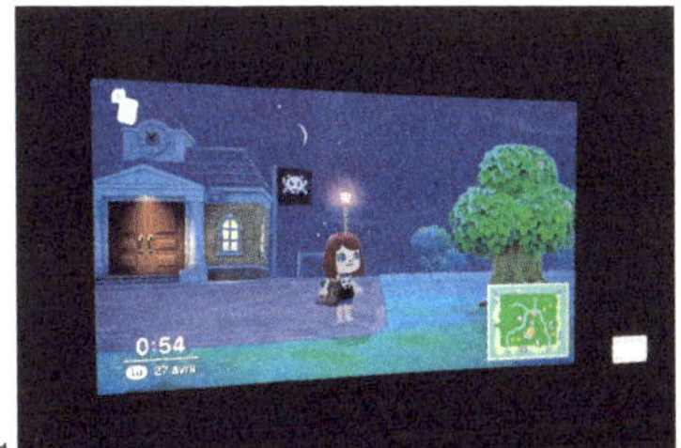

81

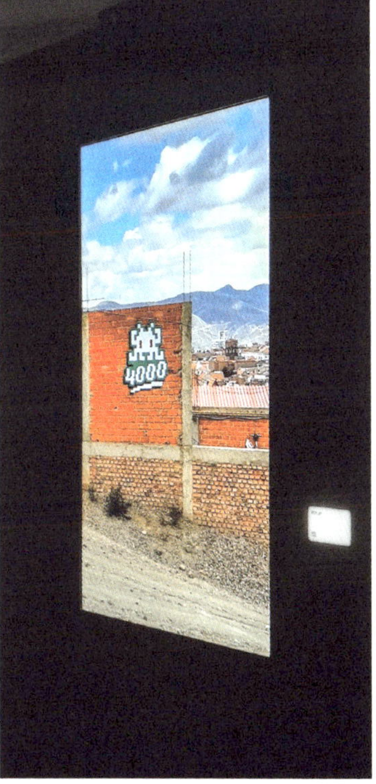

82

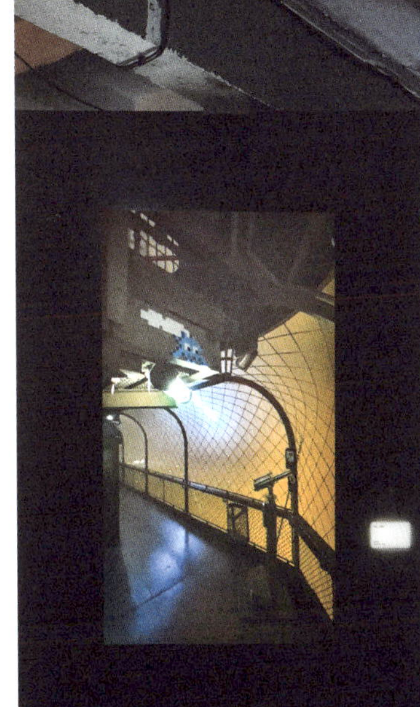

83

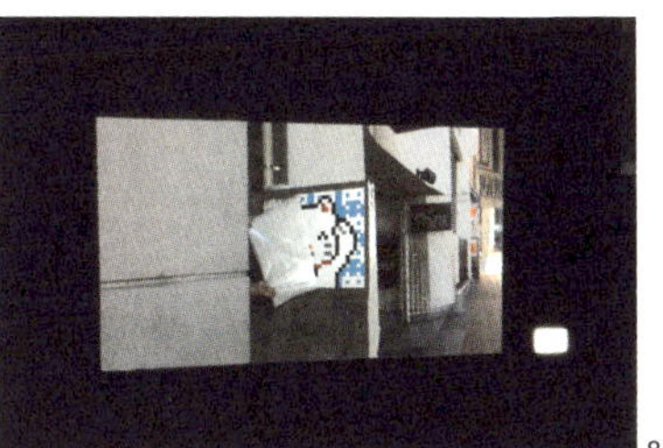

84

HUO   Il faut éviter les trains.

NVDR   Absolument. Il y a les trains qui circulent et, même sans ça,
        si tu touches le rail électrique tu es mort. C'était vraiment
        très très intense comme mission, j'ai quasiment passé quinze
        jours dans les tunnels. Là, c'est le fameux 4000ᵉ. Donc là on
        est à 4000 mètres d'altitude, à Potosí, c'était très difficile
        parce qu'à 4000 mètres d'altitude, il y a peu d'oxygène [82].
        Parfois tu te réveilles la nuit, tu es en train de dormir et tu te
        réveilles complètement essoufflé comme si tu étais en plein
        effort, donc je te laisse imaginer lorsque tu fais vraiment des
        efforts... J'y suis resté un mois, j'ai posé une cinquantaine de
        pièces, j'étais constamment essoufflé.

HUO   Donc si les gens aujourd'hui vont dans cette ville, ils peuvent
        voir une expo de toi.

NVDR   Oui. Il y a déjà pas mal de monde qui s'est rendu là-bas
        pour ça, mes fans les plus *hardcore* je suppose, c'est un peu
        comme aller visiter une exposition tout en découvrant un
        lieu incroyable. Ça, c'est celui qui est au troisième étage de
        la tour Eiffel. C'est assez magique car j'ai représenté un petit
        invader avec la tête dans les nuages. Et là, on peut voir qu'on
        est vraiment à la hauteur des nuages puisqu'on les voit nous
        traverser. Regarde, cet élément gradué donne la hauteur, on
        est à 281 mètres, 282 mètres pour la mosaïque [83]. Il n'y a
        pas de point plus haut à Paris. On ne pourrait pas être plus
        élevé. Là, j'installe une pièce à Tokyo et on voit que quand je
        travaille la nuit, les rues sont vides, il n'y a personne [84].

HUO   Et il y a un papier dessus ?

NVDR   Oui, il y a un papier autocollant qui me permet d'assembler
        les carreaux et on retrouve la pièce de jour qui prend part à
        la vie, il y a maintenant plein de monde autour, c'est dans le
        quartier de Shibuya. Et c'est ce qui est formidable, c'est que
        ce travail, une fois que je l'abandonne, il prend vie.

HUO   C'est comme les enfants qui quittent la maison.

NVDR   Oui c'est un peu ça, c'est comme une naissance. Et celle-ci
        est cool, c'est durant le concert d'un groupe de punk rock
        parisien et j'ai collé un autocollant sur la basse du musicien.
        Donc c'est comme un nouveau territoire conquis.

HUO   So, if people visit this city today, they can see an exhibition of your work.

NVDR   Yes, quite a few people have already visited for that reason, I suppose they're my hardcore fans. It's a bit like going to see an exhibition and discovering an incredible place all at once. This particular piece is located on the third floor of the Eiffel Tower. It's quite magical – I've depicted a little invader with his head in the clouds. At this altitude, you're really at the same height as the clouds and you can see them going right through you. Look, this instrument indicates that we're at 281 metres and the mosaic at 282 metres [83]. There's no higher spot in Paris – we couldn't be any higher. There, I'm in the middle of an installation in Tokyo and you can see that, when I work at night, the streets are empty, there's no one there [84].

HUO   And there's paper on it?

NVDR   Yes, I use self-adhesive paper to assemble the tiles and here we see the mosaic come to life during the day, there are lots of people around, it's in the bustling Shibuya area. And that's what's great, once I leave the work, it comes to life.

HUO   It's like children leaving home.

NVDR   In a way, yes, it's a bit like giving birth. And this is a cool one, it's during a concert by a Parisian punk rock band, I stuck a sticker on the musician's bass. So it's like conquering new territory.

HUO   This is with their permission.

NVDR   Yes, I know this musician and he liked the idea. Once again, it's about finding curious or unexpected places. Let's go to the next level.

LEVEL 5
KINDER SURPRISE TOYS / RUBIKCUBISM

NVDR   So far we've explored my urban invasions, but here's something entirely different and new [85]. I worked with little plastic figurines – the ones you'd find in Kinder

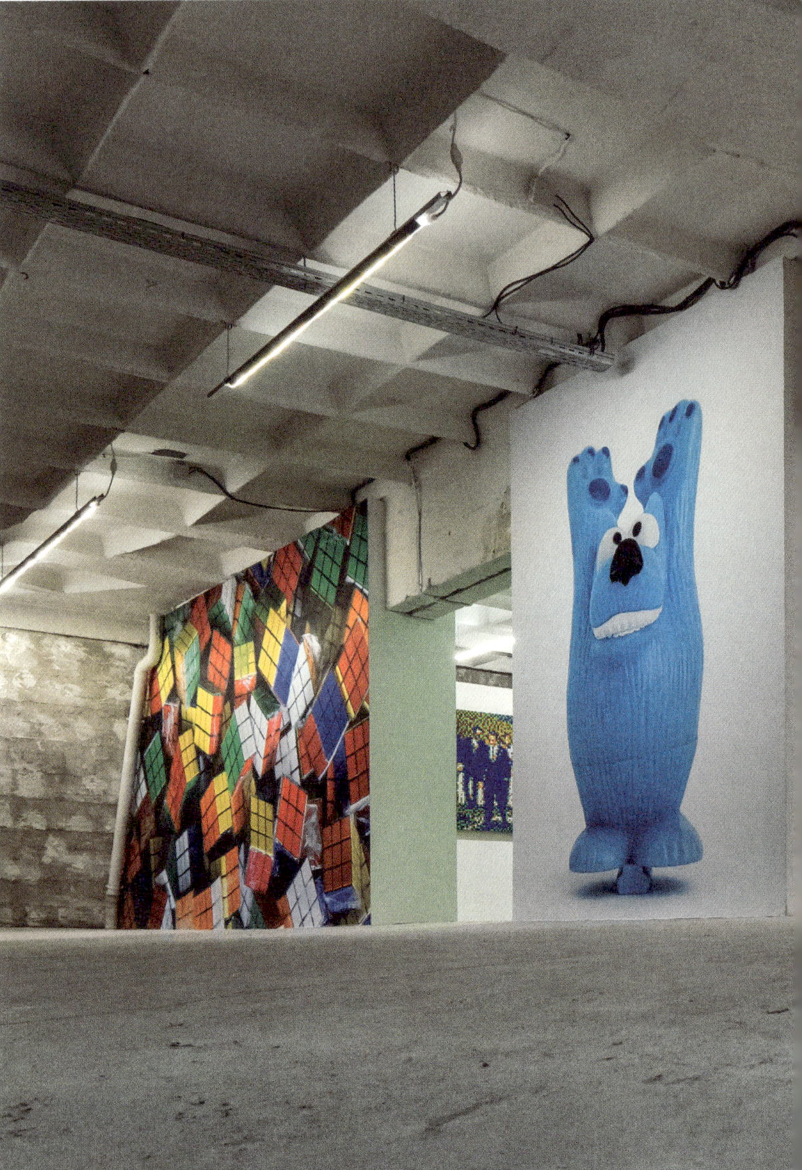

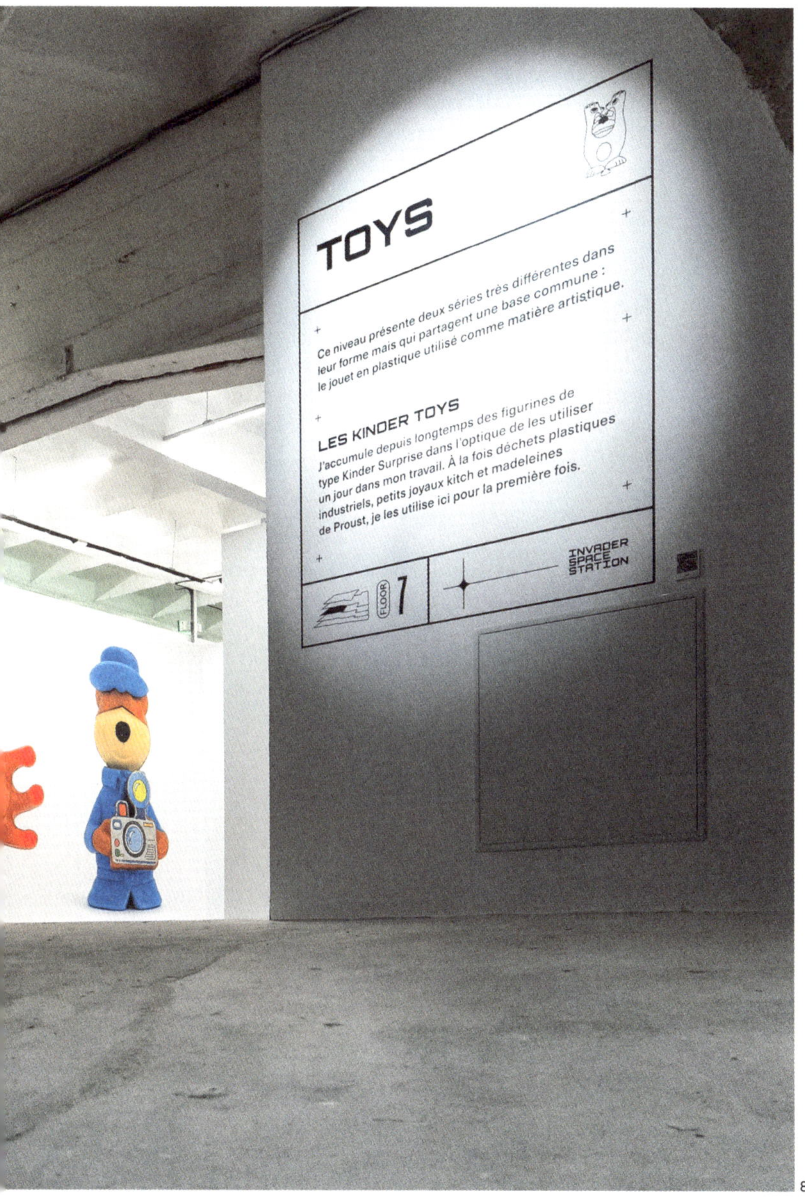

112–113   85 *Toys* level

HUO   Là, c'est avec leur autorisation.

NVDR   Oui, je connais ce musicien et l'idée lui a plu. C'est à nouveau
        l'idée de trouver des endroits curieux ou inattendus. Passons
        à la suite, montons au prochain niveau.

NIVEAU 5
JOUETS KINDER / RUBIKCUBISME

NVDR   Jusqu'à maintenant, on a vu des choses liées à mes invasions
        urbaines mais là je présente quelque chose de complètement
        différent et nouveau [85]. J'ai travaillé avec des petites
        figurines en plastiques que l'on trouve dans des œufs en
        chocolat, ça s'appelle *Kinder Surprise*. Je les ai recyclés. Je ne
        sais pas si tu connaissais ça en Suisse.

HUO   Oui, les œufs en chocolats avec des figurines à l'intérieur ?

NVDR   Oui, c'est ça. Ce sont des petits jouets en plastique et moi
        j'en accumulais plein dans l'optique de les utiliser un jour
        dans mon travail. Ils sont à la fois de la pollution plastique
        industrielle, des petits joyaux kitsch et des sortes de
        madeleines de Proust. C'est la première fois que je les utilise.
        Je les ai photographiés en macro et j'ai agrandi leur image à
        taille humaine [86]. Donc ils prennent une autre dimension,
        tu les regardes différemment, ça fait apparaître tous leurs
        petits défauts et leur usure car ils sont *vintage*. Je trouve que
        c'est à la fois joyeux et mignon, et étrangement inquiétant,
        voire super flippant. Quand ils sont petits, ils sont mignons
        mais, regarde, en grand on ne les voit pas pareil. Je trouve
        cela vraiment efficace. Je ne sais pas qui a les a imaginés mais
        ils sont tous hallucinants.

HUO   Oui, on ne les a jamais vus de cette façon. C'est comme si
        tu faisais apparaître quelque chose qui avant était invisible.
        Donc ça c'est toute ta collection ?

NVDR   Pas vraiment une collection mais plutôt une accumulation.
        Et en fait, ce couloir avec ces agrandissements est une sorte
        d'introduction à cette pièce que l'on découvre maintenant.
        C'est une immense vitrine où il y en a environ deux mille

Surprise chocolate eggs – and repurposed them. I don't know if you have these in Switzerland.

HUO   Yes, chocolate eggs with figurines inside?

NVDR   That's right, they're small plastic toys. I collected a vast amount, intending to use them in my work eventually. These figurines represent industrial plastic pollution, little kitsch gems, and even Proust's madeleines, all in one. This is the first time I've incorporated them into my art. I photographed the figurines in macro and enlarged their images to human size [86]. So they take on another dimension, you look at them differently, and it brings out all their little flaws because they're vintage. I think it's both happy, cute and strangely worrying, even super creepy. When they're small, they're cute but when they're big, you don't see them the same way. I think it's really effective. I don't know who designed them but they're amazing.

HUO   Yes, we've never seen them like this. It's as if you were making something appear that was invisible before. Is this your entire collection?

NVDR   It's more an accumulation than a collection. In fact, the corridor with these enlarged images serves as an introduction to the work we're discovering now. It's a huge display case filled with around 2,000 perfectly aligned figurines illuminated by LEDs [87]. There's a story here involving Damien (Hirst) and this work.[1] As I wondered how I was going to exhibit these small toys, I thought it might be best to put them in a display case. This made me think of Damien's vitrines [88]. It was different but at the same time quite similar. So I spoke to Damien about it, explained what I wanted to do and asked him if he'd mind. He replied that it was fine and there was no problem. I didn't know if he really meant it and two months later, an English deliveryman rang the doorbell of my workshop with two large crates. I opened them and found vitrines Damien had made for me to test.

HUO   For you.

---

1. Damien Hirst (b.1965) is a contemporary British artist known for his prominent role in the YBA (Young British Artist) movement of the nineties. Hirst's works, such as his sculptures of animals preserved in formaldehyde, vibrant spot paintings and controversial themes, have earned him international recognition.

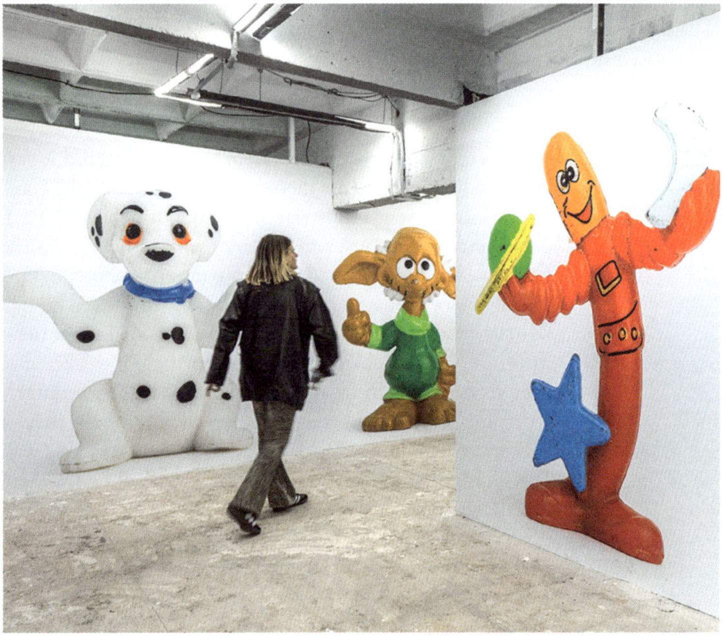

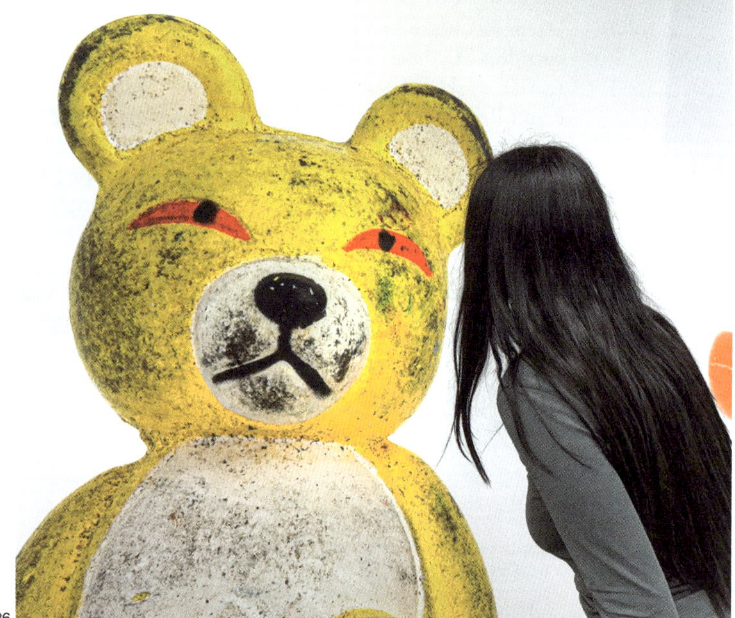

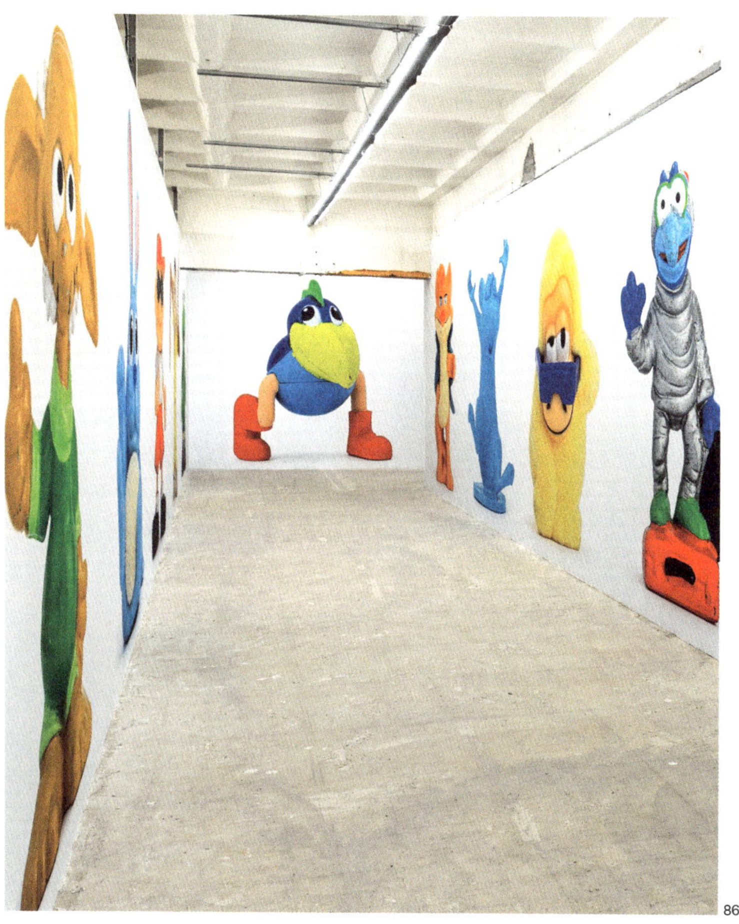

    86 Views of the *Kinder Toys* installation

parfaitement alignés et éclairés avec des LEDs [87]. J'ai une histoire avec Damien (Hirst) [1] à propos de cette pièce. Quand je me suis demandé comment exposer ces petits jouets, je me suis dit que le mieux serait de les mettre dans une vitrine, ce qui m'a fait penser aux vitrines de Damien [88]. C'était différent et en même temps assez proche. Alors j'en ai parlé à Damien, je lui ai expliqué ce que je voulais faire et je lui ai demandé s'il n'y voyait pas d'inconvénient. Il m'a répondu que c'était O.K., qu'il n'y voyait aucun problème. Je ne savais pas s'il le pensait vraiment et, deux mois plus tard, un livreur anglais a sonné à la porte de mon atelier avec deux grandes caisses. Je les ai ouvertes et c'était des vitrines réalisées par Damien pour que je fasse des tests.

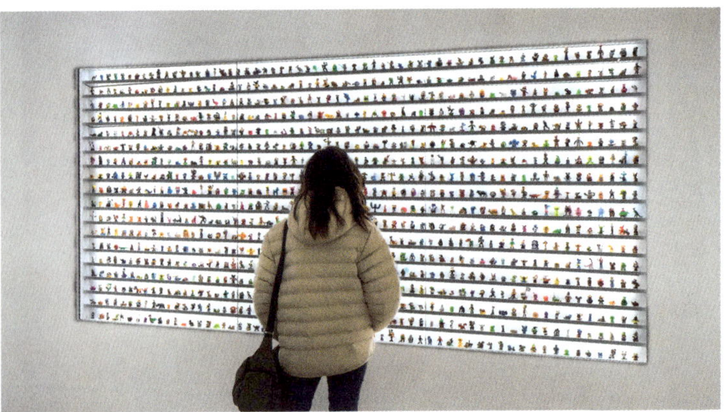

87 *Kinder Toys* vitrine

HUO   Pour toi.

NVDR   Oui, pour moi. J'ai trouvé ça formidable et super généreux de sa part et surtout c'était une façon de me dire, vas-y, tu peux y aller, fais ton truc ça ne me dérange pas. Donc, j'ai placé les jouets dans ses vitrines et je me suis dit, c'est parfait, ça marche super bien.

HUO   Là, est-ce une des vitrines envoyées par Damien Hirst ?

NVDR   Non, elles sont plus petites. J'ai fabriqué celle-ci à l'échelle du lieu.

---

1. Damien Hirst (1965) est un artiste contemporain britannique, chef de file du mouvement Y.B.A. (*Young British Artist*) qui a émergé dans les années 1990. Il est connu pour ses sculptures d'animaux conservés dans du formol, ses peintures de points de couleurs et son esprit provocateur.

NVDR   Yes, for me. it was incredibly generous of him, and I think it was his way of saying to me, go ahead, do your thing, I don't mind. So I placed the toys in those vitrines and I thought it worked perfecly.

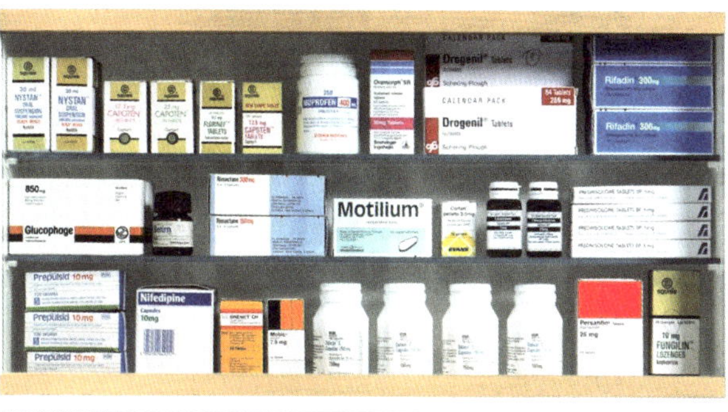

88 Damien Hirst, *Yikes*, 1997, mixed media

HUO   So is this one of the vitrines Damien Hirst sent?

NVDR   No, they're smaller. I made this one to the scale with the space.

HUO   And you've been friends with Damien for a while?

NVDR   I met him a year or two ago now. He reached out to me via email and suggested that we meet. This was a significant moment for me – Damien is one of the few living contemporary artists I deeply admire, both for his work and for his enfant terrible persona. A month later, he turned up at my studio and our friendship began to develop. So, in this row here you have the small versions of the toys we just saw in the large displays – the yellow bear, blue rabbit and the dalmatian with red eyes [90]. And if you look closely, you'll notice I even had fun invading it with a few invaders. Here, I made this little figurine myself, two small invaders stacked on top of each other [91]. And, over here, you can see one that I transformed by painting its T-shirt.

HUO   A book with photos of all these figurines would be fantastic.

119   NVDR   Yes, that would be great, there's potential for many books

HUO   Et vous êtes amis avec Damien depuis un moment ?

NVDR   Je l'ai rencontré il y a un an ou deux maintenant. Il m'avait
        envoyé un email dans lequel il me proposait de nous
        rencontrer. C'était pour moi énorme car il fait partie des
        rares artistes contemporains vivants pour lesquels j'ai une
        grande admiration, tant pour son travail que pour son
        personnage d'enfant terrible. Un mois plus tard, il débarquait
        à mon atelier et on a commencé à tisser des liens. Donc, tu
        vois, sur cette rangée là on retrouve tous les petits jouets
        qu'on vient de croiser en grand, l'ours jaune, le lapin bleu
        ou le dalmatien avec les yeux rouges que l'on retrouve ici en
        tout petit [90]. Si tu es attentif, tu peux voir que je me suis
        même amusé à l'envahir avec quelques invaders. Regarde,
        là j'ai fabriqué moi-même cette petite figurine, deux petits
        invaders l'un au-dessus de l'autre [91]. Et après, si tu regardes
        bien, tu peux voir celle-là que j'ai transformée en peignant
        son t-shirt.

HUO   Là, on pourrait de nouveau imaginer un livre avec les photos
        de toutes ces figurines.

NVDR   Oui ce serait génial, il y a tant de livres à faire. Regarde, celui-
        là a un petit ordinateur sur le dos et sur l'ordinateur j'ai peint
        une page de mon site internet [92]. Mais continuons, là on va
        découvrir un autre travail qui est complètement différent
        mais qui est lié puisqu'il s'agit également du détournement
        d'un jouet des années 1980, le Rubik's cube.

HUO   Ça vient de l'enfance. C'est un objet iconique.

NVDR   Oui, iconique, c'est un objet qui traverse les générations
        et qui est à la fois ludique, esthétique et scientifique. J'ai
        toujours été fasciné par cet objet. J'ai commencé par
        l'utiliser pour faire des petites sculptures représentant des
        space invaders et, petit à petit, j'ai créé ce que j'ai appelé le
        rubikcubisme. Là, ce sont des centaines de cubes qui sont
        tournés et assemblés ensemble et qui créent des images
        figuratives. Toutes ces pièces-là sont une transition entre les
        jouets et les Rubik's cubes [89]. Tu vois, elles représentent
        certains jouets que l'on vient de voir, dans une espèce de mise
        en abîme. Toutes ces pièces sont nouvelles je les ai créées
        pour l'expo. Et la magie de ça c'est que de près tu ne vois
        pas bien ce que ça représente mais, si tu prends du recul ou

to be made. Look at this one, it's got a little computer on its back and on the computer screen I've painted a page from my website [92]. But let's continue on, here we're going to discover work that's completely different yet related, as it's also a hijacking of a toy from the eighties, the Rubik's Cube.

HUO   A childhood classic. It's an iconic object.

NVDR   Yes, it's iconic. It's an object that spans generations and is at once playful, aesthetic and scientific. I've always been captivated by this object. I started by creating small sculptures of space invaders with it and gradually developed what I called Rubikcubism. Hundreds of cubes are turned and assembled to form figurative images. All these pieces mark a transition from toys to Rubik's Cubes [89]. They represent some of the toys we've just seen, in a kind of mise en abyme. All these pieces are new, especially created for the exhibition. And what's magical is that up close, you can't really tell what they represent, but if you step back or view them on your phone, they suddenly become incredibly clear.

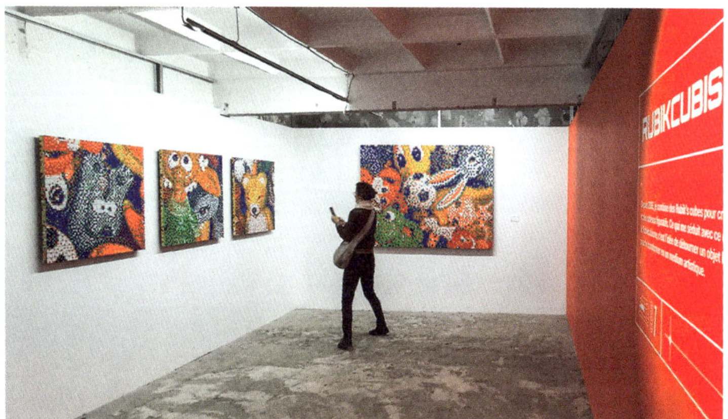

89 *Rubikcubism* section

HUO   They almost become photographs.

NVDR   Yes, it's amazing. In fact, it's the same principle as pointillism, or images printed in magazines composed of four-colour dots, where your eyes and brain work together to recreate the original images and colours.

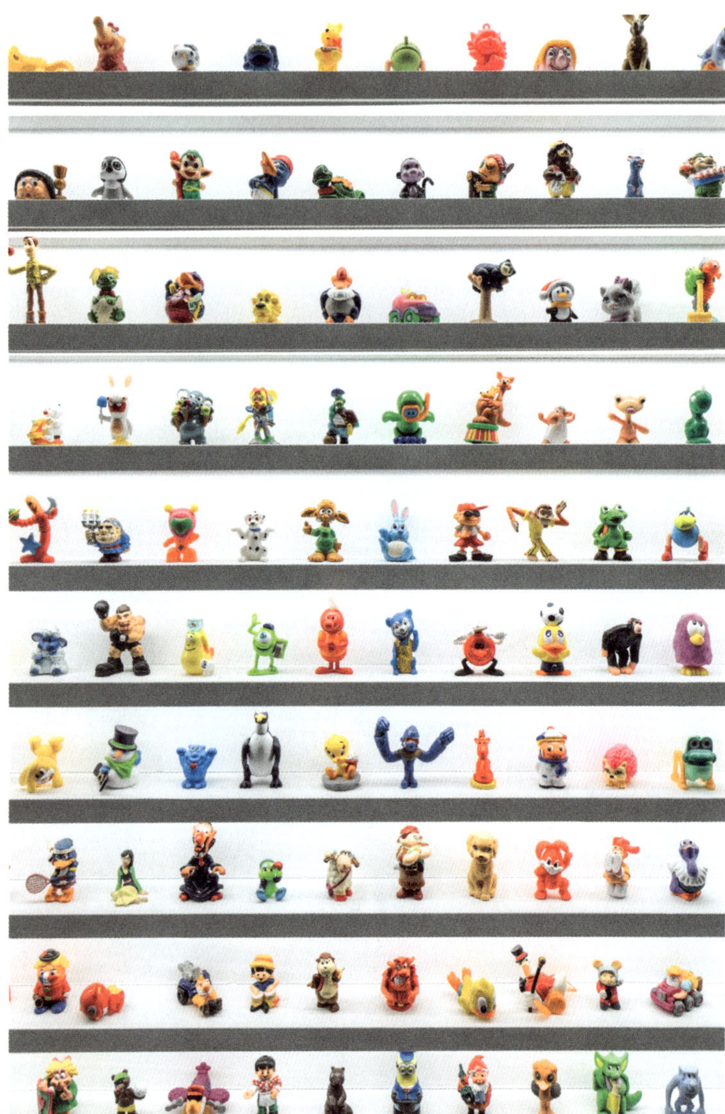

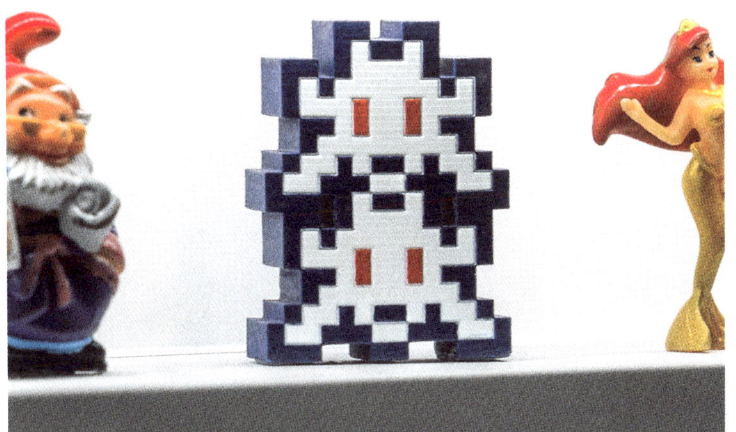

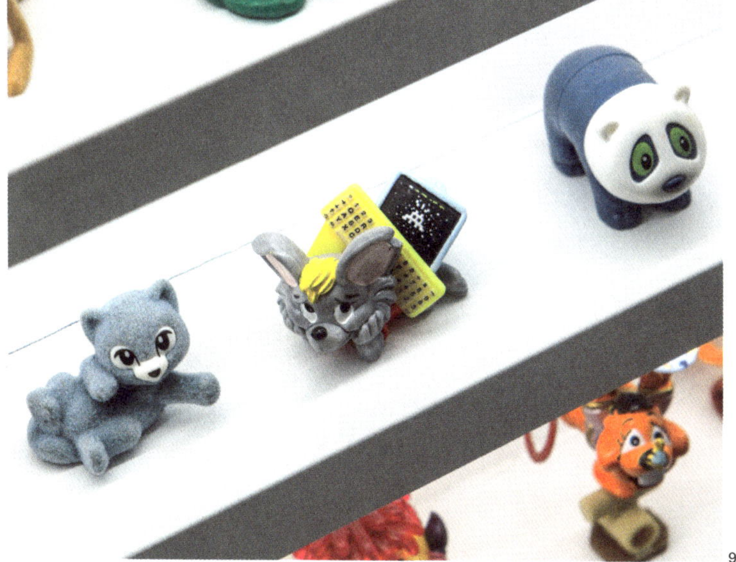

  90 → 92 Details of the *Kinder Toys* vitrine

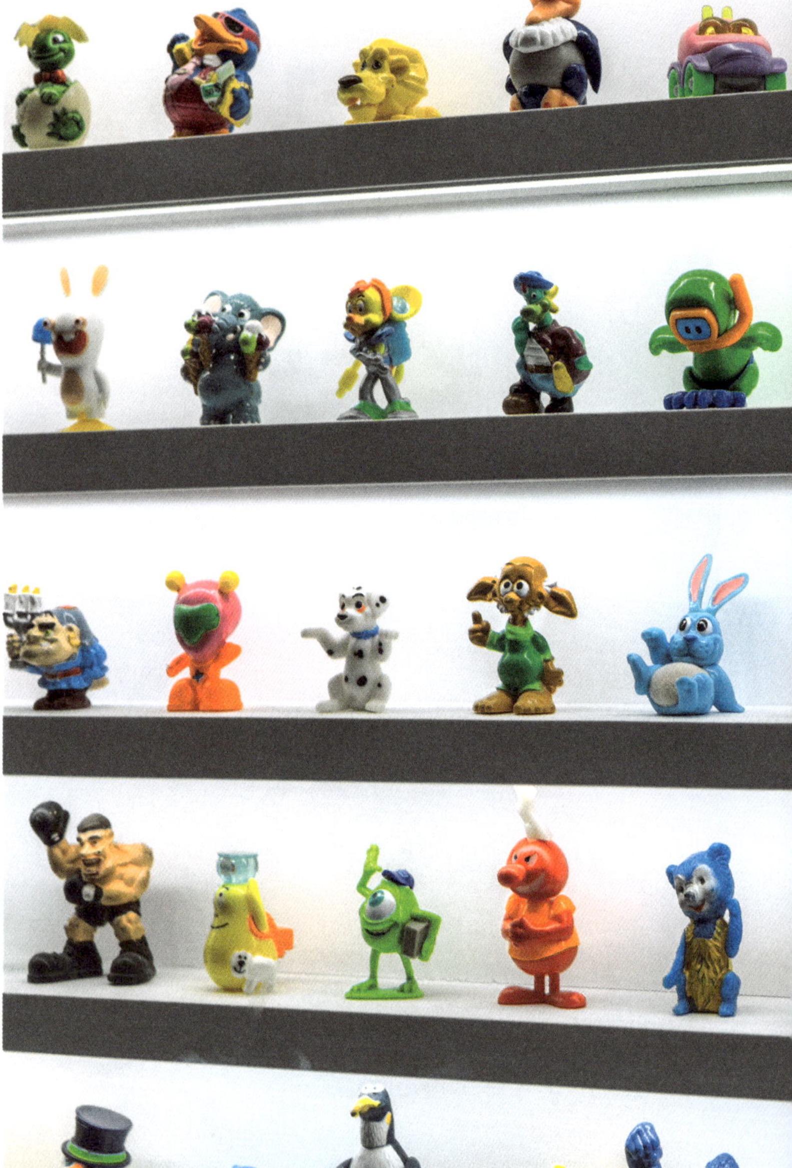

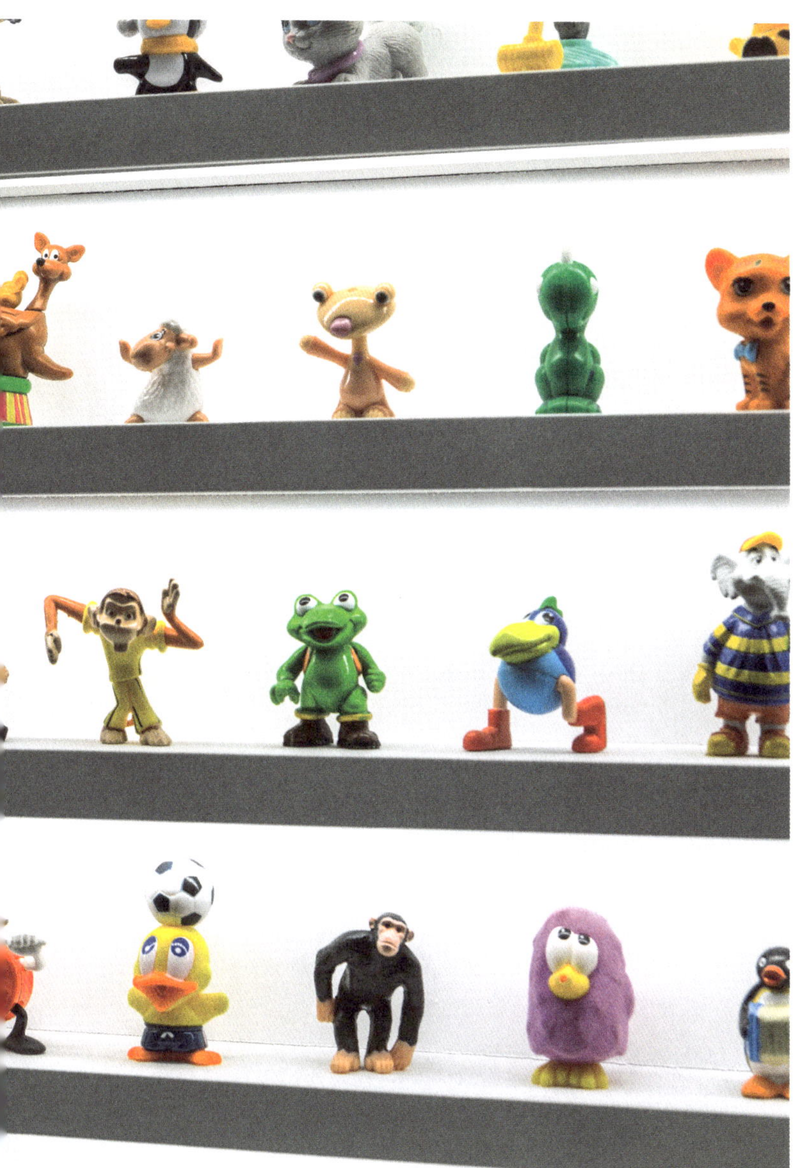

124–125   Detail of the *Kinder Toys* vitrine

que tu regardes à travers l'écran de ton téléphone, et bien regarde comme cela apparaît soudainement d'une lisibilité incroyable.

HUO   Ça devient quasiment une photographie.

NVDR   Oui, c'est hallucinant. En fait, c'est le même principe que le pointillisme ou que les images imprimées dans un magazine qui sont constituées de petits points de quatre couleurs à partir desquels ton œil et ton cerveau recréent les images et les couleurs originales.

HUO   Il y a un côté Chuck Close [1].

NVDR   Oui, il y a quelque chose de Chuck Close et en même temps c'est complètement différent car lui ce sont des peintures et là c'est un détournement. C'est un détournement total, c'est un objet détourné, normalement c'est un casse-tête, ce n'est pas du tout fait pour créer des images.

HUO   Et là, Il s'agit d'un autoportrait ?

NVDR   Ouais, c'est un autoportrait, d'après un photomaton de moi quand j'avais six ans.

HUO   Donc tu n'apparais jamais en photographie, mais tu apparais à travers les...

NVDR   C'est la première fois que je fais un autoportrait rubikcubiste où je ne suis pas masqué mais je l'ai fait ici avec cette photo de moi enfant. Sinon, je travaille sur plusieurs séries en Rubik's cubes, l'une d'elle est la réinterprétation de pochettes de disques. Regarde cette pièce de près, mets-toi ici. Est-ce que tu vois une image ?

HUO   Non, c'est abstrait.

NVDR   C'est abstrait mais, maintenant, recule et regarde à travers l'écran de ton appareil photo. Tu vois ?

HUO   Ah, là, c'est encore plus extrême, on arrive même à lire

---

1. Charles Thomas Close dit Chuck Close (1940-2021) était un des principaux artistes américains du courant hyperréaliste, notamment à travers ses peintures de portraits qui ont évolué vers une recherche sur la pixélisation.

HUO   They have a Chuck Close quality to them.[1]

NVDR   Yes, there's a resemblance to Chuck Close's work, but it's entirely different. His medium is painting and this is a hijacking. It's a complete subversion – a repurposed object. Originally, it's a puzzle, not at all designed to create these images.

HUO   This is a self-portrait.

NVDR   Yeah, it's a self-portrait, it's a photo booth portrait of me when I was six.

HUO   So you never appear in photographs, but you appear through the...

NVDR   This is the first Rubikcubist self-portrait where I'm not wearing a mask, and I've created it here using this childhood photo of myself. Additionally, I'm currently working on several Rubik's Cube series, one of which reinterprets record sleeves. Take a close look at this piece, from here. Do you see an image?

HUO   No, it's abstract.

NVDR   It is abstract, but now, step back and view it through your camera screen. Can you see it now?

HUO   Ah, that's even more extreme! You can even read 'The Cramps'. Where does your fascination with records come from? As you mentioned earlier, there seems to be a connection between your work and music.

NVDR   I think it stems from my generation and my adolescence. Music and records played a crucial role in my education; they helped shape my cultural identity. Whenever I had 50 francs in my pocket, I'd go buy an album and spend hours listening to it at home, which opened doors to other cultural fields: cinema, literature, art. During my teenage years, I was deeply immersed in post-punk rock culture.

---

1. Charles Thomas Close, better known as Chuck Close (1940–2021), was one of the leading American artists of the hyper-realist movement, particularly through his portrait paintings, which evolved into an exploration of pixelation.

The Cramps. Et d'où vient cette obsession pour les disques ?
Il y a une sorte de lien avec la musique, comme tu as dit tout
à l'heure.

NVDR   C'est lié je pense à ma génération et à mon adolescence.
Quand j'étais adolescent, la musique et les disques ont fait
mon éducation, je me suis forgé une culture à travers eux.
Quand j'avais 50 francs en poche, j'allais m'acheter un album,
je rentrais chez moi pour l'écouter et l'observer pendant des
heures et il m'ouvrait la voie vers d'autres champs culturels :
cinéma, littérature, art. Durant mon adolescence j'ai baigné
dans la culture post-punk rock et new wave.

HUO   Et aujourd'hui ?

NVDR   J'ai ensuite ouvert mon horizon et je me suis mis à écouter
toute sorte de choses, par exemple ça c'est un album de jazz,
Blue Train de Coltrane.

HUO   Et ça ?

NVDR   The Misfits, c'est un groupe culte américain.

HUO   Et ça ?

NVDR   Daft Punk [93].

HUO   Parce qu'ils ont aussi des masques ?

NVDR   Avant tout parce que ce sont des musiciens talentueux et
iconiques, mais oui, bien sûr nous avons ce point commun
d'apparaître masqués. Il y avait aussi The Residents ou Les
Bérurier Noirs, un groupe post-punk français qui portaient
des masques durant leur concerts. Et là on sort de la musique
pour revenir à la Space Station, c'est une image tirée du
film *2001, l'Odyssée de l'espace*, l'astronaute dans la station
spatiale [94] je l'ai faite pour l'exposition. Elle est un peu
spéciale car habituellement avec les Rubik's cubes, j'ai trois
grandes séries. Les Rubik Low Fidelity, qui représentent
donc des albums de musique. J'en ai fait beaucoup, c'est une
sorte d'hommage à l'histoire de la musique de XXe siècle
et aux albums les plus iconiques ou pour lesquels j'ai une
affection particulière. Il y a aussi peut-être une part de
nostalgie pour cet objet qui n'existe plus puisqu'aujourd'hui

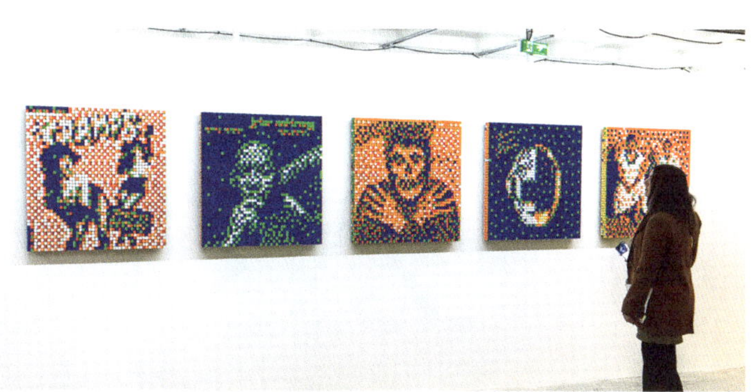

93 View of the Rubik Low Fidelity works: *Rubik the Cramps*, *Rubik Blue Train*, *Rubik Misfits*, *Rubik Random Access Memories* and *Rubik Ella & Louis*

HUO   And today?

NVDR   My musical tastes have expanded over time, as I began listening to all sorts of things. For example, this is a jazz album, *Blue Train* by Coltrane.

HUO   And what about this one?

NVDR   This is The Misfits, a legendary American band.

HUO   And this?

NVDR   That's Daft Punk [93].

HUO   Because they also wear masks.

NVDR   First and foremost because they're talented and iconic musicians, but yes, of course, we have that in common. The Residents and Bérurier Noir, a French post-punk band, also wore masks during their concerts. Now, this image is from *2001: A Space Odyssey*, featuring an astronaut in a space station [94]. I made this specifically for the exhibition. It's quite special because, typically with Rubik's Cubes, I have three main series. The first one, Rubik Low Fidelity, depicts music albums. I've created many of these, so it's kind of tribute to the history of music in the twentieth century and its most iconic albums, or those that hold a special place in my heart. There's perhaps an element of nostalgia as well, as it honours an object that no longer exists, since today, music is mostly dematerialised. Then, I have another series

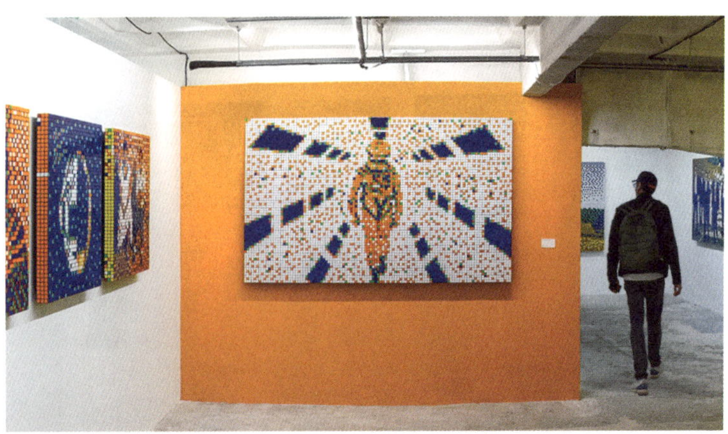

94 *Rubik Space Odyssey*, 2024

la musique est dématérialisée. Ensuite, j'ai une autre série qui s'appelle les *Rubik Masterpieces*, où je joue avec l'histoire de l'art et je recompose des chefs-d'œuvre de l'art. Donc il y a ici les *Shot Marilyns* [95] de Warhol. Tu connais l'histoire ? Il existe quatre *Marilyn* que Warhol avait posées dans un coin de son atelier. Une personne est rentrée dans l'atelier et a demandé si elle pouvait les « shooter » ? Warhol a pensé qu'elle voulait les prendre en photo, et lui a dit O.K. ; Alors la fille a sorti un revolver et elle a tiré sur les tableaux empilés. Donc ça a fait un trou au milieu du front des quatre Marilyn. Et aujourd'hui, ce sont celles qui sont les plus recherchées. En 2022, la *Shot Sage Blue Marilyn* a été vendue pour une fortune. Donc c'est intéressant qu'un accident leur ait donné une si grande valeur. Et celui-ci c'est aussi un *Rubik Masterpiece*, c'est un tableau de Léonard de Vinci, *Saint Jean-Baptiste*. Et, pareil, il est à peine reconnaissable quand tu es près et quand tu prends du recul, tu vois apparaitre la figure de manière incroyable [96].

HUO   Et à gauche ?

NVDR   À gauche, c'est à nouveau une pochette de disque, *The Rise and Fall of Ziggy Stardust and the Spiders from Mars*, de David Bowie [96].

HUO   Et donc ces tableaux-là, les Rubik's cubes, c'est entre peinture et sculpture.

130

titled Rubik Masterpieces, where I play with art history and reconstruct famous masterpieces. Here, we have Warhol's *Shot Marilyns* [95]. Do you know this story? There were four Marilyns that Warhol had stacked in a corner of his studio. A woman came in and asked if she could 'shoot' them, and Warhol thought she meant take photographs, so he agreed. However, she then pulled out a revolver and shot the paintings, leaving a bullet hole through the stack of all four Marilyn's foreheads. Today, these works are highly sought after; in 2022, the *Shot Sage Blue Marilyn* sold for a fortune. So it's interesting that an accident has made them so valuable. And this one is also a Rubik Masterpiece, it's a painting by Leonardo da Vinci, *San Giovanni Battista*. Again, it's barely recognisable when you're up close, but when you step back, you can see the figure in incredible detail [96].

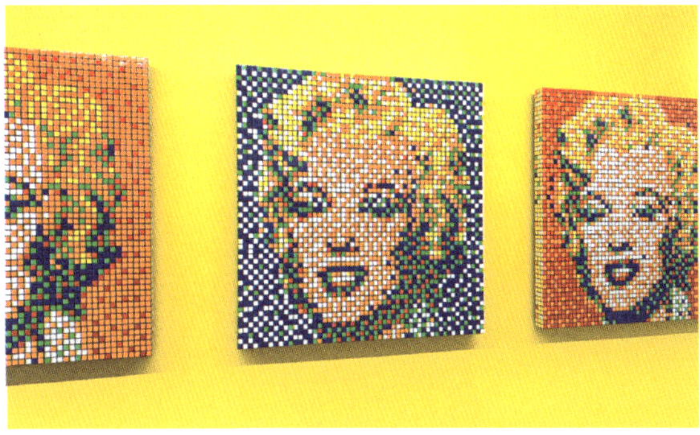

95 Detail of the Rubik Shot Marilyn series

HUO And on the left?

NVDR On the left is another album cover, *The Rise and Fall of Ziggy Stardust and the Spiders from Mars* by David Bowie [96].

HUO And so your work with the Rubik's Cubes lies somewhere between painting and sculpture.

NVDR Yes, you're absolutely right, it's somewhere in between; they're unclassifiable objects. This is a tribute to the great American landscapes and also a reference to a Steven Spielberg film, *Close Encounters of the Third Kind*. This is the mountain where the alien spaceship lands. I made several versions of it, like the film's protagonists who are obsessed with this

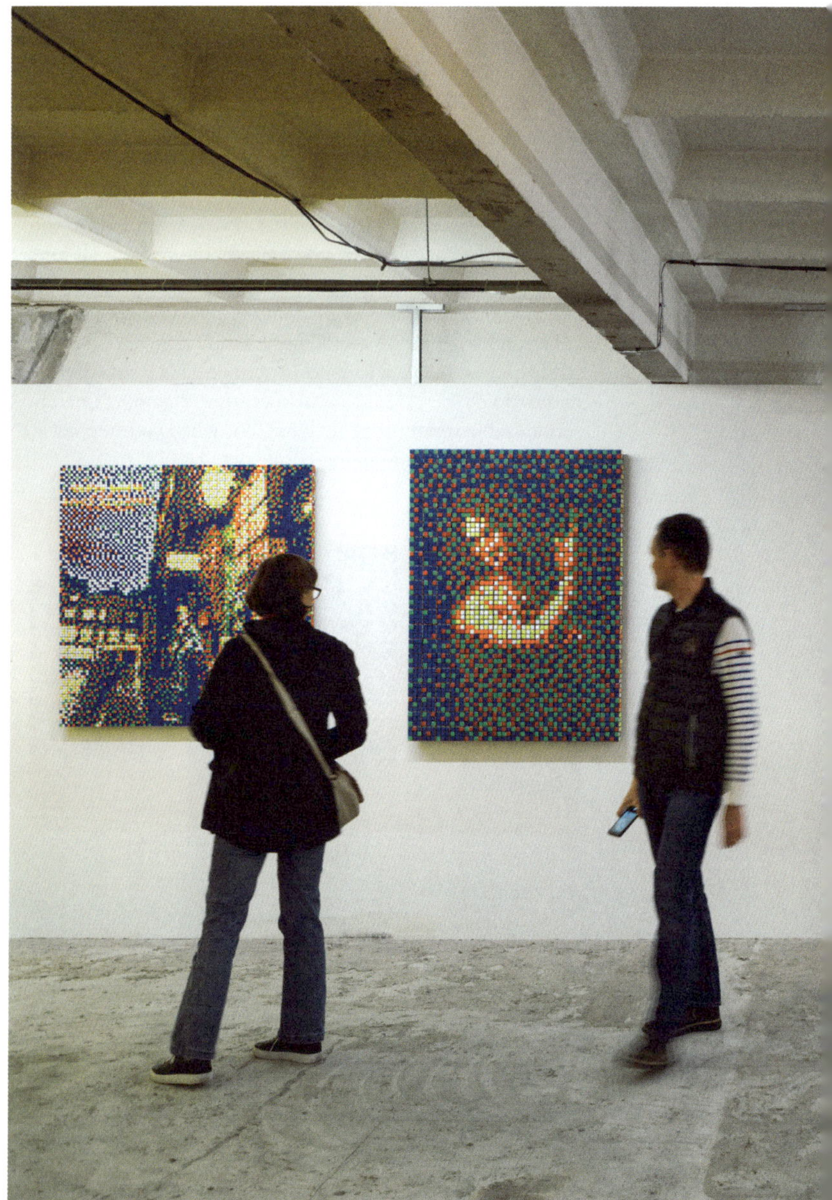

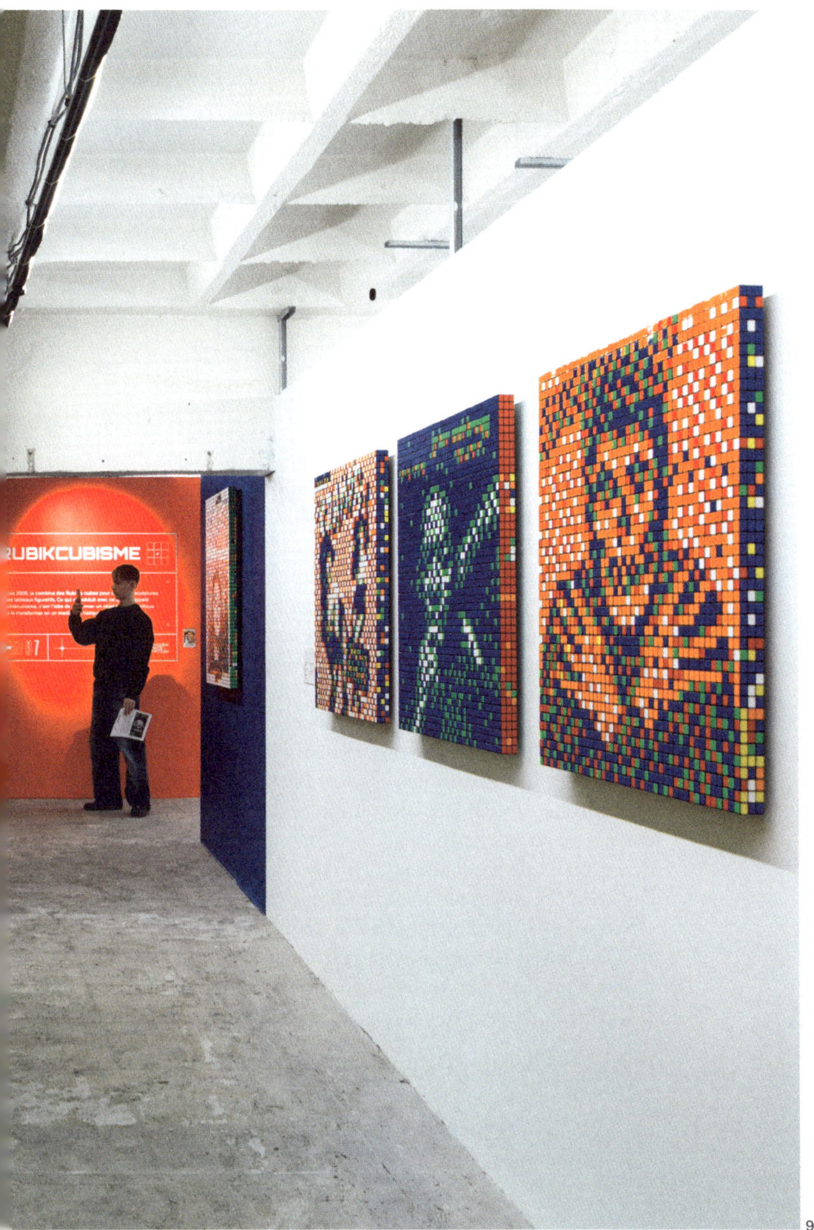

96

    96 Left wall: *Rubik Ziggy Stardust*, 2011; *Rubik Giovannino*, 2010

NVDR   Oui, tu as parfaitement raison, on est vraiment entre les deux, ce sont des objets inclassables. Ça, c'est un hommage aux grands paysages américains et c'est aussi une référence à un film de Steven Spielberg, *Rencontres du Troisième Type*. C'est la montagne où atterrit le vaisseau extra-terrestre. J'en ai fait plusieurs variations, comme les protagonistes du film qui sont obsédés par cette montagne [97]. Et ça, c'est la troisième série rubikcubiste, les *Rubik Bad Men*, des portraits de méchants. Ici, ce sont les braqueurs du film de Tarantino, *Reservoir Dogs*. Et là, c'est une série un peu particulière, ce sont des images Panini. Tu connais les images Panini ?

HUO   Ce sont des joueurs de foot ?

NVDR   Oui ce sont des portraits de joueurs de foot [98]. Leur histoire c'est qu'il y a deux ans, un ami m'appelle et me dit « Mbappé voudrait t'acheter une pièce ». Et Mbappé, moi, je ne connaissais pas parce que je ne suis pas du tout dans le football. Et donc j'apprends que Mbappé, un des meilleurs footballeurs au monde, veut me passer commande d'un portrait du footballeur Pelé. Le lendemain mon ami me rappelle en me disant que la mère de Mbappé voudrait aussi faire une surprise à son fils en lui offrant son propre portrait. Donc je me retrouve à devoir réaliser deux portraits de footballeurs. Et moi qui ne suis pas sensible au football je me demande ce que je vais bien pouvoir faire ? Ça ne m'inspire pas du tout… Et j'ai alors eu cette idée de représenter non pas des portraits de footballeurs, mais des images Panini de portraits de footballeurs. Tu sais ces autocollants que l'on collait dans des albums [1] ? Et donc, ça m'a inspiré cette série qui est issue d'images Panini de foot. Alors du coup, j'ai demandé à des amis de me faire une liste des grands footballeurs de l'histoire. Et j'ai continué la série, ici on voit Pelé, Cruyff, Platini, Maradona, Zidane.

HUO   Et Mbappé ? Tu l'as fait Mbappé ?

NVDR   Oui je l'ai fait mais il n'est pas exposé ici. Continuons et passons maintenant au niveau suivant [99]…

---

1. Les éditions Panini publient des images de célébrités diverses, de personnages iconiques, de sportifs, de dessins animés, etc. sur des autocollants à coller dans des albums.

mountain [97]. And this is the third series of Rubik's Cubes. These are Rubik's Bad Men – portraits of villains. So these are the robbers from Tarantino's film, *Reservoir Dogs*. And these are Panini images. Are you familiar with Panini images?

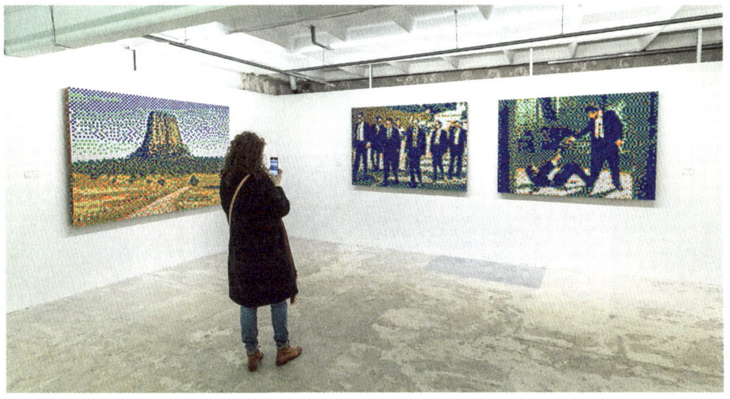

97 From left to right: *Rubik Devils Tower VIII*, 2023; *Rubik Reservoir Dogs*, 2023; *Rubik Mr. Pink and Mr. White*, 2023

HUO Are they football players?

NVDR Yes, they're portraits of football players [98]. The story is that two years ago, a friend called me and said 'Mbappé would like to buy a work from you'. And I didn't know who Mbappé was, I'm not into football. So I found out that Mbappé, one of the best footballers in the world, wanted to commission me to do a portrait of the footballer Pelé. The next day, my friend called me back and told me that Mbappé's mother also wanted a portrait of her son. So I found myself having to do two portraits of footballers. And I'm not a football fan, so I wondered what to do. I wasn't inspired at all... So I came up with the idea of representing Panini sticker images featuring footballer portraits, rather than traditional portraits. You know those stickers we used to stick in albums?[1] That inspired this series, which is based on Panini football images. I asked some friends to make me a list of the greatest footballers in history. I continued the series, and so here we have Pelé, Cruyff, Platini, Maradona and Zidane.

---

1. Panini publishes stickers featuring celebrities, iconic characters, sports stars, cartoons, and more, which can be collected and placed in albums.

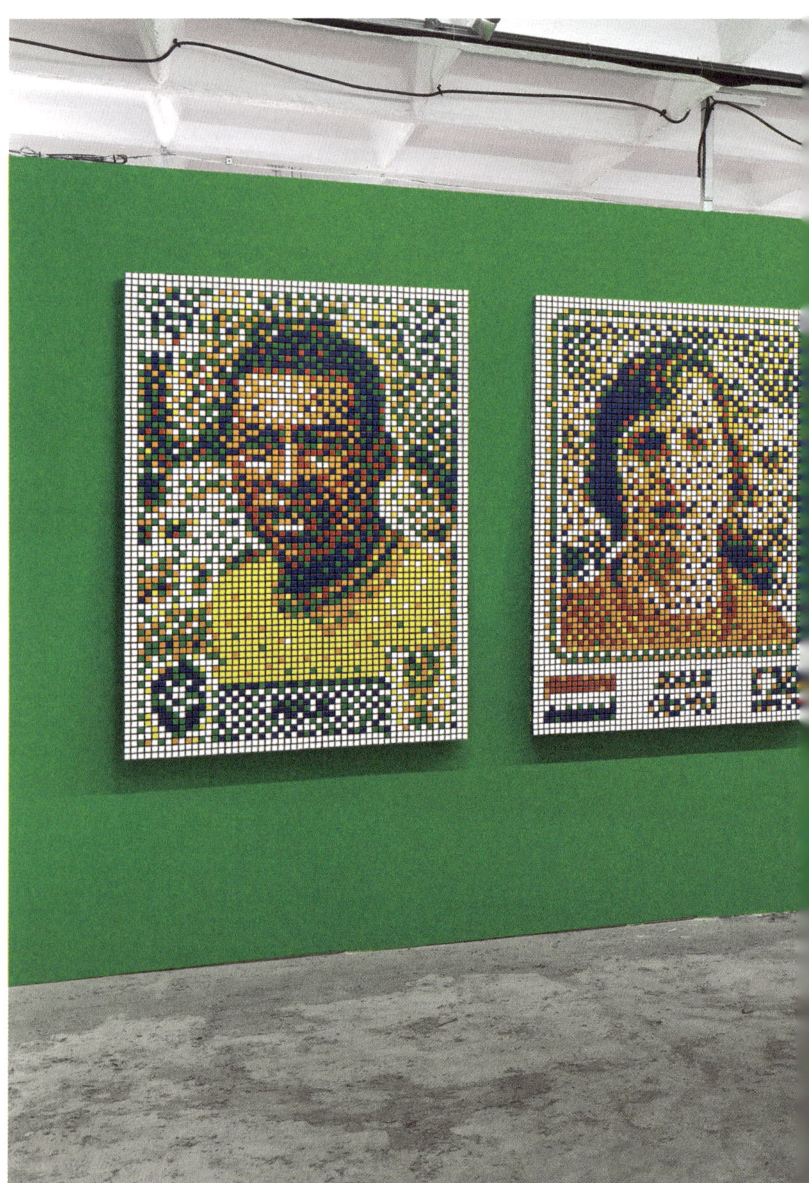

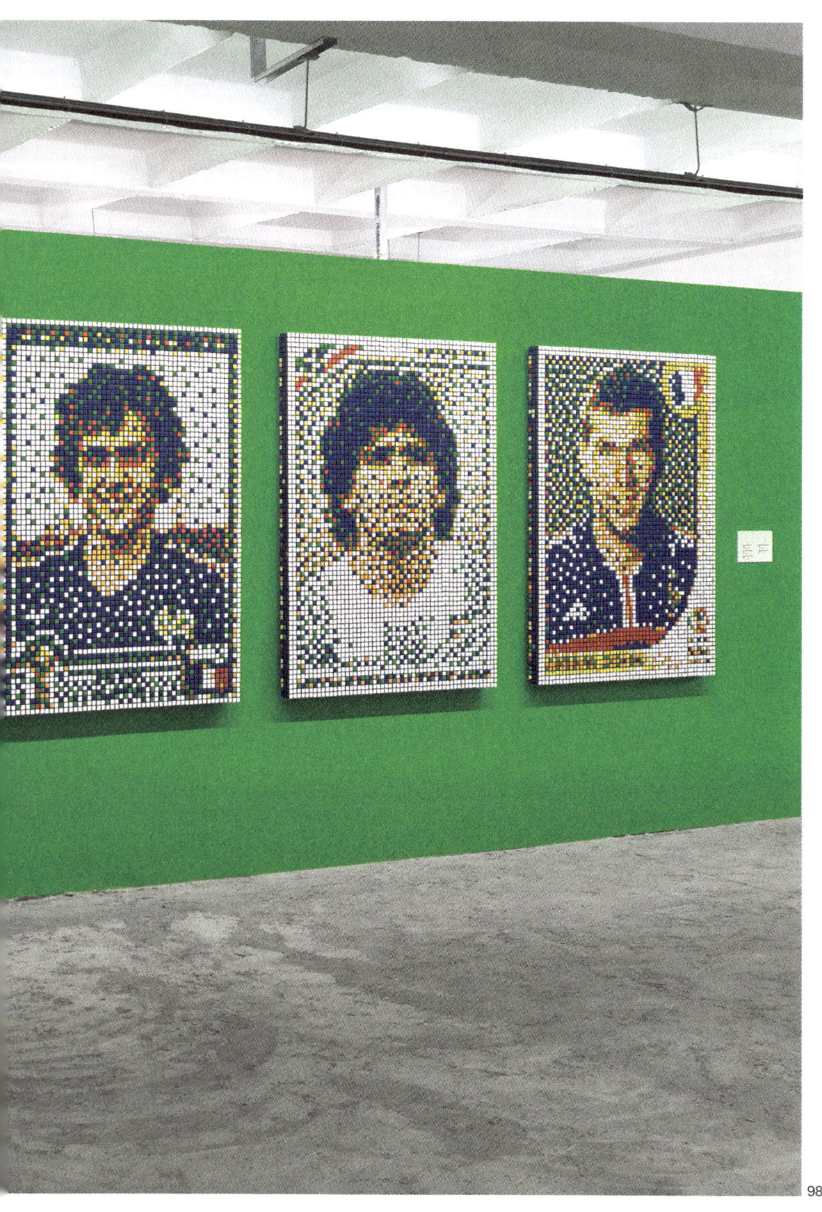

98 Rubikcubist Panini Football Players series:
Rubik Pelé Panini, Rubik Cruyff Panini, Rubik Platini Panini,
Rubik Maradona Panini, Rubik Zidane Panini

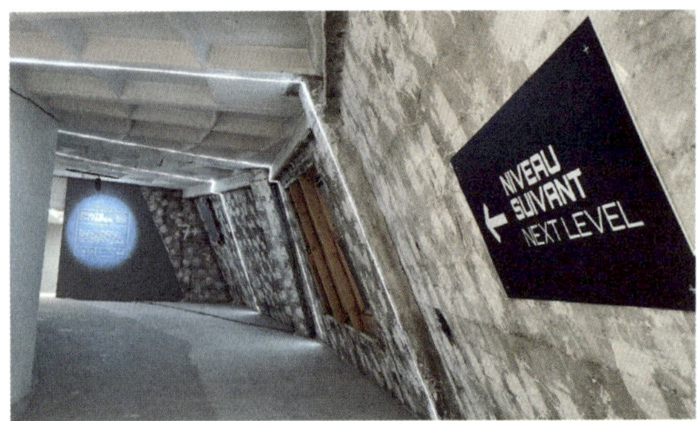

99 Ramp to the *Prints on Paper* level

NIVEAU 6
PRINTS ON PAPER

HUO   Donc là, c'est la réponse à ma question sur les prints.

NVDR   Oui, cet étage présente une rétrospective de tous mes prints [100], mes éditions sur papier, c'est un classique de l'histoire de l'art de Dürer [I] à Warhol... Et je me suis inscrit dans cette tradition, j'en fais régulièrement depuis une vingtaine d'années et je les ai tous rassemblés ici. J'ai commencé en en auto-éditant quelques-uns et puis j'ai ensuite beaucoup travaillé avec Pictures On Walls, POW, un éditeur londonien notamment connu pour avoir imprimé tous ceux de Banksy [II] et d'autres artistes de la même génération. Et avec eux, j'ai mis au point cette technique qui est magnifique, le papier est gaufré pour représenter les carreaux de mosaïque [109]. On est vraiment entre la mosaïque et le papier. Entre 2D et 3D. Là, on remarque comme ma signature a évolué au cours du temps, elle n'est plus du tout pareille maintenant. Celle-ci date de 2009.

HUO   Elle a changé.

NVDR   Oui, elle évolue sans cesse

I. Albrecht Dürer (1471-1528) était un dessinateur, graveur et peintre allemand réputé pour avoir réalisé de nombreuses gravures sur bois.
II. Banksy est un graffeur britannique et un artiste urbain connu pour ses peintures murales souvent réalisées au pochoir et délivrant des messages caustiques, humoristiques ou politiques. Comme Revs et Invader, il travaille incognito. Il est aujourd'hui l'un des représentants les plus célèbres du mouvement *street art*.

HUO   And Mbappé? Did you do Mbappé?

NVDR   Yes, I did, but it's not on display here. Let's move on to the
        next level...[99]

LEVEL 6
PRINTS ON PAPER

HUO   So here is the answer to my question about prints.

NVDR   Yes, this floor features a retrospective of all my prints [100],
        my editions on paper. It's a classic tradition in art history,
        from Dürer[I] to Warhol... and I have followed that tradition,
        I've been creating them regularly for about twenty years
        and have brought them all together here. I began by self-
        publishing some of them, and then I worked extensively
        with Pictures On Walls, better known as POW, a London-
        based publisher renowed for printing all of Banksy's works
        and other artists of that generation.[II] Together, we developed
        this remarkable technique where the paper is embossed to
        mimic mosaic tiles [109]. It's a real cross between mosaic and
        paper, a blend of 2D and 3D. You can see how my signature
        has evolved over time; it's noticeably different now. This
        signature here dates back to 2009.

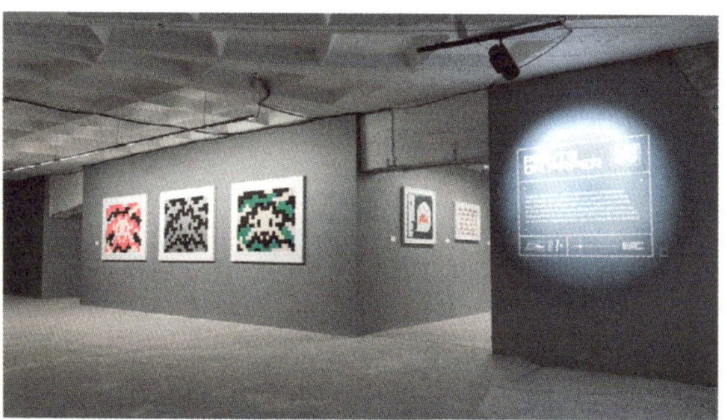

100 The *Prints on Paper* level

I. Albrecht Dürer (1471–1528) was a German artist renowned for his exceptional
drawings, engravings and paintings. His extensive collection of woodcut prints has
significantly contributed to his enduring legacy in art history.
II. Banksy is a British graffiti and urban artist known for his mural paintings, often
stencilled with caustic, humorous or political messages. Like Revs and Invader, he
works incognito. Today, he is one of the most famous representatives of the street
art movement.

HUO   C'est énorme, cette expo.

NVDR   Oui, elle est immense, il y a neuf niveaux et chacun présente des choses très différentes. Je l'ai réalisée sans l'aide d'aucune institution, galerie ou sponsor. C'est-à-dire que c'est du pur *DIY*.

HUO   Et les gens payent l'entrée ?

NVDR   Oui l'entrée est payante et l'argent revient au propriétaire du lieu qui a participé aux frais de montage. C'est gratuit pour les enfants et c'est dix euros pour les adultes. Moi j'aurais préféré que ce soit gratuit pour tous, mais tout cela a eu un coût bien plus élevé que ce que nous avions anticipé. Il a fallu mettre en place tout ce que tu vois, il a fallu créer les murs, installer les lumières, mettre le lieu aux normes de sécurité. Tout cela en quatre mois, ça a été très intense. Et mon gros problème actuel est que l'expo est archi complète, tous les créneaux sont réservés et beaucoup de gens qui aimeraient la visiter ne peuvent pas y accéder. Il n'y a plus aucune place de disponible et malheureusement je ne peux rien y faire car la jauge de sécurité ne nous permet pas d'accepter plus de monde. On ne peut pas non plus faire de prolongation car les travaux de rénovation commenceront quelques jours après sa fermeture. Pour revenir aux prints, je pense qu'il y en a entre 150 et 200. L'accrochage est thématique, ceux-là sont plus récents. Ils sont de 2020. Et, tu vois ? La signature a changé.

HUO   Il n'y a plus de lettres mais simplement un petit dessin.

NVDR   Oui. Dans ma première signature j'écrivais Invader avec des lettres aux traits perpendiculaires pour reprendre l'idée de grille et de pixel. Et en effet, là il n'y a plus de lettres. C'est juste un petit invader. Donc là, cette série c'est des mosaïques de rue qui sont reproduites sur papier en gardant cette idée de carreaux gaufrés. Et là, ce sont des reproductions de dessins que je fais parfois sur du papier quadrillé. Je me sers de la trame quadrillée pour dessiner les pixels. Le tout premier print que j'ai fait chez POW utilisait ce principe. J'avais répété « I Invade, I Invade, I Invade... » sur un papier bristol quadrillé avec un stylo Bic, à la façon d'une punition d'écolier, d'ailleurs il s'appelle *Homework* [106]. J'ai repris ce pincipe des années plus tard pour une exposition à Tokyo. Ici, *Astro Boy* [102], qui est l'ancêtre des mangas et une nature

HUO   It's changed quite a bit.

NVDR   Yes, it's constantly evolving.

HUO   This exhibition is huge.

NVDR   Yes, it's massive. There are nine levels, each showcasing very different elements. I curated the entire exhibtion without any assistance from institutions, galleries or sponsors. In essence, it's pure DIY.

HUO   And there's an entrance fee?

NVDR   Yes, and the money goes back to the owner of the site who contributed to the installation costs. It's free for children and costs 10 euros for adults. Personally, I would have preferred it to be free for everyone, but the expenses were significantly higher than anticipated. We had to build everything you see – the walls, the lighting, and ensuring the venue met safety standards – all within four months. It was a very intense process. Currently, my biggest concern is that the exhibition is consistently at full capacity; all of the available time slots are booked so a lot of people can't get in. Unfortunately, we can't accommodate more people due to capacity limitations, nor can we extend the exhibition's duration because the renovation work is scheduled to start shortly after the planned closing date. To come back to the prints, I think there are between 150 and 200 on display. The exhibition follows a thematic arrangement, and these ones here are more recent; they're from 2020. Notice my signature has changed again.

HUO   No letters, just a little drawing.

NVDR   Yes. In my first signature, I wrote invader using perpendicular strokes to reflect the concept of grids and pixels. And here, it's no longer comprised of letters. It's just a little invader figure. This series showcases street mosaics reproduced on paper, retaining the notion of embossed tiles. Those ones are reproductions of drawings that I sometimes do on grid paper. I use the grid to draw pixels. My very first print with POW used this technique and I repeatedly wrote 'I Invade, I Invade, I Invade…' on Bristol paper with a biro, reminiscent of a school punishment. That piece is titled *Homework* [106].

morte avec une bouteille de Pocari [1] qui ressemble à une canette de Coca-Cola bleue [101]. Et as-tu remarqué ? Pour la première fois depuis le début de l'expo, on a ici une vue sur l'extérieur, on voit les toits de Paris.

HUO   Les toits sont incroyablement structurés.

NVDR   Oui, c'est une très belle vue. Nous sommes dans l'*Invader Space Station* et on commence à prendre de l'altitude. Celui-là est très intéressant parce qu'il illustre l'idée de variation. Tu vois là il y a une figure d'invader, je rapproche les deux pixels là et ça crée une nouvelle forme. Ensuite, je déplace ces deux pixels et ça le fait à nouveau évoluer. Cela montre le processus d'évolution et de mutation d'une forme simple. D'ailleurs, ce print s'appelle *Répétition, Variation, Évolution* [110].

HUO   Répétition et différence !

NVDR   Oui, c'est ce le principe. Alors celui-là est intéressant parce qu'il illustre ce que je t'expliquais sur les stickers et leur phénomène d'attraction. J'avais un scooter sur lequel j'ai collé quelques autocollants et je le garais dehors dans la rue. Et, tous les matins, je découvrais de nouveaux stickers collés dessus. Après quelques années, il en était complètement recouvert [107].

HUO   Donc c'est vraiment un déclencheur.

NVDR   Oui, c'est comme un déclencheur artistique. Et à la fin, je me suis dit, ce scooter, je ne roule plus avec, c'est maintenant une œuvre d'art, je l'ai donc pris en photo et je l'ai mis en caisse. Ici, c'est une salle thématique sur tous mes prints rubikcubistes [114]. Le premier que l'on voit représente simplement une face de cube, c'est presque un manifeste. D'ailleurs je m'en veux parce que j'ai créé ce print en 2005, en décembre et puis il a été imprimé en janvier. Alors j'ai changé 2005 en 2006 mais c'est dommage, j'aurais dû garder 2005 car c'est l'année de création du rubikcubisme. Parce que maintenant il y a pas mal d'autres artistes à travers le monde qui font à leur tour des tableaux en Rubik's Cube. Tout comme pour le cubisme, le rubikcubisme est maintenant devenu un vrai mouvement.

---

1. Le Pocari Sweat est une boisson énergétique japonaise commercialisée pour la première fois en 1980.

Years later, I revisited this idea for an exhibition in Tokyo. Here is Astro Boy [102], a precursor to manga, and a still life composition with a bottle of Pocari,[1] which resembles a blue Coca-Cola can [101]. Have you noticed that for the first time since the start of this exhibition tour, we now have a view of the outside world, the roofs of Paris.

HUO   The roofs are incredibly structured.

NVDR   Yes, it's a beautiful view. We're in the Invader Space Station and we're starting to gain altitude. This one is very interesting because it illustrates this concept of variation. You see this invader figure here, if I bring these two pixels together, it creates a new shape. Then, if I move these two pixels, it keeps changing. This shows the process of a simple shape's evolution and mutation. In fact, this print is titled *Repetition, Variation, Evolution* [110].

HUO   Repetition and difference!

NVDR   Yes, that's the idea. So this one's interesting because it illustrates what I was explaining earlier about stickers and their magnetic appeal. I had a scooter on which I placed a few stickers and had it parked outside. Every morning, I'd find new stickers stuck on it. And after a few years it was completely covered [107].

HUO   So it really is magnetic.

NVDR   Yes, it's like an artistic magnet. In the end, I said to myself, I'm no longer riding this scooter, it's now a work of art. So I took a photo of it and placed it in a crate. This room is themed around all my Rubikcubist prints [114]. The first one you see here simply depicts the face of a cube, it's almost a manifesto. In fact, I'm somewhat annoyed with myself because I created this print in December 2005, and it was printed in January. So I changed 2005 to 2006, but in hindsight, I should have kept it as 2005, as that's when Rubikcubism was created. Now, several artists wordwide are also making Rubik's Cube paintings, so Rubikcubism has become a legitimate movement, similar to Cubism.

---

   1.   Pocari Sweat is a Japanese energy drink first marketed in 1980.

HUO   Le Rubik arrive comme un ready-made altéré ?

NVDR   Oui, altéré car je ne fais pas que le poser sur un socle. Je le manipule, je le transforme, je m'en sers comme médium.

HUO   Et après, ça devient de plus en plus complexe, non ?

NVDR   Oui, mes premières pièces représentaient des invaders et puis, petit à petit, ça a évolué pour devenir des choses beaucoup plus complexes. Regarde, là, vois-tu une image ? Tu vois ce que c'est ?

HUO   Non, pas encore.

NVDR   Maintenant, regarde avec ton téléphone. C'est une photo de l'arrestation de Holger Meins [I], un des membres de la bande à Baader [112]. C'est incroyable non ? Parce que de près, c'est complètement abstrait mais avec du recul ça apparait comme par magie.

HUO   Peux-tu parler de ce qui te plaît dans l'impression des œuvres ?

NVDR   J'ai toujours été attiré par ces procédé d'impression et particulièrement par la sérigraphie, je l'ai pratiquée très jeune, c'est assez simple à réaliser, j'en faisais à la maison sur des t-shirts ou bien du papier.

HUO   Avec l'idée de rendre l'art plus accessible ?

NVDR   Oui, de le rendre plus accessible et aussi de le dupliquer et le disperser, cela permet d'étendre ton œuvre et aussi de pouvoir pratiquer des prix plus accessibles. Ça, c'est La Souris Déglinguée, un groupe de rock français et j'ai créé cette image pour la couverture d'un de leurs albums [113]. Et là, on est sur un *Rubik Masterpiece*, avec un Lichtenstein [II] [104].

HUO   Donc en fait toutes les séries des Rubik's Cube s'articulent aussi dans les prints en fait.

I. Holger Meins (1941-1974) était un membre de la Fraction Armée Rouge (RAF) aussi connue en France sous le nom de *bande à Baader*, un groupuscule allemand d'extrême gauche qui sévissait dans les années 1970.
II. Roy Lichtenstein (1923-1997) était un des artistes les plus importants du *pop art* américain. Il est notamment connu pour ses peintures représentant des agrandissements d'images publicitaires et de bandes dessinées.

HUO   The Rubik's Cube is like an altered ready-made.

NVDR   Yes, altered because I'm not just putting it on a pedestal.
        I manipulate it, I transform it and use it as a medium.

HUO   And then it gets more and more complex, doesn't it?

NVDR   Yes, my first pieces were invaders and then, gradually, they
        evolved into much more complex objects. Look, there, do
        you see an image? Can you see what it is?

HUO   No, not yet.

NVDR   Now, look at it with your phone. It's a photo of the arrest of
        Holger Meins,[I] one of the members of the Baader gang [112].
        It's incredible, isn't it? Because up close, it's entirely abstract,
        but from a distance, it appears as if by magic.

HUO   Can you talk about what you like about printing?

NVDR   I've always been drawn to these printing processes,
        particularly screen printing. I practised it when I was very
        young, it's quite simple to do and I used to do it at home on
        T-shirts or paper.

HUO   With the idea of making art more accessible?

NVDR   Yes, to make it more accessible and also so it's easier to
        duplicate and distribute, allowing you to spread your
        work and offer more affordable prices. This is La Souris
        Déglinguée, a French rock band, and I created this image
        for the cover of one of their albums [113]. And this is a Rubik
        Masterpiece with a Lichtenstein [104].[II]

HUO   So actually all the Rubik's Cube series are also available as
        prints.

NVDR   Yes, you're right, there are a couple of prints from each series,

---

I. Holger Meins (1941–1974) was a member of the Rote Armee Fraktion (RAF),
also known as the Baader-Meinhof Gang, a far-left extremist group active in
Germany during the seventies.
II. Roy Lichtenstein (1923–1997) was one of the most important artists of American
Pop art. He is best known for his paintings depicting enlargements of advertising
images and comic strips.

NVDR   Oui, tu as raison, il y a deux-trois prints de chaque série,
         ces deux-là ont aussi été imprimés chez POW, ce sont
         deux *Rubik Bad Men*, *Rubik Kubrick* et *Rubik Kubrick 2*, Jack
         Nicholson dans *The Shining* et Alex le personnage d'*Orange
         Mécanique* [114]. Et là on passe à complètement autre chose,
         ce sont deux détournements de petits autocollants que l'on
         peut voir partout à Rome, des publicités pour des serruriers,
         tu sais, si tu perds tes clés ils interviennent pour ouvrir ta
         porte [105]. Donc j'ai détourné cet autocollant en le faisant
         façon Invader, en gardant *Pronto Intervento* qui signifie
         intervention rapide. Et ces deux-là sont incroyables, ce sont
         les images que j'ai récupérées de la GoPro avec la mosaïque
         que j'ai envoyée dans la stratosphère emportée par un
         ballon d'hélium. Et c'est une vraie capture d'écran, pas du
         Photoshop, là c'est le moment le plus haut de son ascension
         on voit le ballon qui explose et la terre en toile de fond [108].

HUO   Donc ce n'est pas trafiqué ?

NVDR   Non, c'est la vraie image récupérée dans la GoPro. Cette
         série représente *SpaceOne*, la mosaïque qui a atteint la
         stratosphère [103]. Et là, ce sont deux détournements de
         gravures de Munch [I]. J'ai utilisé la même technique que lui,
         c'est de la gravure sur bois [111]. Finalement, ce show montre
         la partie cachée de l'iceberg. Beaucoup de gens ont vu un
         invader au coin d'une rue à Paris ou ailleurs. Mais là, on voit
         tout ce qu'il y a derrière.

HUO   C'est vraiment une rétrospective, non ?

NVDR   En partie mais pas uniquement, parce qu'il y a aussi pas mal de
         nouvelles choses que j'ai créées spécialement pour l'occasion.
         Alors, avec celui-là j'ai vraiment élevé le print au rang d'art.
         C'est un peu le saint Graal, je l'ai fait imprimer l'année
         dernière. Il n'a pas encore été mis en vente. Il a été imprimé
         dans un endroit mythique qui s'appelle Idem et qui existe
         depuis 150 ans. Picasso [II], Modigliani [III] ou des contemporains

---

I. Edvard Munch (1863-1944) était un peintre et graveur norvégien, dont les toiles
symbolistes aux motifs tourmentés annonçaient le futur expressionnisme.
II. Pablo Ruiz Picasso (1881-1973) était un artiste peintre et sculpteur espagnol. Il est
avec Georges Braque l'inventeur du cubisme. Il fut l'un des artistes les plus illustres
du XXe siècle.
III. Amedeo Clemente Modigliani (1884-1920) était un peintre et sculpteur italien.

these two Rubik Bad Men were also printed by POW, they're titled *Rubik Kubrick* and *Rubik Kubrick 2*; Jack Nicholson in *The Shining* and Alex the character from *Clockwork Orange* [114]. And now we move onto something completely different, these are two examples of hijacking of small stickers that can be seen all over Rome, advertising locksmiths – you know, those who come and open your door if you lose your keys [105]. So I hijacked this sticker and created an invader-style version, keeping 'Pronto Intervento', which means rapid intervention. And these two images are incredible, they were captured by the GoPro attached to a mosaic I sent into the stratosphere via a helium balloon. This is an actual shot, not manipulated with Photoshop. Here is the highest moment of its ascent, we see the balloon exploding and the earth is visible in the background [108].

HUO So it's not doctored?

NVDR No, this is the real image recovered from the GoPro. This series represents *SpaceOne*, the mosaic that reached the stratosphere [103]. And these are two examples of hijacking of Munch's engravings,[I] created using wood engraving [111] – the same technique he employed in his work. This exhibition showcases the hidden part of the iceberg. Many people have come across an invader mosaic on a street corner in Paris or elsewhere, but here, we're seeing all that lies behind it.

HUO It really is a retrospective, isn't it?

NVDR In part, but not exclusively, because there are also quite a few new things that I've created specifically for the exhibition. So with this one, I've really elevated print to an art form. It's a bit like the Holy Grail, I had it printed last year. It hasn't gone on sale yet. It was printed in a legendary place called Idem, which has existed for 150 years. Picasso,[II] Modigliani[III] and contemporaries like David Lynch[IV] and many others worked there.

I. Edvard Munch (1863–1944) was a Norwegian painter and printmaker whose symbolist canvases with tormented motifs heralded Expressionism.
II. Pablo Ruiz Picasso (1881–1973) was a Spanish painter and sculptor. Along with Georges Braque, he founded Cubism and is considered one of the most prominent artist of the twentieth century.
III. Amedeo Clemente Modigliani (1884–1920) was an Italian painter and sculptor.
IV. David Lynch (b.1946) is an American filmmaker and multidisciplinary artist.

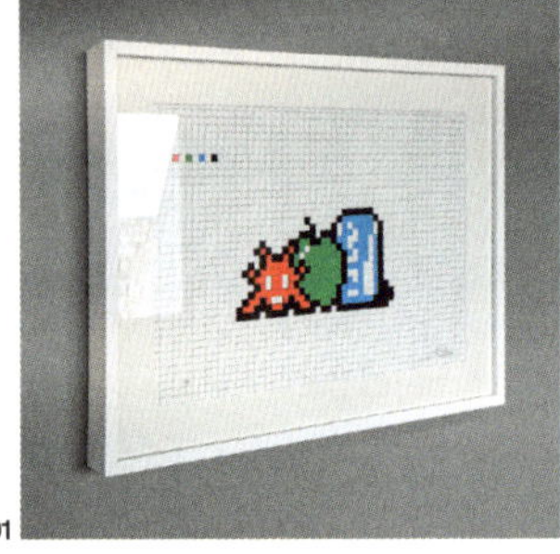

101

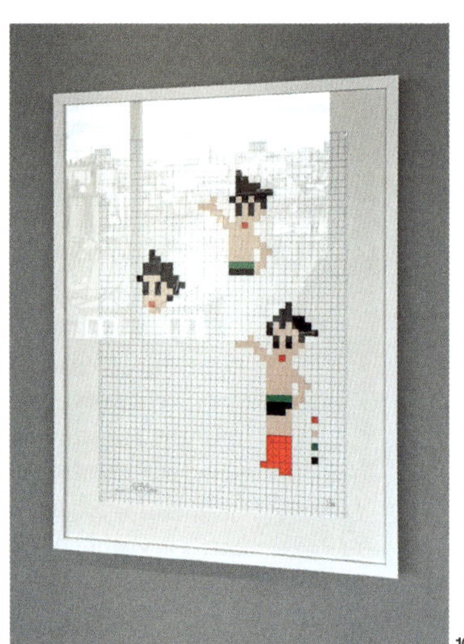

102

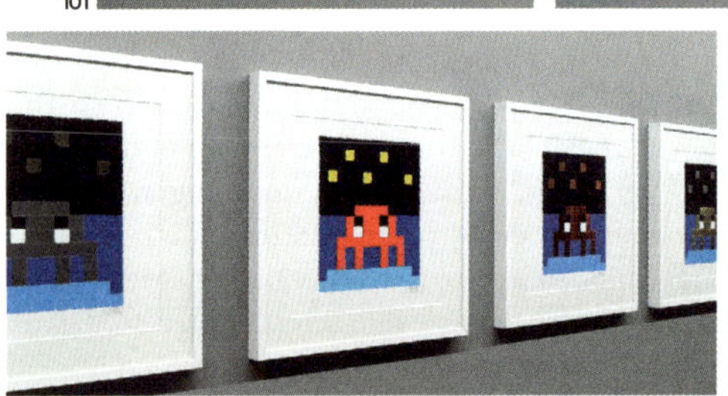

103

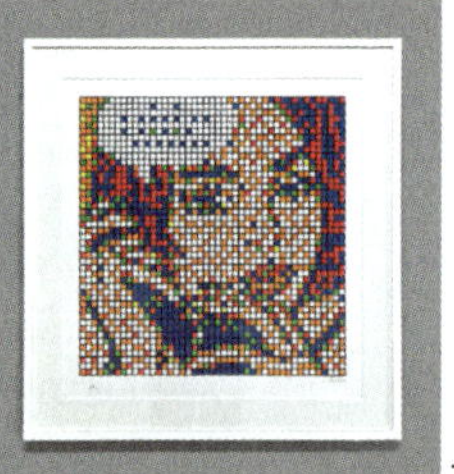

104

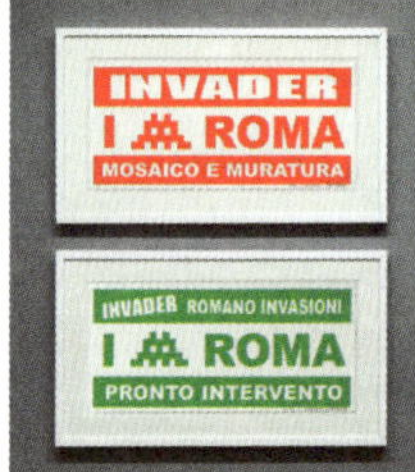

105

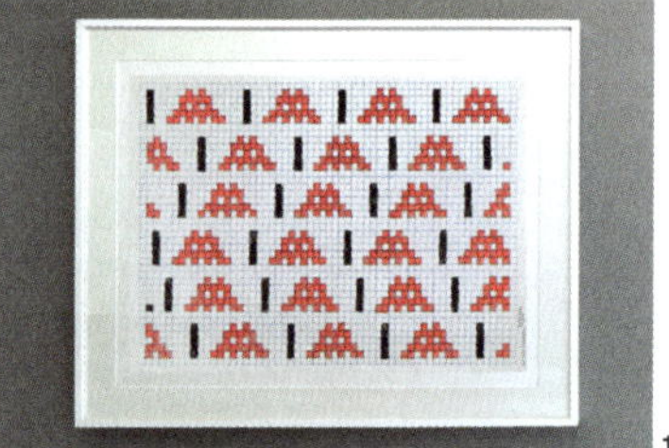

106

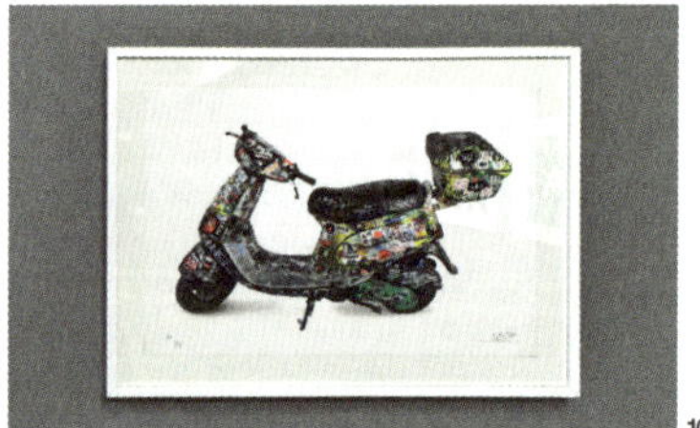

107

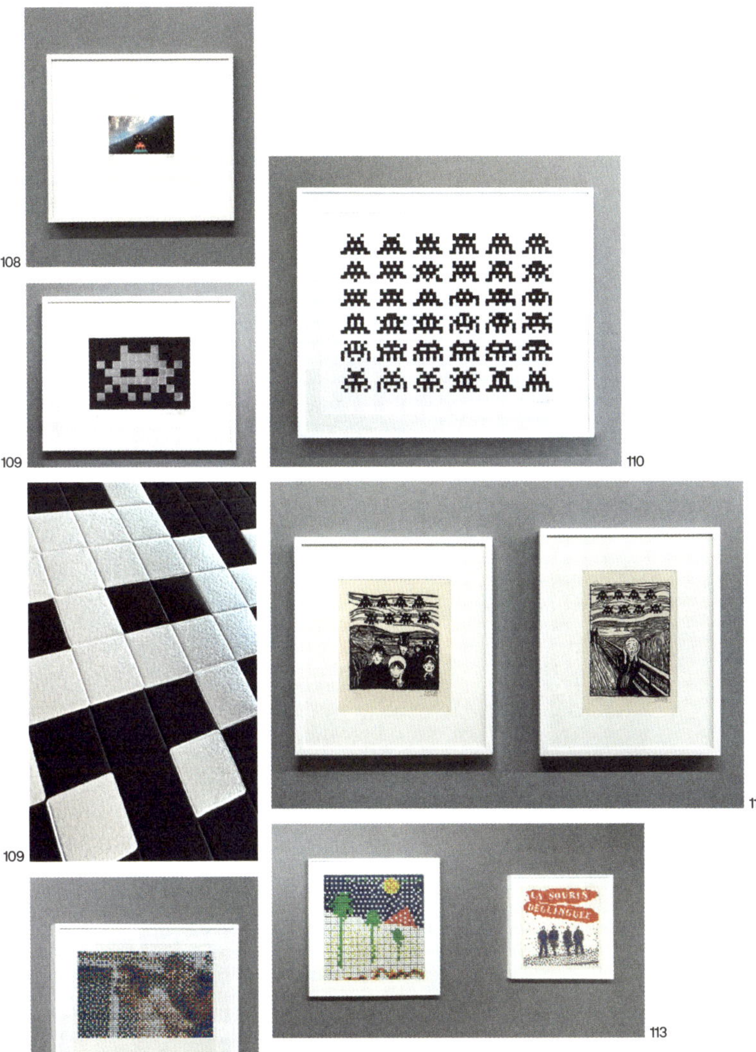

108

109

110

109

111

112

113

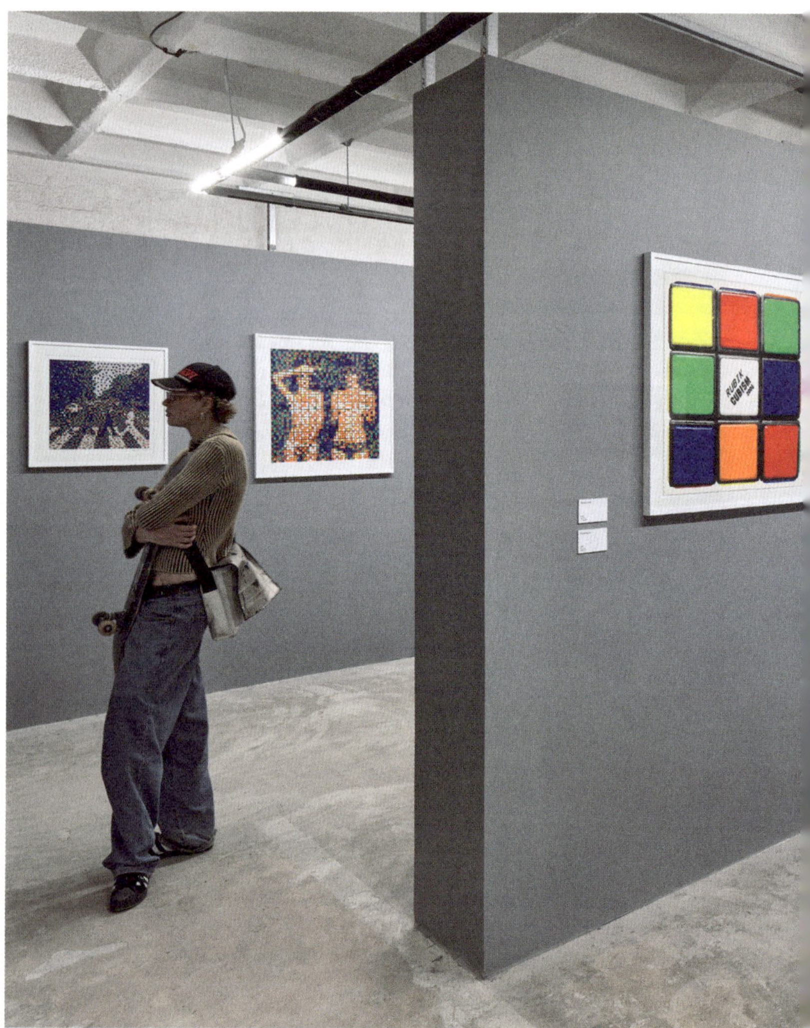

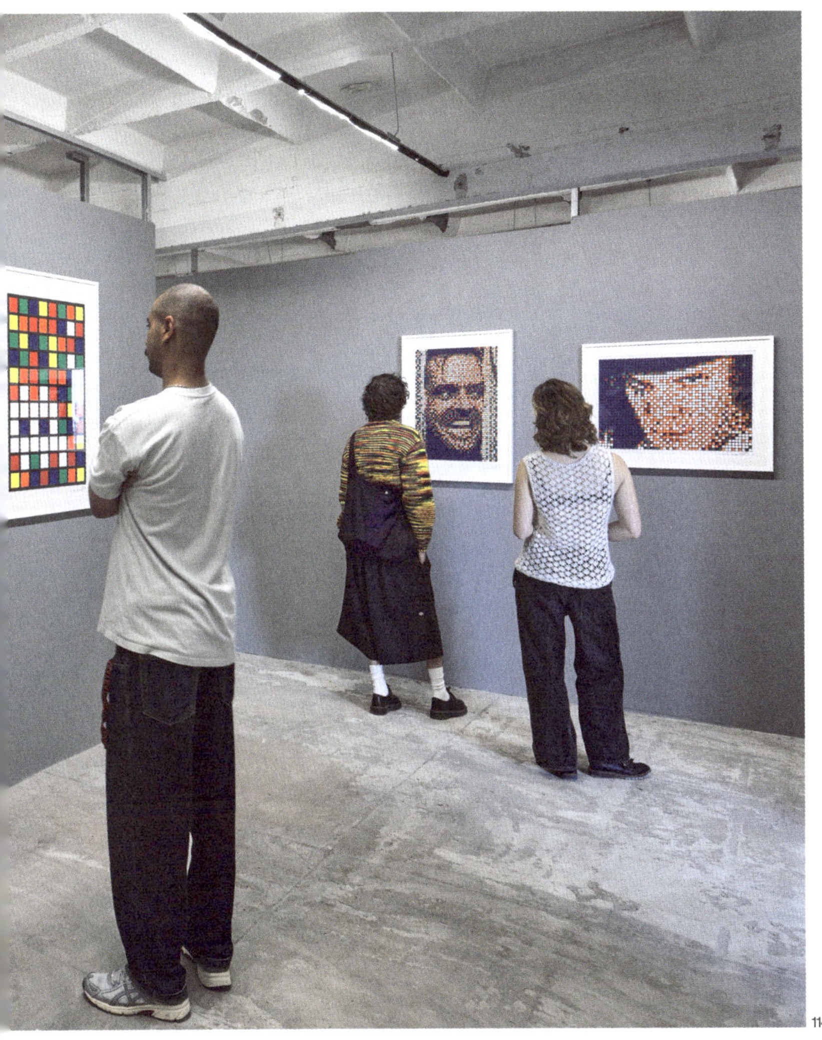

     114 Prints, 2005–2009

comme David Lynch [I] et bien d'autres ont travaillé là-bas.

HUO   David Lynch m'en a beaucoup parlé.

NVDR   Tu devrais y aller un jour, c'est un lieu vraiment incroyable
        et historique. Et donc cette lithographie a été faite sur une
        machine qui pèse des tonnes, une énorme machine en métal.
        Picasso a travaillé sur la même machine. Et Patrice m'a dit
        qu'en 150 ans d'activités, c'était le print le plus compliqué qu'ils
        avaient jamais réalisé. Il y a eu 127 passages dans la machine.
        Regarde, c'est d'une finesse et d'une précision incroyable.

HUO   En plus, chaque spectateur peut découvrir de nouvelles
        choses à chaque fois qu'il le regarde. Ça me fait penser à
        Boetti [II] avec sa série *Tutto*.

NVDR   Oui, c'est rempli de détails, c'est comme un Jérôme Bosch [III]
        mais encore plus peuplé. Il y a là mes 4000 premières
        pièces [115]. Il y a 4000 mosaïques reproduites sur ce print.
        Cette pièce est une espèce de rétrospective imprimée de
        toutes mes œuvres de rue. Regarde, ici un Astro Boy qui
        est à Tokyo [116], là, Joey Ramone [IV] à New York [117], et c'est
        sans fin, tu peux passer des heures à le regarder, il y a même
        un petit QR code caché là, à côté de la fleur de Londres et
        que l'on peut scanner [118]. Idem a mis un an pour le réaliser
        et, avant eux, un autre imprimeur avait jeté l'éponge car il
        n'y arrivait pas ! C'est une vraie prouesse technique. Et là,
        c'est ma toute dernière série qui va, je pense, être vendue
        par HENI [V]. C'est une série sur les camouflages [120] parce
        que finalement mon travail se résume beaucoup à l'idée de
        camouflage, je passe mon temps à dissimuler mes pièces
        dans le tissu urbain. Je me camoufle dans le paysage. J'ai
        donc repris l'esthétique du camouflage militaire en cachant

---

I. David Lynch (1946) est un cinéaste et artiste multidisciplinaire américain.
II. Alighiero Boetti (1940-1994) était un artiste conceptuel italien lié au mouvement
arte povera.
III. Jheronimus van Aken dit Jérôme Bosch (1450-1516) était un peintre néerlandais
rattaché au mouvement des primitifs allemands. Son extraordinaire art gothique
finissant inaugure le fantastique dans la peinture par ses visions fantasmagoriques,
mystiques et débridées.
IV. Jeffrey Ross Hyman alias Joey Ramone (1951-2001) était le chanteur et auteur-
compositeur de la plupart des titres des Ramones, un groupe punk américain formé
en 1974 et une icône de la culture rock.
V. HENI est une société londonienne de services (éditions, films et recherches) liés
au monde de l'art. Joe Hage, son fondateur, est à l'origine de cette rencontre et de
cet entretien.

HUO   David Lynch has told me a lot about it.

NVDR   You should go there one day, it's a really incredible and historic place. So this lithograph was made on a machine that weighs tonnes, it's a huge metal machine. Picasso worked on the same machine. And Patrice told me that in 150 years of business, this was the most complicated print they'd ever made. There were 127 passes through the machine. Look at the incredible precision and finesse.

HUO   It reminds me of Boetti[I] and his Tutto series in which viewers can discover new things every time they look at the work.

NVDR   Yes, it's full of detail, it's like a Hieronymus Bosch painting but even more densely populated.[II] This print features the first 4,000 mosaics I've created [115]. So for me, this piece is a kind of a printed retrospective of my entire street art work. Look, there's Astro Boy in Tokyo [116], Joey Ramone in New York [117] and countless others.[III] You could easily spend hours exploring it, there is even a small QR code hidden next to the flower, which you can scan [118]. Idem took a year to make it, and before that, another printer threw in the towel because he couldn't do it! It's a real technical feat. Now, this is my latest series, which I believe will be sold by HENI.[IV] It's a series focused on camouflage, as ultimately, my work revolves around the concept of camouflage [120]. I spend my time hiding my mosaics in the urban fabric. I camouflage myself in the landscape. So I've adopted the aesthetic of military camouflage by hiding invaders in the pattern. Of course, it's pixelated camouflage. So that's it. It's really a classic theme, bringing to mind artists like Picasso, Warhol and Alain Jacquet.[V] I even learnt recently that

---

I. Alighiero Boetti (1940–1994) was an Italian conceptual artist, who came to prominence as part of the Art Povera movement in the late sixties.
II. Hieronymus Bosch (1450–1516) was a Dutch painter associated with the German Primitives movement. His extraordinary late Gothic art ushered in the fantastic in painting, with its unbridled, mystical phantasmagorical visions.
III. Jeffrey Ross Hyman, better known as Joey Ramone (1951–2001), was the singer and songwriter of most of the songs by the Ramones, an American punk band formed in 1974 and an icon of rock culture.
IV. HENI is a London-based company providing art-related services (i.e. publishing, film and research). Joe Hage, its founder, is behind this meeting and interview.
V. Alain Jacquet (1939–2008) was a French artist of the sixties affiliated with the Pop Art movement. He began his career making paintings on the theme of camouflage, before using screen printing to create paintings that highlight the four-colour screen of the printed images.

des invaders dans le motif. Et bien sûr c'est du camouflage pixelisé. Voilà. C'est vraiment un thème classique, on pense à Picasso, on pense à Warhol, on pense à Alain Jaquet [1]. Et j'ai même appris récemment que le camouflage a été inventé par un artiste pendant la première guerre mondiale. Je ne sais plus lequel d'ailleurs, on m'a appris ça récemment, sais-tu qui c'est ?

HUO   Je ne sais pas qui l'a inventé, mais Boetti a aussi beaucoup utilisé les camouflages.

NVDR   Oui, je crois qu'il a tendu du véritable tissu de camouflage militaire sur châssis. Le camouflage est devenu un thème classique dans l'art, dans la mode et dans le design. Et j'aime jouer avec les thèmes classiques, enfin... pour les revisiter bien sûr.

HUO   Il y a deux trucs ici qui sont liés à Boetti, l'idée du camouflage et l'idée qu'il faut faire des œuvres où tous les jours, on peut découvrir de nouvelles choses. Et c'est un peu ce qui se passe ici. Quelqu'un qui a ce print chez lui ou qui le voit exposé, peut à chaque visite découvrir de nouvelles choses. C'est inépuisable.

NVDR   Oui, d'ailleurs regarde c'est justement le cas ici, c'est une série un peu plus ancienne mais je l'ai placée là car c'est une sorte de camouflage numérique. Je les avais appelés les *Binary Codes* [119]. Et regarde bien il y a des invaders camouflés dans du bruit numérique. Il y en a plein en fait.

HUO   Oui, donc ce n'est pas vraiment de l'abstraction alors.

NVDR   Non pas tout à fait puisqu'il y a ces petites figures cachées à l'intérieur. Regarde l'invader là, on ne le voit pas au premier coup d'œil et puis on le découvre et puis on le reperd. J'en ai fait trois déclinaisons de couleurs, noir, rouge et blanc. Par contre pour les nouveaux camouflages j'ai beaucoup travaillé les associations de couleurs.

HUO   C'est une super série.

---

1. Alain Jacquet, (1939-2008) était un artiste français des années 1960 affilié au mouvement *pop art*. Il a commencé sa carrière en réalisant des peintures sur le thème du camouflage avant d'utiliser la sérigraphie pour réaliser des tableaux qui mettent en valeur la trame quadrichromique des images imprimées.

camouflage was originally developed by an artist during the First World War. I can't remember which artist, but I was told that recently. Do you know who it was?

HUO   I don't know who invented it, but Boetti also used camouflage a lot.

NVDR   Yes, I think he stretched actual military camouflage fabric onto canvas supports. Camouflage has become a classic theme in art, fashion and design. I enjoy playing with classic themes and revisiting them.

HUO   There are two things here that are linked to Boetti, the use of camouflage and the idea that the viewer can discover something new in the work every day. And that's what's happening here. Anyone who has this print at home, or encounters it in an exhibition, can continuously find new elements. The possibilities are endless.

NVDR   Yes, in fact, take a look at this slightly older series titled Binary Codes [119]. I placed it here because it's sort of digital camouflage. You'll notice that invaders are camouflaged in digital noise. There are actually lots of them.

HUO   Yes, so it's not really abstract.

NVDR   No, not quite, because there are these little figures hidden inside. Look at the invader, you don't see it at first glance, it reveals itself momentarily before disappearing again. I've made three colour variations: black, red and white. However, for the new camouflage works, I worked a lot on the colour combinations.

HUO   It's an impressive series.

NVDR   Yes, it's a great series.

HUO   It's like an exhibition within an exhibition.

NVDR   Precisely. Each level is like a new exhibition. And it was all thought out, produced and put together so quickly – I don't know how I managed it.

    HUO   That's astonishing.

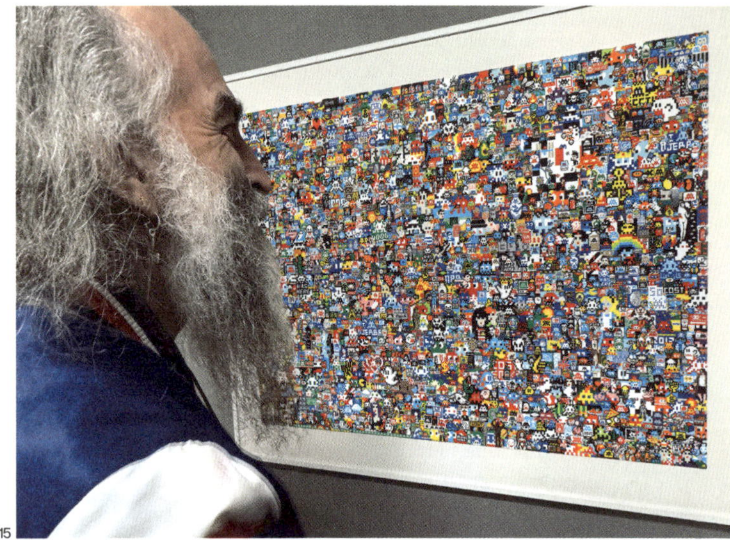

115

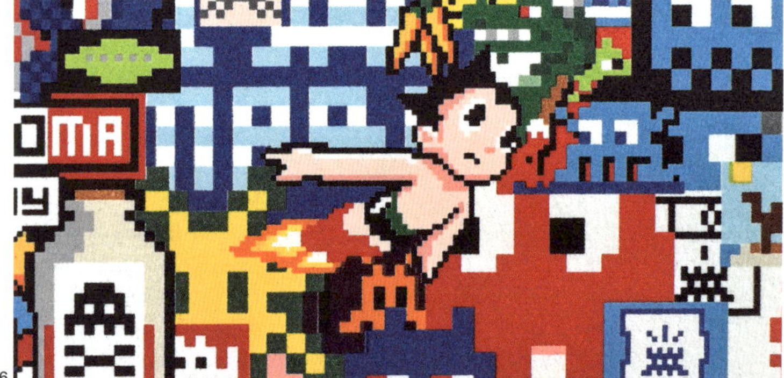

116

117

118

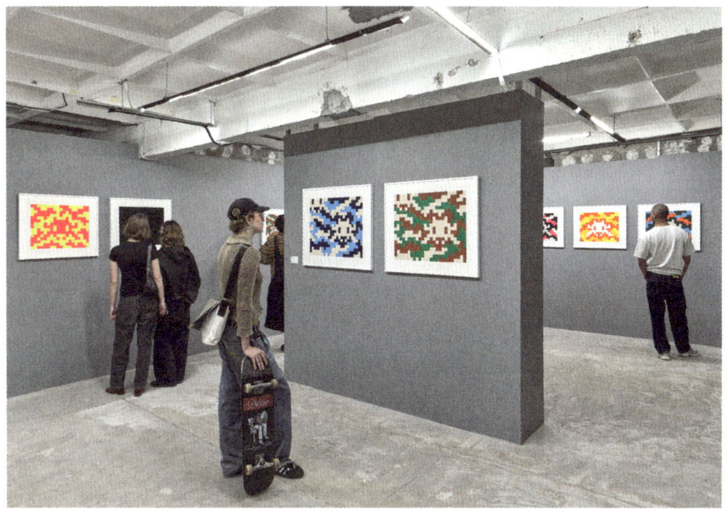

115 *4000*, lithography, 2024
116 → 118   Detail of the *4000* print
119 *Binary Code* – Black, screen print, 2008
120 View of the camouflage print series

NVDR   Oui, c'est une très belle série.

HUO   C'est une expo dans l'expo.

NVDR   Oui, chaque niveau est comme une nouvelle exposition. Et tout cela a été pensé, réalisé et monté tellement rapidement je ne sais pas comment j'ai pu y arriver.

HUO   C'est incroyable.

NVDR   C'est presque miraculeux !

HUO   Pourquoi n'avoir pas pris de *sponsor* ? C'était un choix volontaire ? Comme Christo [1], il n'a jamais voulu de sponsor.

NVDR   Ce n'est pas dans mes habitudes de travailler avec des sponsors, en tous cas on a réussi à faire sans. C'est Fabrice Bousteau, le rédacteur en chef du magazine Beaux-Arts, qui m'a mis en relation avec le propriétaire, il cherchait à me contacter pour savoir si j'étais d'accord pour restaurer la peinture que j'avais faite sur la terrasse dix ans auparavant, nous en parlerons tout à l'heure. Puis, en découvrant que l'immeuble était vide, Fabrice a demandé au propriétaire s'il pouvait me le mettre à disposition avant les travaux de rénovation. Il a accepté, et voilà ! En plus il pouvait nous aider sur l'aménagement des lieux puisqu'il avait à disposition des équipes de construction. Le principal défi a surtout été de le faire en si peu de temps puisque les travaux de rénovation de l'immeuble étaient programmés pour le mois de mai. Donc ce fut tendu mais on l'a fait et sans sponsor.

NIVEAU 7
CINÉMA

On arrive maintenant à l'étage cinéma [121], c'est une salle de projection où je montre quelques films comme *Art4Space* qui raconte l'envoi de la mosaïque dans la stratosphère.

---

1. Christo Vladimirov Javacheff (1935–2020) et Jeanne-Claude Denat de Guillebon (1935-2009) dits Christo et Jeanne-Claude étaient un couple d'artistes plasticiens notamment connus pour leur art monumental consistant à emballer des monuments urbains ou des éléments naturels avec du tissu. Installés à New York en 1964, ils ont toujours refusé tout soutien financier institutionnel ou privé, finançant eux-mêmes leurs installations.

NVDR   It's almost miraculous!

HUO   Was it a deliberate choice not to involve a sponsor? Like Christo.[1] He never sought sponsorship for his projects.

NVDR   I don't typicaly work with sponsors, and in this case, we managed to pull it off without one. It was Fabrice Bousteau, the editor-in-chief of *Beaux-Arts Magazine*, who put me in touch with the owner. He was trying to contact me to find out if I was open to restoring the painting I'd done on the terrace ten years ago, which we can discusss later. Then, on discovering that the building was empty, Fabrice asked the owner if it could be made available to me before the renovation work. He agreed and here we are! Additionally, the owner was able to help us with setting up the exhibition since he had construction crews on hand. The main challenge was to do it in such a short space of time, as the renovation work on the building was scheduled for May. So it was tense, but we got it done and sponsored the event ourselves.

LEVEL 7
CINEMA

NVDR   We're now on the cinema level [121], with a projection room where several films are being screened, like *Art4Space*, which tells the story of how a mosaic was sent into the stratosphere. It shows the genesis of the project and, especially, the pictures brought back down to earth, images from which I took the print you saw earlier. There are also other films about other projects, with a different programme every day, just like in a real cinema. Today's film is about the invasion of the island of Djerba in Tunisia [122].

HUO   And Potosí?

NVDR   Yes, there's one about Potosí as well.

---

1. Christo Vladimirov Javacheff (1935–2020) and Jeanne-Claude Denat de Guillebon (1935–2009), better known as Christo and Jeanne-Claude, were a couple of visual artists best known for their monumental art, which consisted of wrapping urban monuments or natural elements in fabric. They moved to New York in 1964, and have always refused any institutional or private financial support, financing their installations themselves.

On y découvre toute la genèse du projet et surtout les images ramenées sur terre, images dont j'ai tiré celle du print que tu as vu tout à l'heure. Et il y a aussi d'autres films sur d'autres projets, chaque jour la programmation est différente, comme dans un vrai ciné-club. Celui d'aujourd'hui est sur l'invasion de l'île de Djerba en Tunisie [122].

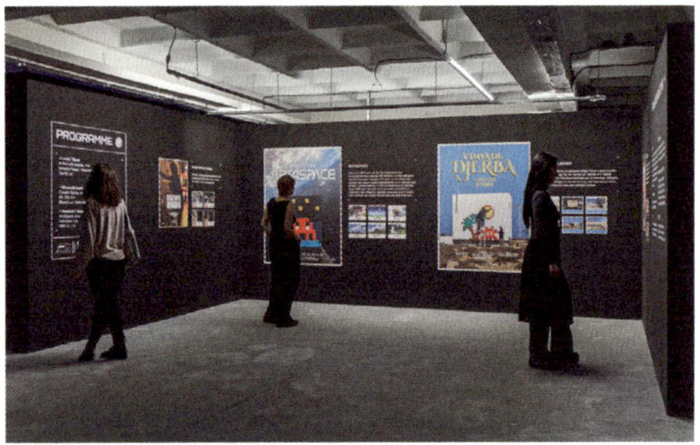

121 Cinema lobby

HUO Et Potosí ?

NVDR Oui il y en a aussi un sur Potosí.

HUO C'est l'aventure du 4000.

NVDR C'est l'aventure du 4000ᵉ et de toutes les autres pièces que j'ai installées là-bas. Les paysages de ce film sont magnifiques avec toutes ces couleurs et ces décors propres à l'Amérique du Sud. Mais continuons, on commence à se rapprocher du sommet...

NIVEAU 8
ON AIR / PA_1500

NVDR Je présente ici un projet que j'ai réalisé il y a deux ans et demi sur la Côte d'Azur [123]. J'ai fabriqué une grande banderole [124] et je l'ai faite tracter par un avion le long des plages. Je voulais montrer ici la bannière originelle mais elle était trop grande. Elle fait 21 mètres de long sur 4,5 mètres de haut alors que la hauteur sous plafond est ici de 4 mètres. Donc j'en ai fait une reproduction à 80% de sa taille. Sur ce

HUO   It's the adventure of the 4,000th mosaic.

NVDR   Exactly, it's the remarkable journey of the 4,000th piece,
        alongside all the other installations in Potosí. The landscapes
        in this film are stunning, with all the colours and scenery of
        South America. But let's carry on, we're starting to get close
        to the summit.

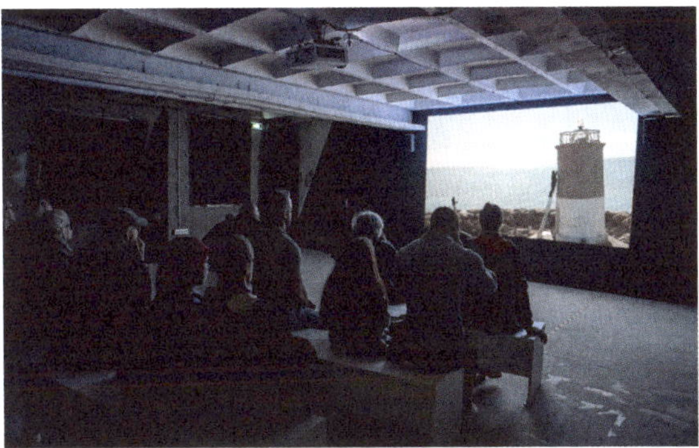

122 Cinema screening room

FLOOR 8
ON AIR / PA_1500

NVDR   Here, I'm showing a project I did two and a half years
        ago [123]. I created a large banner which was then towed by
        a plane along the beaches of the Côte d'Azur [124]. I wanted
        to show the original banner here but it was too big. It's 21
        metres long and 4.5 metres high, whereas the ceiling height
        here is 4 metres. So I crafted a reproduction at 80% of its
        original size. On this wall, there is a large photographic print
        of the plane pulling the banner across the sky [125]. And you
        get the impression that the plane is going to continue its
        journey through this giant window that opens onto the
        Parisian sky. This is an iconic window, because this area once
        belonged to the headquarters of the *Libération* newspaper,
        where numerous individuals passed by in its heyday. There's
        a very famous photo of Jean-Luc Godard in front of this
        porthole and I've taken one of my own where I'm doing the
        same pose [126].[1]

---

1. Jean-Luc Godard (1930–2022) was a Franco-Swiss filmmaker who played a
leading role in the French New Wave of the sixties.

mur il y a un grand tirage photographique de l'avion qui tire la bannière dans le ciel [125]. Et tu vois on a l'impression que l'avion va continuer son trajet à travers ce hublot géant qui ouvre sur le ciel de Paris. Ce hublot est iconique parce que tout ce qu'on vient de traverser était le siège du journal *Libération* et tous les gens qui venaient à Libération passaient devant. Il y a une photo très connue de Jean-Luc Godard [1] qui pose devant ce hublot et j'en ai fait une à mon tour où je reprends la même pose [126].

HUO   C'était une époque.

NVDR   C'était une époque oui, les années 1980-1990, la grande époque de la presse et de *Libération* qui était le journal cool que tout le monde aimait lire. Donc le gros travail sur ce projet c'était d'avoir de bonnes photos de l'avion qui passe dans le ciel puisque depuis un point de vue fixe au sol cela ne durait que quelques secondes. Donc il a fallu que je poste des photographes à des endroits que j'avais repérés pour faire de bonnes photos. Regarde ces images de plage avec l'avion qui passe derrière [127].

HUO   On dirait du Martin Parr [II].

NVDR   Oui, celle-là est très Martin Parr avec des baigneurs à la plage et la grosse bouée flamant rose. Elle a été prise par un photographe de presse qui s'appelle Anthony Micallef. Il a pris ces trois photos qui sont magnifiques.

HUO   Et quand as-tu fais cela ?

NVDR   Pendant l'été 2021. C'était comme un nouveau territoire d'invasion, les plages et le ciel du sud de la France. J'avais cette idée en tête depuis des années et j'ai appris que bientôt il serait interdit de survoler les plages alors je me suis dit que c'était le moment ou jamais et je l'ai fait. Bon maintenant il faut que je t'introduise la pièce suivante. Alors, juste avant cette exposition, j'avais 1499 pièces à Paris. Et j'ai réalisé qu'il fallait que je trouve un spot incroyable pour la 1500ᵉ.

I. Jean-Luc Godard (1930-2022) était un cinéaste franco-suisse et l'un des chefs de file de la Nouvelle Vague des années 1960.
II. Martin Parr (1952) est un photographe britannique travaillant pour la coopérative photographique Magnum Photos. La photographie vernaculaire est son domaine privilégié.

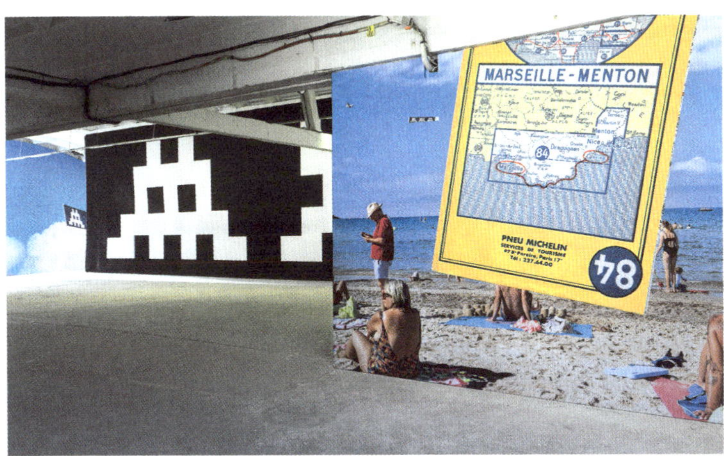

123 *On Air* level

HUO   Those were remarkable times.

NVDR   Yes, the eighties and nineties were a golden era for the press,
        with *Libération* being the trendy newspaper that everyone
        enjoyed reading. One of the primary challenges in this
        project was to capture high-quality photographs of the plane
        soaring through the sky, as it was only visible for a fleeting
        few seconds from a fixed viewpoint on the ground. So I had
        to position photographers at carefully selected locations to
        get good shots. Look at these images of the beach, with the
        plane passing behind [127].

HUO   Looks like a Martin Parr photograph.[1]

NVDR   Yes, this one is very Martin Parr with bathers on the beach
        and the big pink flamingo buoy. It was taken by a press
        photographer called Anthony Micallef. He took these three
        magnificent photos.

HUO   And when was that done?

NVDR   In the summer of 2021. It was like a new invasion territory,
        the beaches and skies of the south of France. I'd had this idea
        in my head for years, and then I heard that flying over the

---

1. Martin Parr (b.1952) is a British photographer working for the photographic
cooperative Magnum Photos. His primary area of interest is vernacular photography.

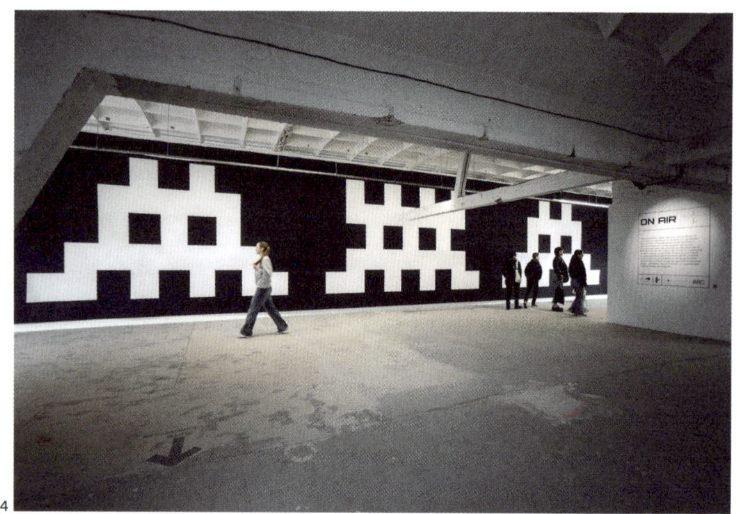

124

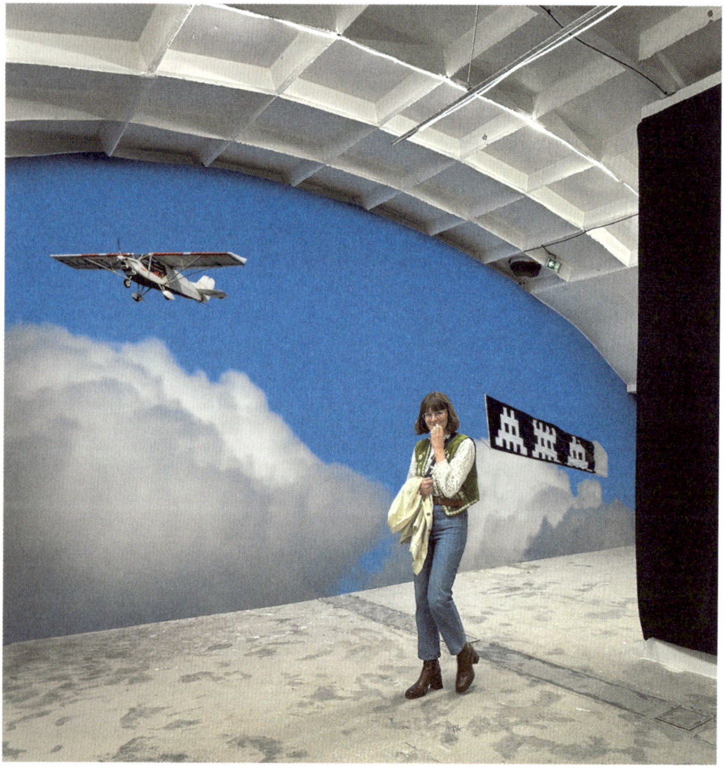

125

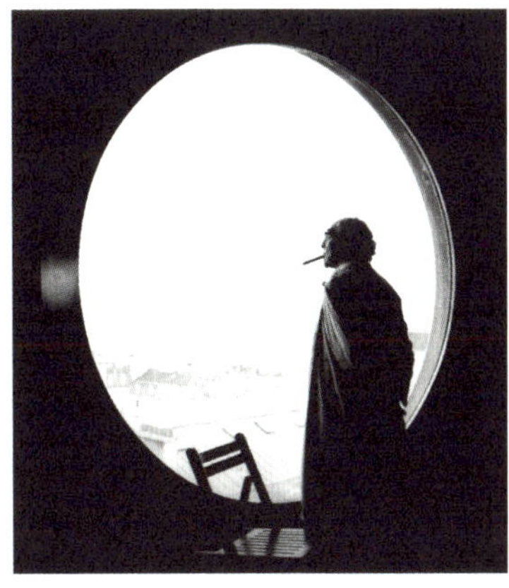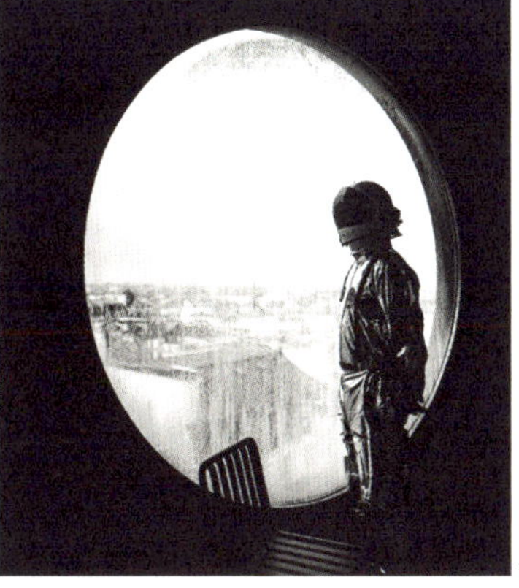

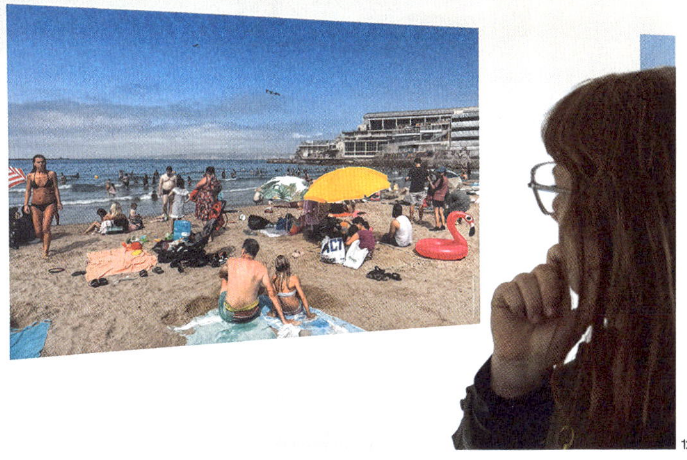

124 View of the banner
125 Detail of the *On Air* installation
126 Jean-Luc Godard, at the *Libération* newspaper headquarters, 1998 /
Invader at the *Invader Space Station*, 2024
127 Detail of the *On Air* installation

Comme je te le disais tout à l'heure, il fallait que je trouve un spot qui soit visible depuis l'exposition, par une de ses fenêtres. Et puis Fabrice Bousteau m'a dit : « On peut essayer de demander à Laurent Le Bon, le président du Centre Pompidou ». Et ce dernier a tout de suite accepté ! Je l'ai donc posé sur un des conduits d'aération du musée [130] qui se trouve pile en face de cette fenêtre, j'ai ensuite installé ici une longue vue [128] et... Tu le vois ?

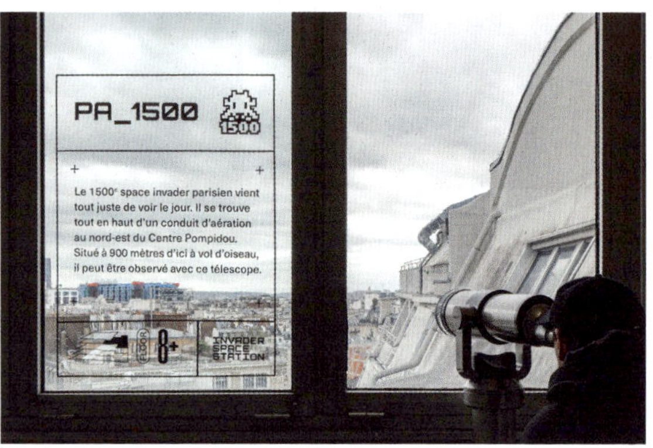

128 *PA_1500* installation

HUO   C'est incroyable.

NVDR   Oui c'est formidable n'est-ce pas ? Donc c'est le 1500ᵉ space invader parisien. Si tu approches ton téléphone de la longue vue, tu peux le photographier, ce n'est pas facile mais certains visiteurs en ont pris de très bonnes photos [129].

HUO   Voilà je l'ai eu !

NVDR   Bien joué ! En tout cas j'ai trouvé ça super de la part de Laurent Le Bon parce qu'il a tout de suite accepté. Je lui ai dit, l'exposition ouvre dans 15 jours mais il me faut le prendre en photo et l'imprimer avant l'ouverture. Est-ce que je peux réaliser la pièce d'ici la semaine prochaine ? Il m'a dit OK, je vais faire en sorte que ce soit possible. Et j'ai trouvé ça vraiment très audacieux et ouvert d'esprit de sa part, il en a même parlé à Renzo Piano, l'architecte du Centre qui a aussi donné son accord. Et quelques jours plus tard, elle était en place avec l'idée qu'elle serait pérenne. Voilà, et tu vois, on a fait le tour et on retombe sur la bannière, regarde, j'ai placé un ventilateur pour qu'elle bouge comme quand elle

beaches would soon be prohibited, so I thought it was now or never. Now, allow me to introduce you to the next piece. Just before this exhibition, I had 1,499 works in Paris. And I realised that I had to find an incredible spot for the 1,500th. As mentioned earlier, I had to find a spot that was visible from the exhibition through one of its windows. Then, Fabrice Bousteau suggested we try asking Laurent Le Bon, the President of the Centre Pompidou, who immediately agreed! So I installed a mosaic on one of the museum's iconic air ducts [130], which is right opposite this window. Then I set up a telescope here [128] and... Can you see it?

HUO   That's amazing.

NVDR   Yes, it's great, isn't it? So this is the 1,500th Parisian space invader. If you hold your phone up to the spyglass, you can take a picture of it. It's not easy, but some visitors have taken really good photos [129].

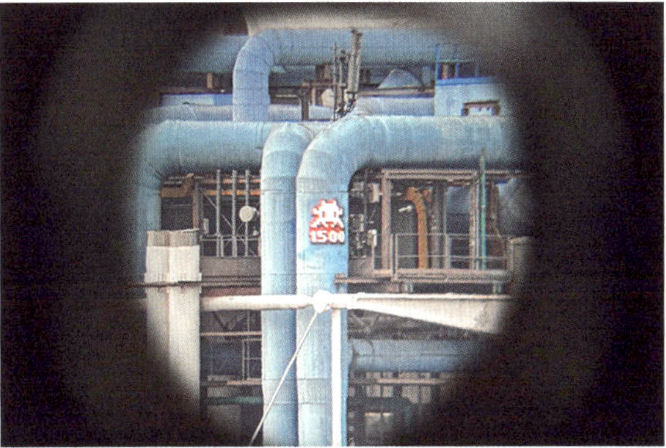

129 *PA_1500* on Centre Pompidou's façade, viewed through the telescope

HUO   I've got it!

NVDR   Well done! In any case, I thought it was great of Laurent Le Bon to agree so quickly. I told him the exhibition opens in 15 days and that I needed to take a photo of the mosaic and have it printed before it opens. So could I make the piece by next week? He said OK, we'll make it happen, which I thought was incredibly bold and open-minded of him, especially since he even consulted with Renzo Piano, Centre Pompidou's architect, who agreed too. And a few days later, it was up and running, with the idea that it would be

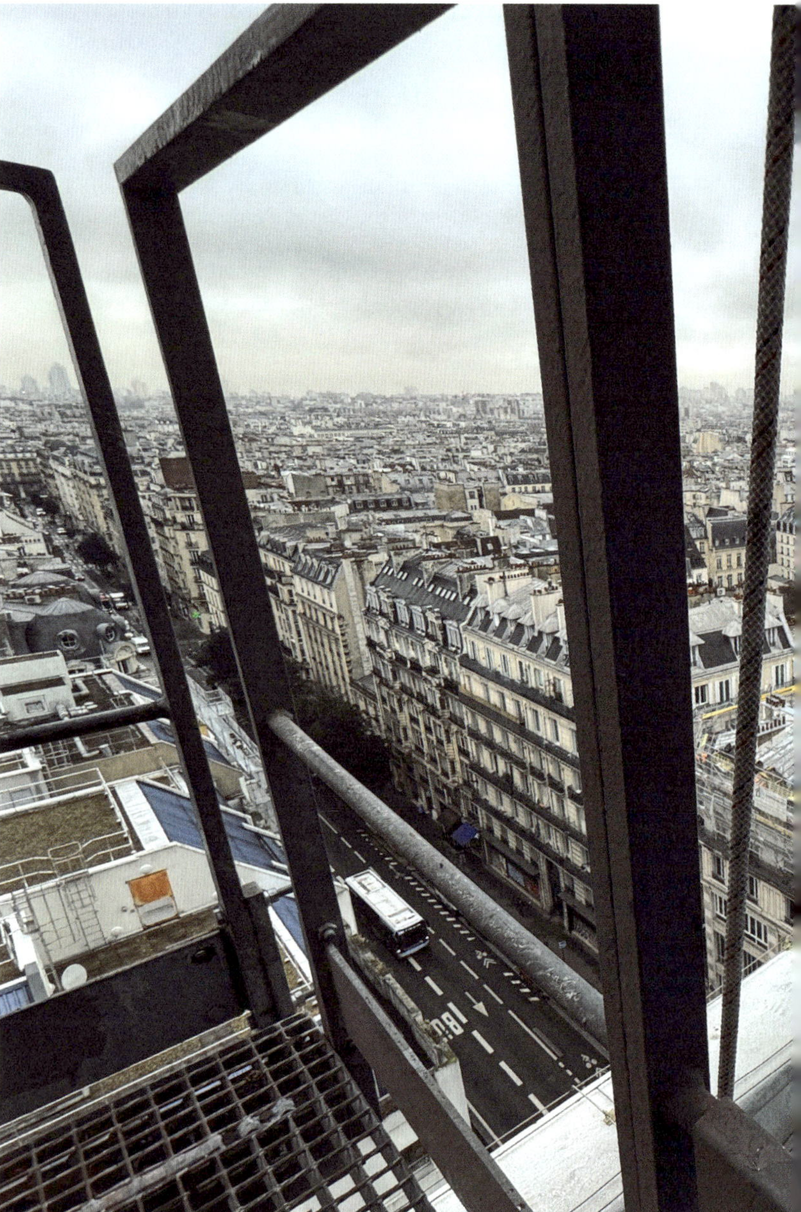

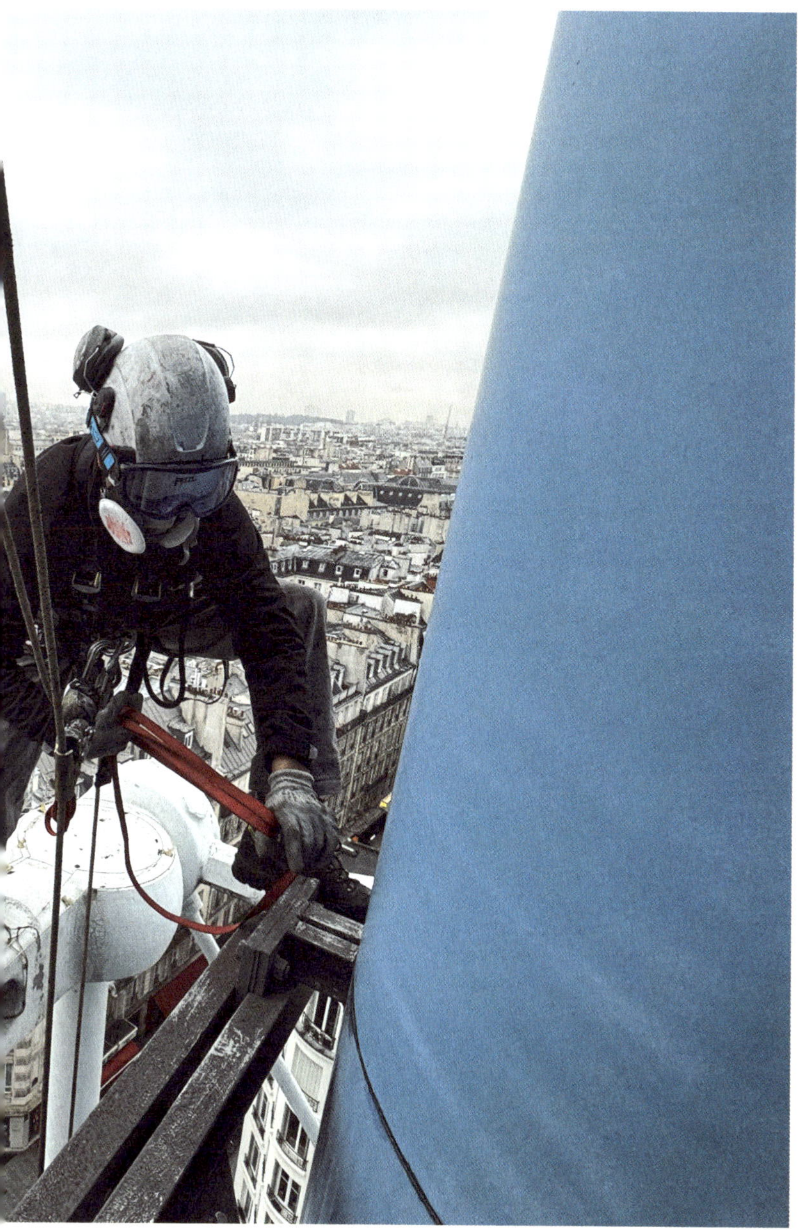

130 Installation of *PA_1500*, Centre Pompidou, Paris, 2024

flottait dans le ciel, c'est un super détail, j'adorerais un jour
suspendre l'originale au centre du Guggenheim de New York,
elle serait parfaite ! Le jour du vol j'avais lancé un concours
sur Instagram en disant « si vous êtes sur la côte d'Azur, allez
à la plage, ouvrez l'œil et si vous voyez mon invasion, faites-
en une belle photo ». Donc là, sur ce mur, j'ai affiché les
photos que j'ai reçues, car j'en ai reçu plus d'une centaine et
certaines sont assez formidables [131]. Passons maintenant à
l'étage suivant, c'est le dernier.

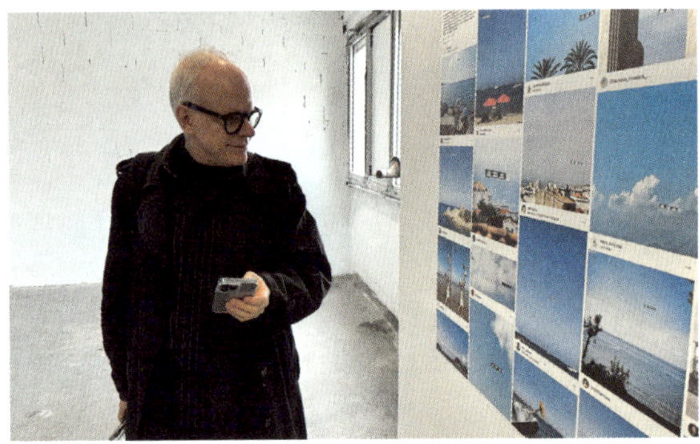

131 Hans Ulrich Obrist in front of the photos from the Instagram
photos contest

NIVEAU 9
INVASION *LIBÉRATION*

NVDR   Alors, je t'introduis la suite : en 2011 j'ai réalisé une exposition
à Paris, un peu comme celle-ci mais qui célébrait alors le 1000ᵉ
space invader parisien et le journal *Libération* m'a proposé de
faire un numéro spécial pour l'annoncer. J'ai eu alors l'idée
d'envahir le journal à travers sa typographie, en trafiquant
une des lettres pour y introduire un petit invader. Regarde,
là ce sont mes tests avec le A, B, C, D. J'ai finalement choisi
le A et nous l'avons fait. C'est le numéro du 11 juin 2011. La
couverture était titrée « Invader envahit Libé » et tous les A
des titres et des sous-titres du numéro étaient envahis [133].

HUO   Ça a été imprimé à des centaines de milliers d'exemplaires ?

NVDR   Oui je suppose et c'est devenu un numéro de collection, je
pense que beaucoup de gens l'ont gardé. Quand je suis venu
ici pour mettre en place l'opération, les gens de *Libération*
m'ont amené sur le toit terrasse et j'ai découvert qu'il était

permanent. Now we've gone around and are back at the banner. I've put in a fan here so that it moves like when it was floating in the sky, it's a great detail, I'd love to hang the original one day in the centre of the Guggenheim in New York, it would be perfect! On the day of the flight, I launched a competition on Instagram saying, 'if you're on the Côte d'Azur, go to the beach, keep your eyes peeled, and if you manage to spot my new invasion, take pictures'. So here, on this wall, I've posted the photos, I've received over a hundred and some of them are pretty amazing [131]. Let's move on now to the next floor, this is the last one.

LEVEL 9
INVASION OF *LIBÉRATION*

NVDR   So, I'll tell you what happened next: in 2011, I put on an exhibition in Paris, similar to this one, to celebrate the 1,000th space invader in the city, and the newspaper *Libération* asked me to create a special edition to announce it. So I came up with the idea of invading the newspaper through its typography by tampering with one of the letters and inserting a little invader. Look, here are my tests for the letters A, B, C, D. Eventually, I chose the letter A, and we went ahead. This is the issue from 11 June 2011. The front-page reads, 'Invader invades Libé', with all the As in the headlines and sub-headlines of the newspaper invaded [133].

HUO   And hundreds of thousands of copies were printed?

NVDR   Yes, I think so, and it's become a collector's item, I think many people have kept it. When I came here to set up the operation, the *Libération* staff took me to the rooftop terrace. I discovered that it was made up of large square slabs, like pixels... And at the time, I had had this idea in mind for a while to produce a painting that would be visible from the sky or even from space.

HUO   Or Google Earth.

NVDR   Yes, or Google Earth, which was then just emerging. So this photo dates from 2011 and shows me painting the terrace [132]. Let's go see it in person, but take a look at this large photo, it's a screen capture from Google Earth a few months later,

composé de grosses dalles carrées, comme des pixels... Et à l'époque, j'avais dans ma *to-do list* cette idée de faire une peinture qui serait visible du ciel ou de l'espace.

HUO Ou de Google Earth.

NVDR Oui, ou de Google Earth qui venait de faire son apparition. Donc cette photo date de 2011, on me voit en train de peindre la terrasse [132]. On va aller la découvrir en vrai mais regarde cette grande photo, c'est justement une capture d'écran de Google Earth quelques mois après et on voit parfaitement la peinture. Et donc, regarde, la terrasse est là, avec la pièce fraîchement repeinte. Regarde cette vue [134], c'est magnifique, elle est à couper le souffle. Nous sommes plus haut que tous les immeubles qui se trouvent autour, on a l'impression d'être sur le pont d'un vaisseau qui survole Paris tu ne trouves pas ?

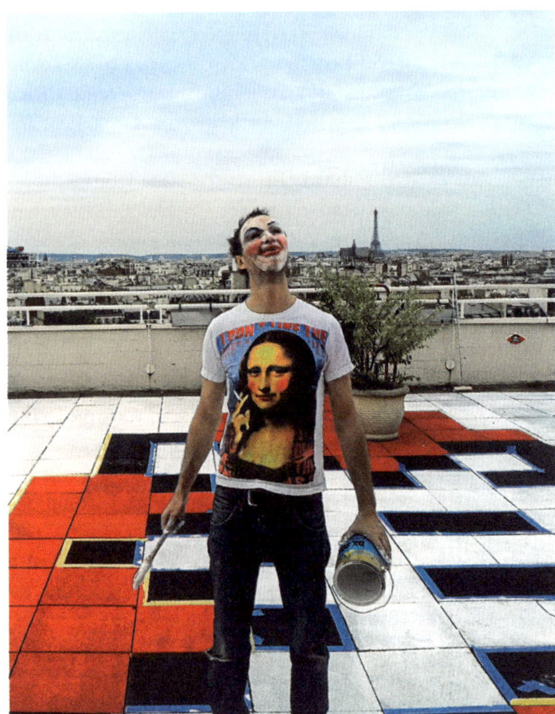

  132 Invader on the rooftop of *Libération* headquarters, 2011

and you can see the painting perfectly. So, here's the terrace with the freshly painted artwork. Look at this view [134], it's magnificent and breathtaking. We're higher than all the surrounding buildings, it feels like we're on the deck of a spaceship flying over Paris, wouldn't you agree?

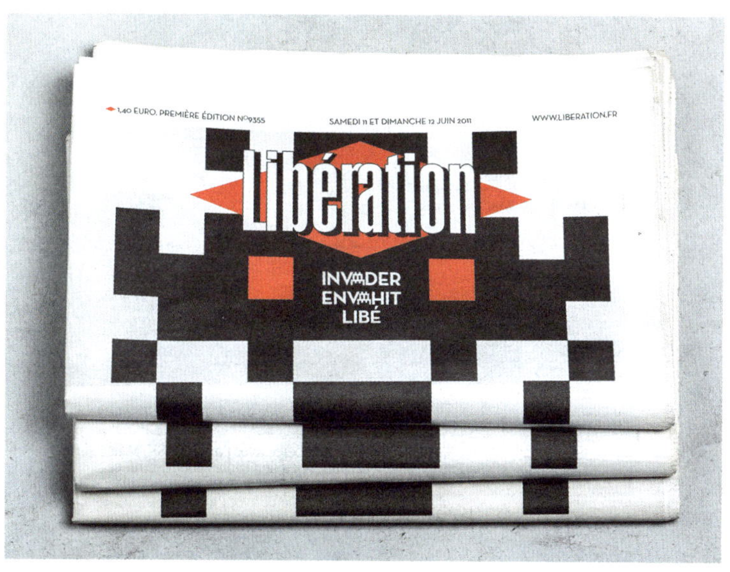

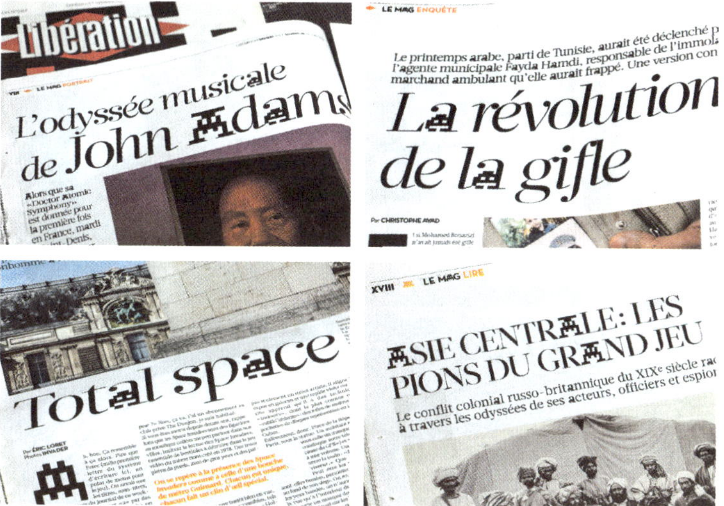

133 Front page and details of the *Libération* newspaper, 11 June 2011

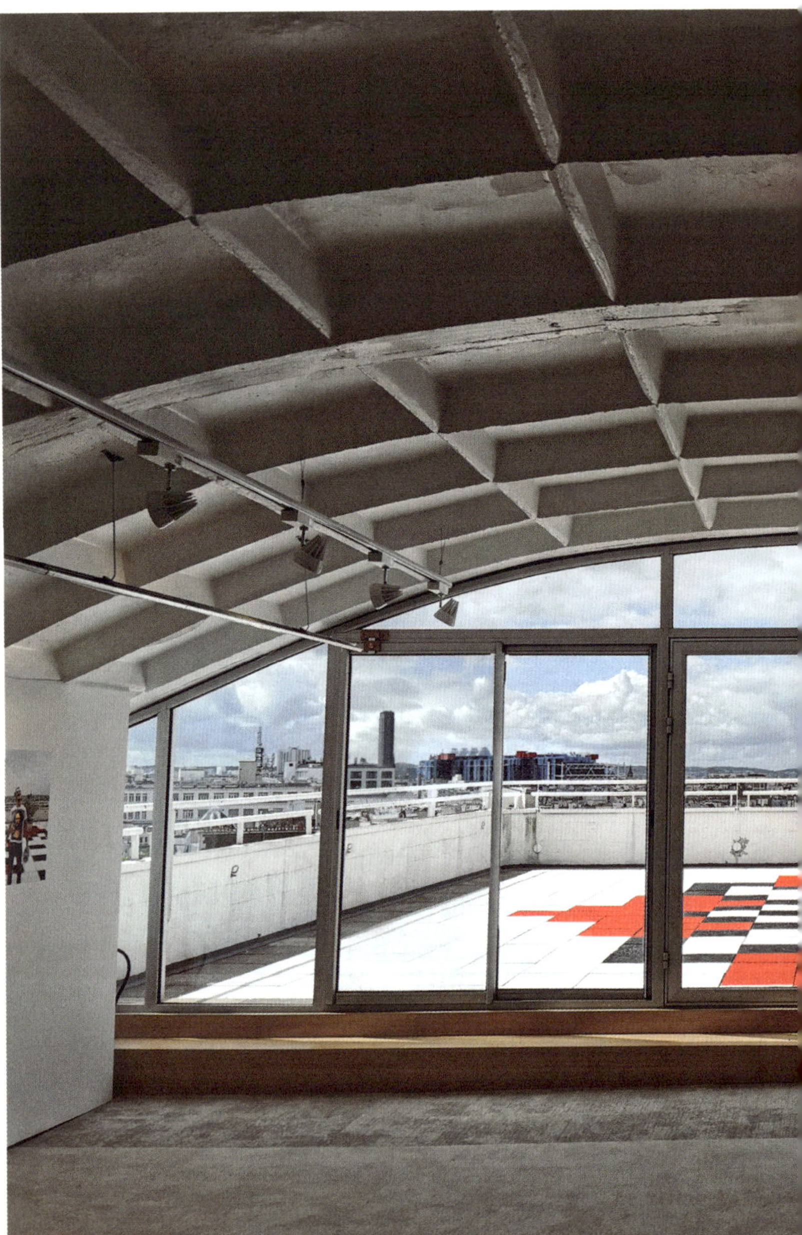

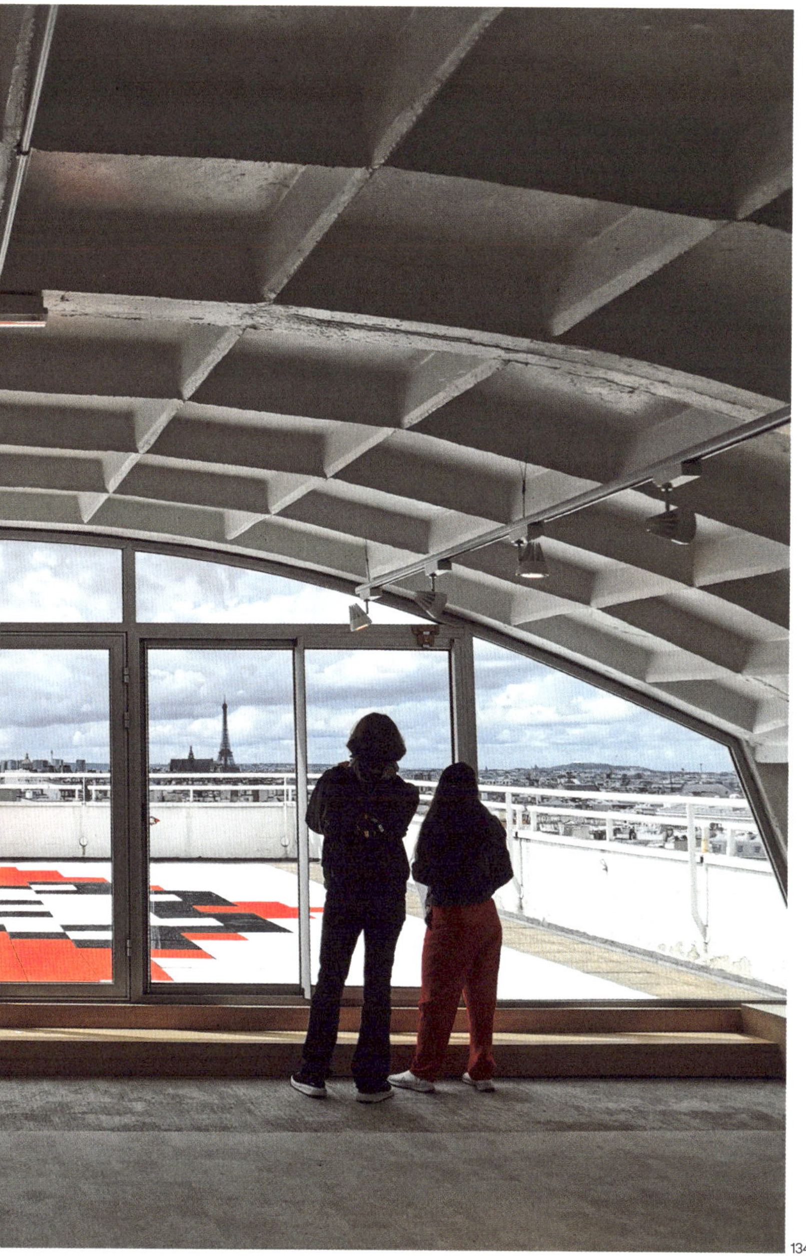

 134 View of the rooftop from the exhbition, 2024

2

The Studio

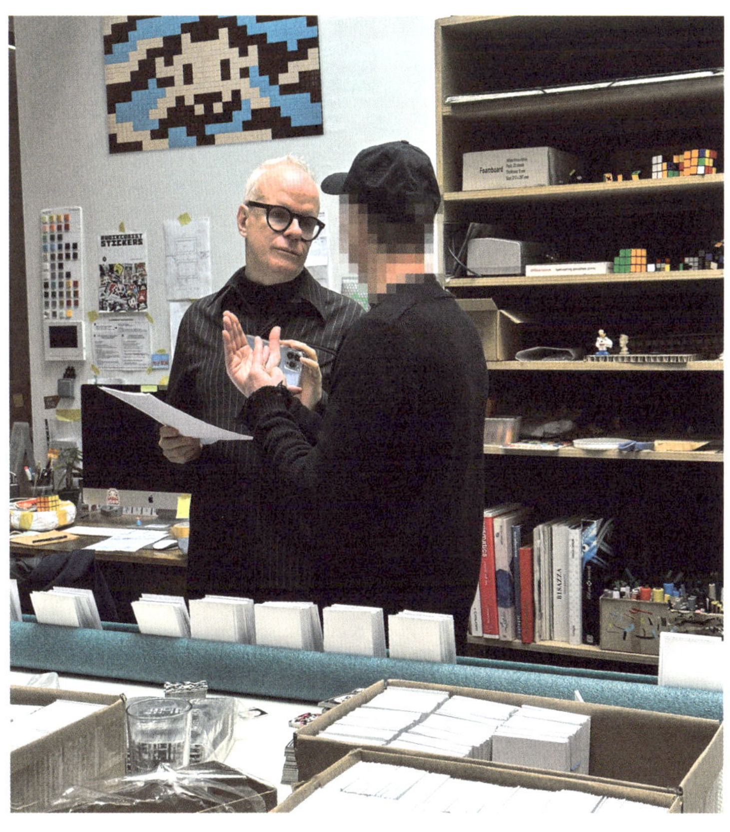

La conversation se poursuit dans l'atelier d'Invader.

NVDR   Regarde sur cette table, j'étais tellement débordé que je viens seulement de créer l'affiche de l'exposition un mois après l'ouverture. J'en ai fait trois versions différentes et je viens de recevoir les épreuves de validation, mais finalement je ne vais en garder qu'une, celle-ci, où on me voit allongé sur la terrasse [135].

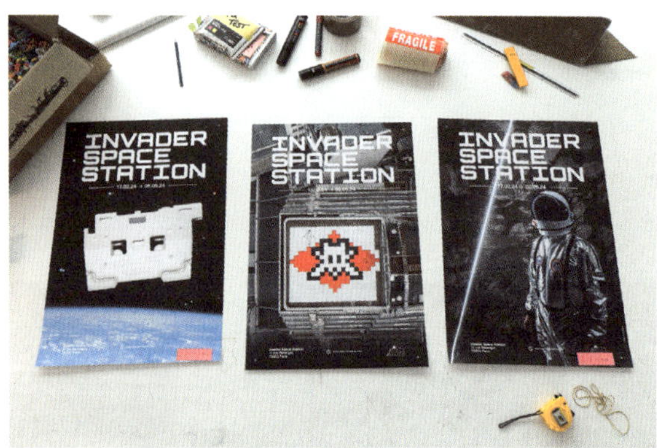

135 Printing proofs of exhibition poster

JOE   C'est incroyable. C'est une vraie photo ?

NVDR   Oui, elle est magnifique n'est-ce pas ? Elle a été prise par Denis Allard, un photographe qui l'avait faite pour illustrer un article dans Libération au moment de l'ouverture de l'expo. Elle est parfaite car il y a tout : le bâtiment vu du ciel avec les toits des immeubles autour, la grande peinture sur la terrasse et moi en costume de cosmonaute allongé dessus. Les deux autres sont bien aussi, mais moins fortes à mon avis. Là, au mur, c'est une œuvre rubikcubiste de la série des Low Fidelity que je viens de terminer, c'est la pochette de *Children of the Revolution* de T-Rex, je l'ai faite pour un ami qui adore ce morceau. Et je viens aussi de réaliser celle-ci, elle fonctionne bien car de près elle semble totalement abstraite et, quand on prend du recul, on reconnait Nina Simone. Et c'est précisément ce qui me plaît avec le rubikcubisme, ce passage de l'abstraction à la figuration [136].

HUO   Et ça ? Qu'est-ce que c'est ?

    NVDR   Je suis en train de produire ça pour l'espace boutique de

NVDR   Have a look at those posters on this table – a month after the opening, I've only just created the official poster for the exhibition. I designed three different versions and received proofs for validation. But, in the end, I've decided to keep only one – this version, where you can see me lying on the terrace [135].

JOE   That's incredible. Is it a real photo?

NVDR   Yes, it's magnificent, isn't it? The photographer Denis Allard captured this moment for an article in *Libération* when the exhibition opened. It's perfect because it's got everything: the building seen from above with the surrounding rooftops, the large painting on the terrace, and me in my astronaut costume lying atop it. The other two versions are good, but this one stands out the strongest in my opinion. Here is a Rubikcubist work from the Low Fidelity series I've just finished, it's the cover for *Children of the Revolution* by T-Rex – I created it for a friend who loves the song. And I've also just done this one, which works well because, up close, it looks totally abstract, but when you step back, you recognise Nina Simone. That's precisely what I like about Rubikcubism, this transition from abstraction to figuration [136].

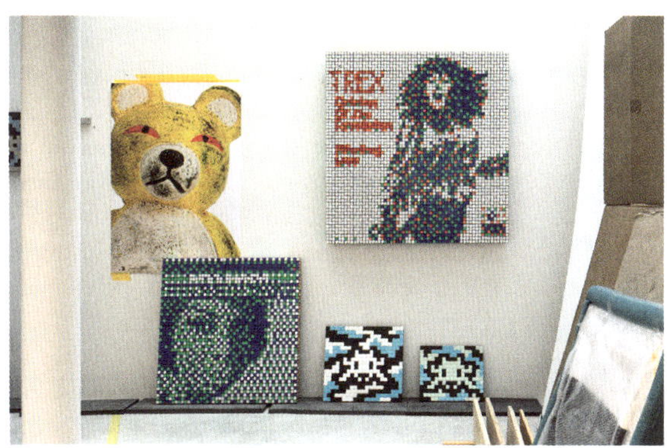

136 Artworks in the studio

HUO   And what is this?

179   NVDR   I'm producing this for the exhibition's shop; it's a limited

l'exposition. C'est une édition. Ce sont des carreaux que je fais imprimer [137]. Les mêmes carreaux que j'utilise parfois dans la rue, ils font 10×10 cm, mais je n'arrive pas à en produire assez pour satisfaire la demande. J'ai travaillé leur emballage aussi, ça fait partie de l'objet. J'en ai fourni des centaines à l'exposition cette semaine et ils sont déjà en rupture de stock. Il y a une demande incroyable autour de mes éditions. Non seulement certaines personnes les collectionnent mais il y a aussi une forte spéculation car celles que j'ai faites dans le passé et que je vendais quelques dizaines d'euros se revendent aujourd'hui pour des sommes folles, ça rend les gens complètement dingues.

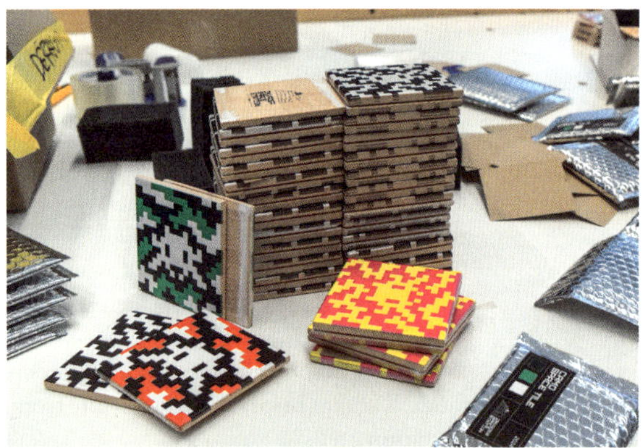

137 Packing the printed tiles

HUO   Il y a une spéculation autour de ces objets?

NVDR   Oh oui, énorme. Il y a plein de gens qui se font beaucoup plus d'argent que moi avec tout ça. Moi-même je n'imaginais pas que mes éditions allaient prendre autant de valeur avec le temps. Et c'est toujours la même histoire : à l'époque elles ne se vendaient pas beaucoup, peu de gens en voulaient. Et maintenant c'est l'inverse ! Ici il y a tout mon stock de carrelage, tu peux voir que j'utilise toutes sortes de carreaux afin de m'adapter aux tailles des spots et avoir une large palette de couleurs. Là, ce sont de tout petits carreaux, ceux-là sont un peu plus grands et ceux-là encore plus grands [138].

HUO   Donc c'est ta boîte à outils.

NVDR   Oui, ou plutôt si j'étais peintre ce seraient mes tubes de

edition piece. I'm having these tiles printed [137], the same 10×10 cm tiles I sometimes use on street walls. However, I can't produce enough to meet the demand, as it surpasses my production capacities. I've also designed their packaging, which is integral to the object. I delivered hundreds to the exhibition this week, and they're already out of stock. There's an incredible demand for my editions. Not only do some people collect them, but there's also a lot of speculation because the ones I made in the past, which I used to sell for a few dozen euros, are now selling for outrageous prices, driving people into a frenzy.

HUO   Is there a lot of speculation around these objects?

NVDR   Oh yes, a huge amount. Plenty of people make far more money from this than I do. I never imagined my editions would become so valuable over time. It's always the same story: back then, they didn't sell well, with very few people interested. Now, it's the other way round! Here is my whole tiles supply. You can see that I use various tile sizes to adapt to the locations and there's a wide range of colours. These are small tiles, these are somewhat larger, and these are even bigger [138].

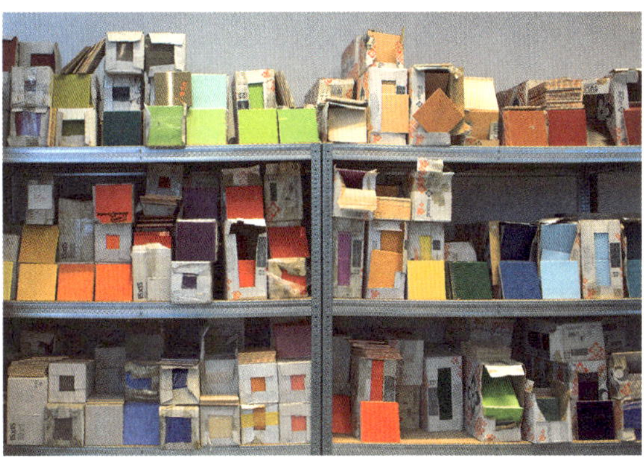

138 Shelves with an array of various tiles

HUO   So this is your toolbox.

NVDR   Yes, or if I were a painter, these would be my paint tubes. I work a lot with a small factory in France. At one point, I had serious issues with theft because some people thought,

peinture. Je travaille beaucoup avec une petite usine en France. À un moment, j'avais vraiment de sérieux problèmes de vol parce que certaines personnes se disaient « c'est illégal c'est dans la rue donc je vais aller me servir et les revendre sur Ebay ». Donc j'ai mis au point avec cette usine un procédé où les carreaux sont recuits et plongés dans de l'eau froide, ça crée un choc thermique et ça les rend super fragiles. Là, le F sur les cartons signifie « fragilisés ». Ils ont spécialement été traités pour être posés dans la rue et donc ils se cassent comme des petits gâteaux secs. C'est paradoxal, mais c'est en les fragilisant que je les protège.

HUO   Et autrement ils l'utiliseraient pour la valeur des matériaux ?

NVDR   Non car les matériaux ne coûtent pas très cher, mais ils essayent de les revendre comme des œuvres, c'est ridicule car une fois décollés du mur ce ne sont que des carreaux sans grande valeur puisqu'ils ne sont ni signés ni authentifiés. En plus, avec toutes les réactivations, beaucoup ne sont pas faits par moi, certaines pièces ont été réactivées jusqu'à dix fois et revolées à chaque fois.

HUO   Ils les retirent du mur et ils les collent sur...

NVDR   ... sur n'importe quoi, sur un morceau de bois ou sur un cadre Ikéa ou les laissent en morceaux dans un sac en plastique, c'est assez désespérant. Pourtant, si tu achètes les mêmes carreaux, tu peux très facilement les reproduire sans que moi-même je voie la différence entre les miennes et leur reproduction. C'est le principe des réactivations d'ailleurs, mes mosaïques sont facilement réplicables. Il arrive aussi qu'ils détruisent mes mosaïques sur le mur puis les recréent et les revendent comme étant les originaux. Mais les choses commencent à se savoir et ça retire toute crédibilité à ce marché.

HUO   Et donc c'est une sorte de marché informel.

NVDR   Oui, c'est comme du braconnage. Du moins ça l'était car maintenant entre mes carreaux super fragiles et les réactivations, cela s'est beaucoup ralenti. Là ce que tu regardes ce sont des impressions en 3D pour aller dans mes vitrines de jouets. Et là ce sont des jouets Kinder que je transforme en intervenant dessus [139].

'it's illegal, it's on the street, so I'm going to help myself and sell them on Ebay.' In response, I developed a process with this factory by which the tiles are annealed and immersed in cold water, creating thermal shock and making them super fragile. The 'F' on the cardboard stands for 'fragile'. They've been specifically treated for street use, so they break like biscuits. Paradoxically, I protect them by making them fragile.

HUO   Otherwise, would people use them for their material value?

NVDR   No, the materials aren't expensive, but they try to resell them as works of art, which is absurd because once they're taken off the wall, they're just tiles with no great value since they're not signed or authenticated. Furthermore, many reactivations aren't done by me, with some pieces reactivated and taken off again up to ten times.

HUO   So they take them off the wall and stick them on...

NVDR   ... anything, from a piece of wood to on an Ikea frame, or even leave them in pieces in a plastic bag; it's quite hopeless. And yet, anyone can easily replicate my pieces by buying the same tiles. I often can't even distinguish between the original and its reproduction. That's what reactivation is all about – my mosaics are easy to replicate. It's also happened that they've destroyed my mosaics on the wall, then recreated and resold them as originals. But as these practices come to light, this market's credibility diminishes.

HUO   It's like an informal market.

NVDR   Yes, it's like poaching – although it has slowed down significantly due to the reactivations and my fragile tiles. What you're looking at here are 3D prints for my toy display cases, and here are some Kinder toys that I'm transforming [139].

HUO   These are hijackings.

NVDR   Yes, the ones I work on are sort of hijackings. Look at all these boxes full of Kinder toys, like the ones we saw earlier in the exhibition window. I buy them online or at flea markets. Many people collect these figurines and eventually sell their

HUO   Ce sont des détournements.

NVDR   Oui, ceux sur lesquels j'interviens sont des sortes de détournements. Regarde, tous ces cartons sont remplis de jouets Kinder, comme ceux qu'on a vus tout à l'heure dans la vitrine de l'exposition. Je les achète en ligne ou dans des marchés aux puces. Il y a beaucoup de gens qui collectionnent ces figurines et qui un jour revendent leur collection. Je les rachète puis je fais une sélection de mes préférés. Tous ceux-là sont ceux que j'ai choisis. Ils seront soit dans des vitrines soit vendus à l'expo dans ces petites pochettes *Rescue Plastic Toys*, ce sont de purs *ready made* [140].

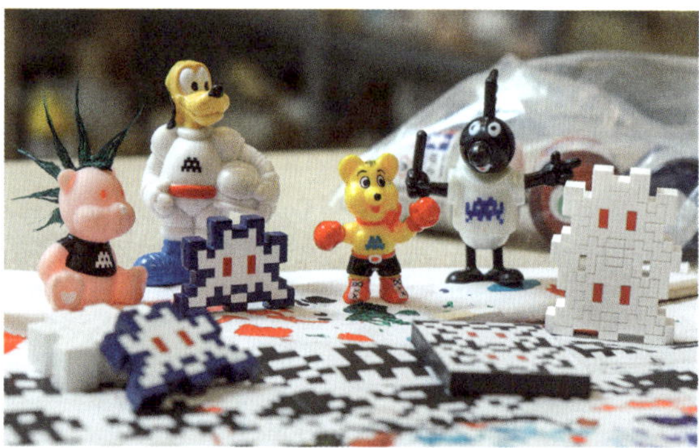

139 Hijacked Kinder toys

HUO   Une chose que je voulais savoir, c'est quel est le numéro 1 dans ton catalogue raisonné ? Parce qu'il y a évidemment le numéro 1 des œuvres publiques parisiennes qu'on a vues ce matin, mais peut-être y a-t-il eu des choses avant ? Y a-t-il des œuvres pré-mosaïques ?

NVDR   C'est une question délicate, quelle est la première œuvre d'un artiste ? Cela me fait penser à un catalogue de l'artiste Wim Delvoye qui s'appelle *Early Works* et dans lequel figurent tous ses dessins d'enfant, du genre de ceux que l'on faisait à la maternelle. En tous cas, j'ai fait énormément de choses et de recherches avant ce geste fondateur dans la rue. J'étais touche à tout : peintures, dessins, collages, photo, vidéo, sculpture, sérigraphie, créations numériques… Je travaillais avec toutes sortes de médias. J'expérimentais, je recherchais ce qui allait devenir mon style.

collections. I purchase them and select my favourites. These are all the ones I've chosen. They'll either be in display cases or sold at the exhibition in these little Rescue Plastic Toys bags – pure ready-made pieces [140].

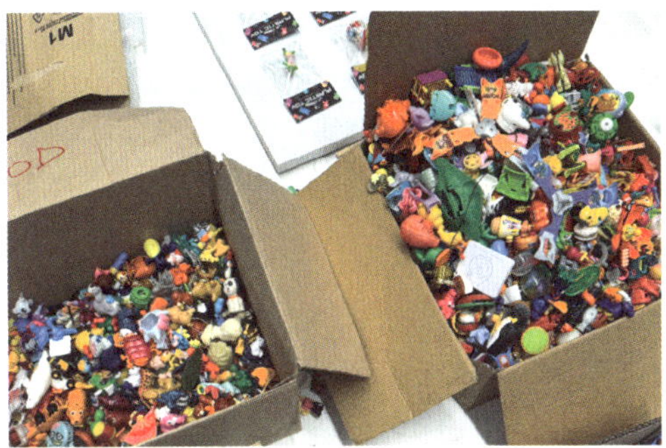
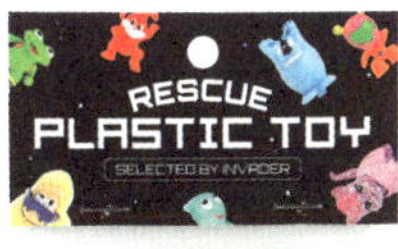
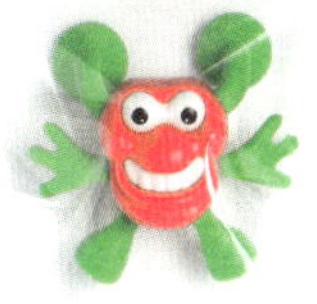

140 Making of Rescue Plastic Toys

HUO   Something I'm curious to know is, what would be the first entry in your catalogue raisonné? Of course, there's the first of the Parisian public works we saw this morning, but were there any earlier pieces? Did you create there any pre-mosaic work?

NVDR   It's a tricky question – what is an artist's first work? It reminds me of Wim Delvoye's catalogue titled *Early Works*, featuring all of his childhood drawings, the kind you'd make in kindergarten. In any case, I made numerous pieces and conducted thorough research before that pivotal moment, that founding gesture in the street. I was a jack of all trades: paintings, drawings, collages, photography, video, sculpture, screen printing, digital creations... I worked with all sorts of media. I was experimenting, looking for what would become my style.

HUO   Do those works still exist?

NVDR   Yes, of course, I kept some pieces or kept photos of them. As a young artist, you search for your defining moment or gesture, which doesn't come immediately. I used to struggle to understand artists who replicated the same style throughout their careers – Pollock's work is instantly recognisable, as is Basquiat's or Picasso's. Eventually, I realised that a powerful gesture emerges, and you refine it, evolving it into your visual identity.

HUO   Et ça, ça existe encore ?

NVDR   Oui, bien sûr, j'ai gardé certaines choses, ou j'en ai conservé
        des photos. Quand tu es un jeune artiste, tu cherches ce qui
        va être ton geste fondateur, tu ne le trouves pas du premier
        coup. Je ne comprenais pas les artistes qui faisaient tout le
        temps la même chose, toute leur vie. Pollock, tu reconnais
        Pollock. Basquiat, tu reconnais Basquiat. Picasso, tu
        reconnais Picasso. Plus tard j'ai compris qu'un jour tu as un
        geste fort et qu'ensuite tu vas tourner autour toute ta vie, le
        perfectionner et cela va devenir ton identité visuelle.

HUO   J'avais comme voisin, Raymond Hains [1] tu sais, le
        désaffichiste.

NVDR   Oui, je vois bien.

HUO   C'était mon voisin pendant mes années parisiennes, pendant
        quelques années. Tout d'abord dans un hôtel et après dans
        un appartement. Surtout à l'hôtel Carlton Palace. Et lui
        m'a toujours dit, c'est l'abstraction personnifiée, tu vois. Un
        artiste découvre son geste, c'est le bleu de Klein, c'est la bande
        de Buren. L'artiste découvre une abstraction personnifiée qui
        continue d'une certaine façon.

NVDR   Absolument, tu trouves un geste fort, une esthétique,
        et tu te l'appropries. J'essaie de casser un peu cela avec le
        rubikcubisme ou avec les jouets Kinder et toutes sortes
        d'autres choses. Mais mon outil visuel, mon identité, ce sera
        toujours le pixel et sa matérialisation en mosaïque.

HUO   Et donc, ces œuvres pré-mosaïque, elles sont comment ?

NVDR   Comme je te l'ai dit, j'ai expérimenté toutes sortes de
        choses. Et puis, dans les années 1990, des amis qui étaient
        complètement geeks m'ont initié aux ordinateurs. C'est là
        que j'ai créé de petites œuvres interactives où le spectateur
        interagissait avec ce qui apparaissait à l'écran. Je les éditais
        sur disquette et j'en ai vendu quelques-unes dans des lieux
        alternatifs [141]. Mais j'ai aussi fait beaucoup de dessins,
        de peintures, de photos. À l'âge de 13 ou 14 ans, je m'étais

---

1. Raymond Hains (1926-2005) est un artiste plasticien français. Il est l'un des
membres fondateurs du Nouveau Réalisme. Il se fait connaître par ses œuvres-
palissades et ses affiches lacérées.

HUO   My neighbour was Raymond Hains,[1] you know, the *désaffichiste*.

NVDR   Yes, I'm familiar with his work.

HUO   He was my neighbour during my time in Paris for a few years. Initially at a hotel, then in a flat, particularly at the Carlton Palace Hotel. He always told me it's embodied abstraction. An artist discovers their signature trait – Klein's blue, Buren's stripes. The artist discovers an embodied abstraction that then evolves throughout their work.

NVDR   Precisely. You find a strong gesture, an aesthetic, and you make it your own. I'm trying to diversify with Rubikcubism, Kinder toys and other projects. But my visual tool, my identity, will always be the pixel and its materialisation in a mosaic.

HUO   So what were these pre-mosaic works like?

NVDR   As mentioned, I experimented with all sorts of media. In the nineties, some tech-savvy friends introduced me to computers. That's when I created little interactive works where the viewer interacted with what appeared on the screen. I published them on floppy disc and sold some in alternative venues [141]. But I also did a lot of drawings, paintings and photos. When I was 13 or 14, I set up a small lab in my parents' basement, spending countless nights developing black-and-white photos.

HUO   So there are pre-mosaic photographic works.

NVDR   Yes, although they are from my formative years; I'm not sure at what point it can be considered art. Back then, I wasn't even asking myself that question, I was just trying to occupy my time [142]. As a teenager, I used to do a lot of portraits of my friends, so I don't know, let me ask you, can a teenager's portraits of his friends be considered art? We'd get together on weekends and I'd take photos of them, and now that I think about it, there was something very Nan Goldin-esque about this desire to freeze a group of individuals and

---

 1. Raymond Hains (1926–2005) was a French visual artist. He was one of the founding members of the Nouveau Réalisme movement. He made a name for himself with his palisades and torn posters.

confectionné un petit laboratoire dans le sous-sol de la maison de mes parents et j'y ai passé d'innombrables nuits à développer des photos en noir et blanc.

HUO   Donc il y a-t-il une œuvre photographique pré-mosaïque.

NVDR   Oui, enfin il s'agissait d'années d'apprentissage, je ne sais pas à quel moment cela peut être considéré comme œuvre. En tous cas à cette époque je ne me posais même pas la question, je cherchais juste à occuper mon temps en faisant des trucs [142]. Par exemple, adolescent je faisais beaucoup de portraits de mes amis, donc je ne sais pas, je te pose la question à mon tour, un ado qui fait des portraits de ses amis ados est ce que ça peut être considéré comme œuvre ? Le week-end, on se retrouvait et je les prenais en photo, maintenant que j'y repense il y avait un côté très Nan Goldin [1] dans cette volonté de figer un groupe d'individus et un moment de leur vie… J'avais par exemple fait cette série ou je les faisais poser comme sur les pochettes des disques des groupes que nous admirions, ce qui est assez drôle car nous reprenions l'attitude de nos idoles mais avec nos têtes d'adolescents. Et puis, en plus de ces photos, je faisais des dessins, je voulais faire de la bande dessinée, j'ai fait aussi beaucoup d'impressions en sérigraphie de manière très artisanale, sur des tee-shirts et sur papier, je reproduisais toutes sortes d'images et je faisais des collages, des montages. Et puis, un peu plus tard, j'ai fait des tableaux composés de bonbons [143] ou des sculptures avec des jouets que je détournais, que je transformais [144]. En fait, j'ai simplement compris que tout ça c'était de l'art et que l'on pouvait en faire sa vie quand j'ai commencé à étudier l'art à l'université.

HUO   Et ces œuvres pré-mosaïques ont été publiées ?

NVDR   Non, elles ne l'ont jamais été. Ensuite j'ai commencé à m'intéresser au pixel, j'ai fait quelques peintures, quelques sérigraphies sur le sujet et puis j'ai commencé à utiliser de la mosaïque [145→147]. J'ai fait, je ne sais pas, entre dix et vingt pièces en mosaïque sur des planches de bois… Et puis j'ai été coller un invader dans la rue, ce qui m'a amené à y créer d'autres choses comme des affiches, des dessins au

---

1. Nan Goldin (1953) est une artiste et photographe américaine. Elle a notamment utilisé la photographie dans le but de créer des souvenirs des comportements d'individus de son cercle proche.

a moment in their lives...[1] I'd done a series where I had them pose as if they were on album covers of bands we admired. It was quite funny because we were mimicking our idols' attitudes but with our prepubescent faces. And then, in addition to these photos, I did drawings and I wanted to create comics. I also did a lot of silkscreen printing in a very traditional way, on T-shirts and on paper, reproducing all sorts of images and making collages and montages. Later, I created paintings with sweets [143] or sculptures out of toys that I repurposed and transformed [144]. In fact, I only understood that all this was art and that one could make it their life when I started studying art at university.

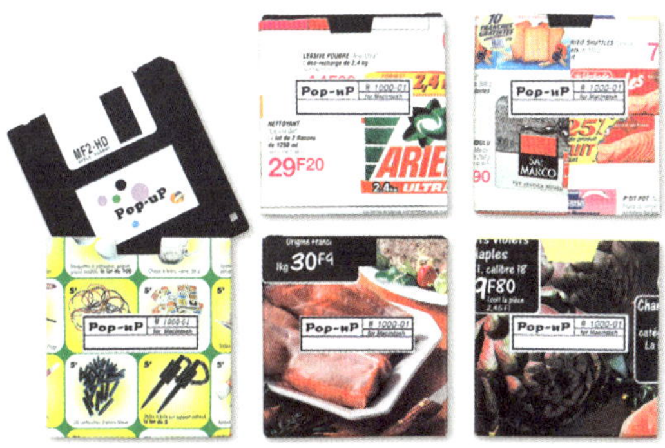

141 Pop-Up, computer program on floppy disk, mid-nineties

HUO   Were these pre-mosaic works published?

NVDR   No, hardly at all. Then my fascination with pixels began – I created a few paintings and some screenprints before exploring mosaics. I made around, I don't know, ten to twenty mosaic pieces on wood panel [145→147]... And then I went to stick an invader in the street, which lead me to do some other street works: poster collages, marker drawings and paintings on walls or abandoned objects. But I never really showcased them because I soon realised I'd found something innovative in mosaics. So I quickly stopped doing what others were already doing, focusing on materialising pixels in mosaic tiles, creating a bridge between ancient, contemporary, digital and graffiti.

---

1. Nan Goldin (b.1953) is an American artist and photographer. She has used photography to create memories of the behaviour of people in her close circle.

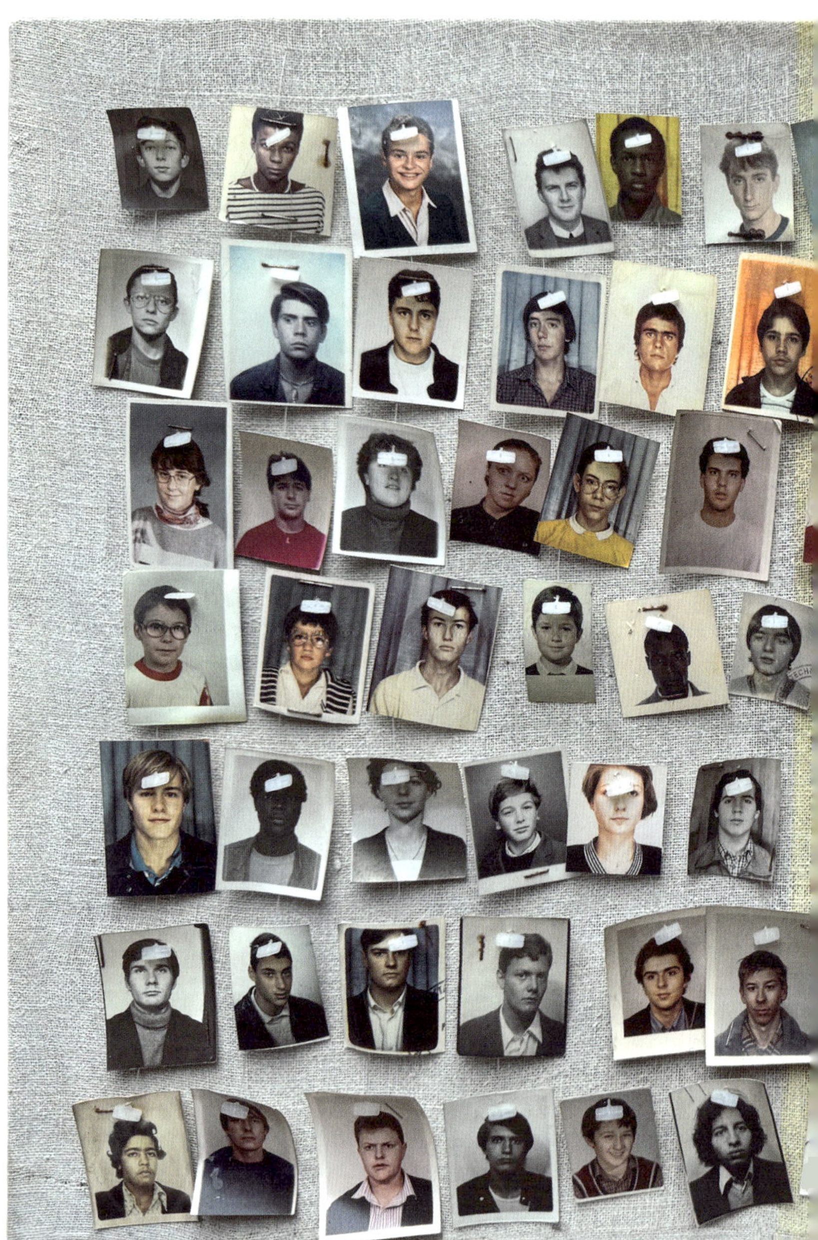

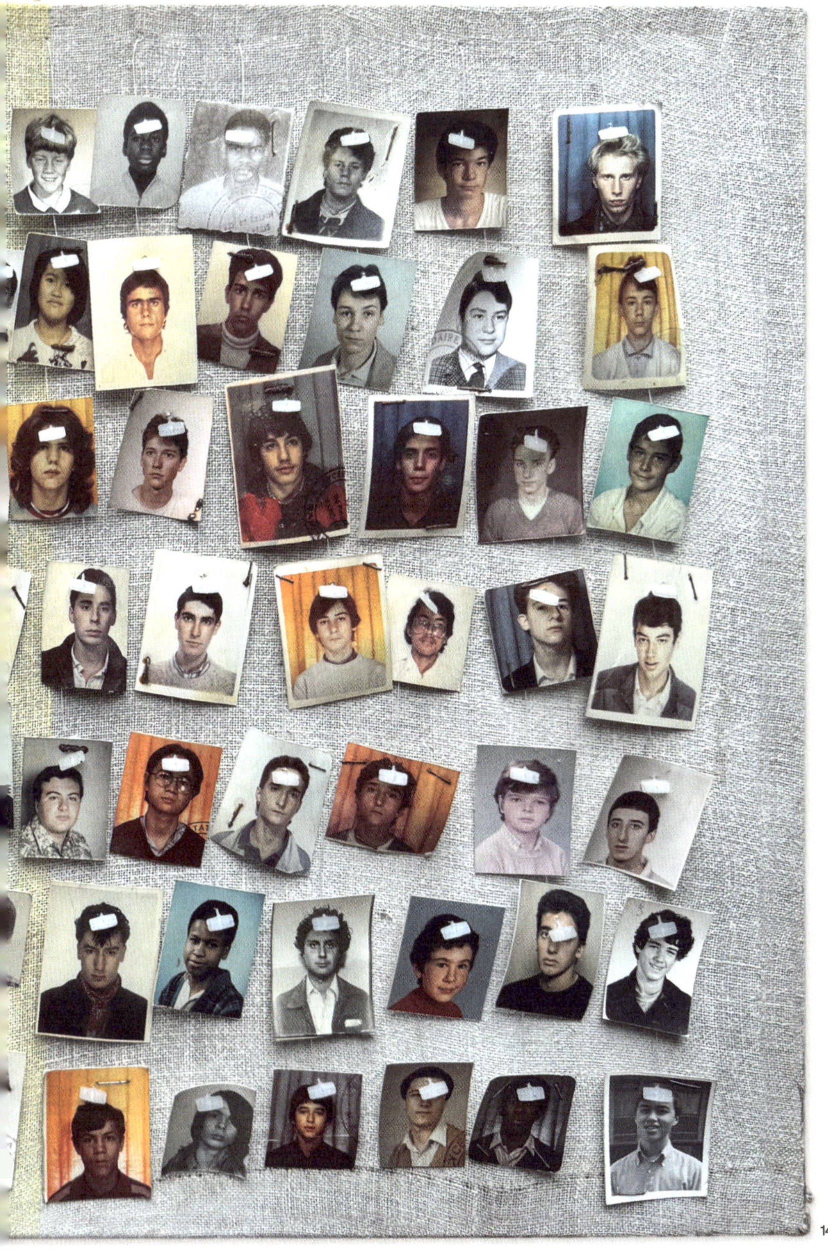

142 *Kids*, mixed media, mid-nineties

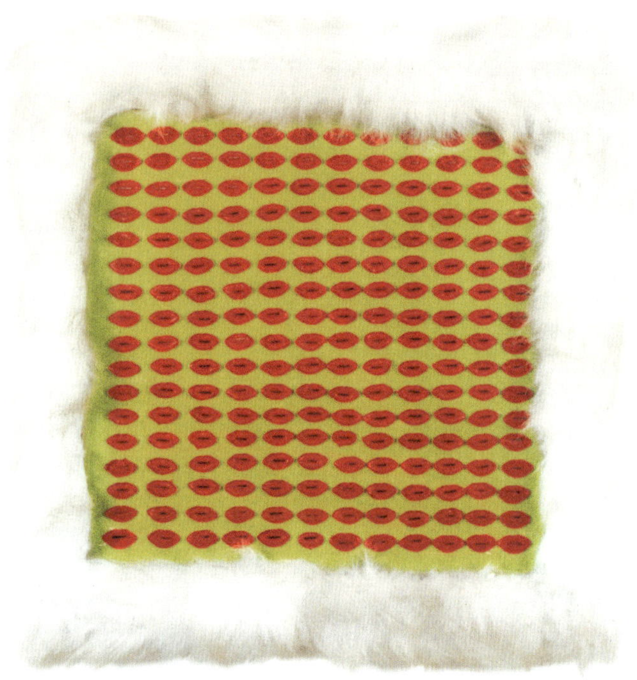

143

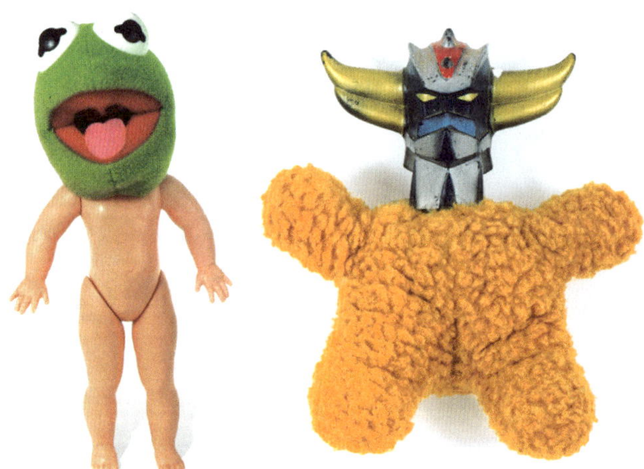

144

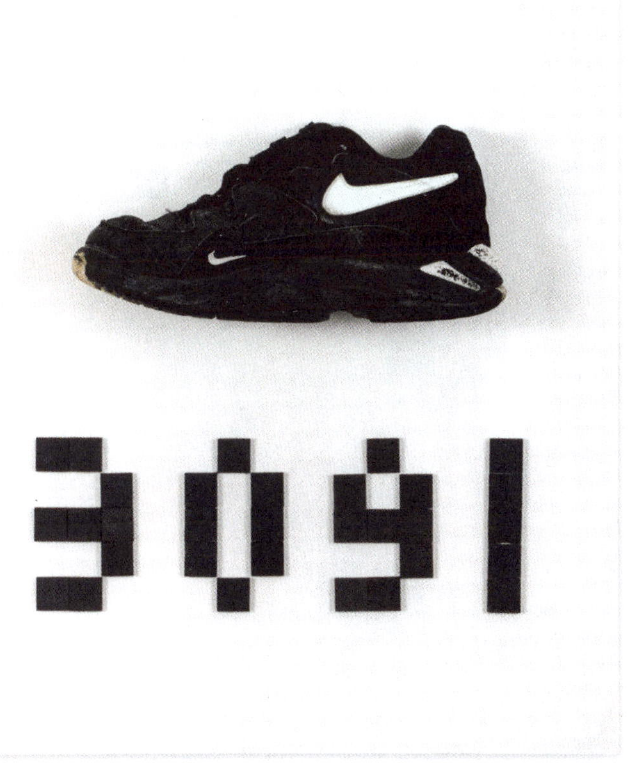

143 *Sweet Kisses*, mixed media, mid-nineties
144 *Strange Toys*, mixed media, mid-nineties
145 *3091*, mixed media, mid-nineties

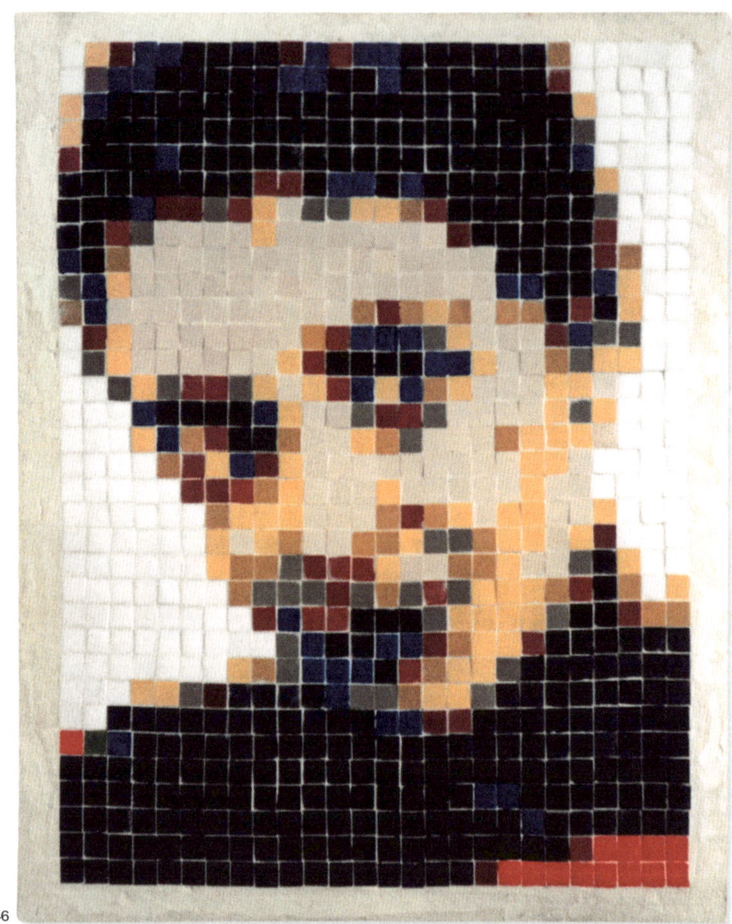

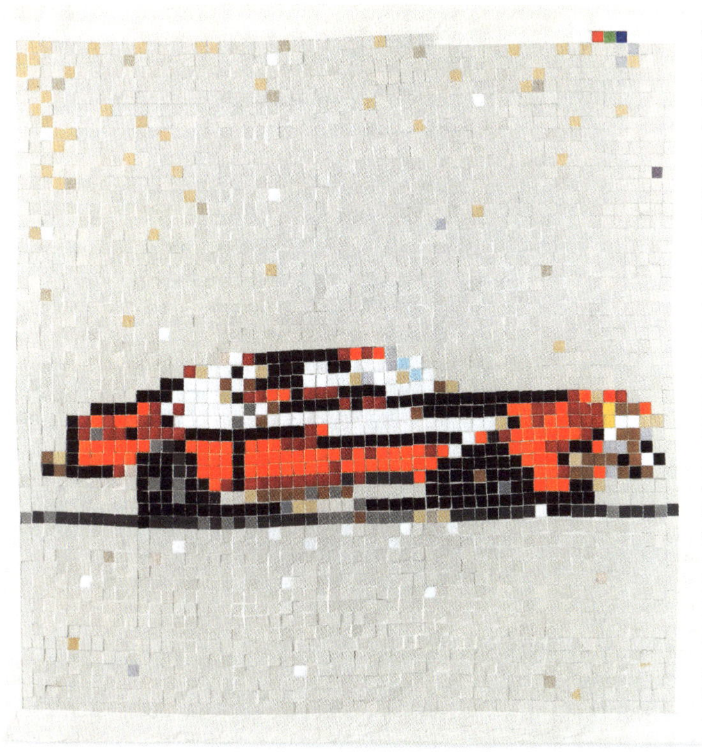

146 *Cathy*, mosaic on board, mid-nineties
147 *Zebra 3*, mosaic on board, mid-nineties

marqueur ou des peintures sur les murs ou sur des objets abandonnés. Mais je n'ai jamais vraiment montré tout ça car très vite je me suis dit que j'avais trouvé quelque chose de novateur, la mosaïque. Donc j'ai rapidement arrêté de faire ce que d'autres faisaient déjà pour me concentrer sur ça, sur la matérialisation du pixel en mosaïque, avec cette idée de faire un pont entre l'art ancien, l'art contemporain, l'esthétique numérique et le graffiti.

HUO   Domenico Ghirlandaio [1] dit que la mosaïque est la peinture pour l'éternité.

NVDR   Oui, c'est une phrase formidable, je suis tombé dessus un jour et elle est parfaite. Et c'est vrai que, contrairement à une peinture, ce que tu vois là ça n'aura pas bougé dans mille ans, les couleurs seront les mêmes, le matériau ne sera pas dégradé. Alors qu'une peinture ça s'abîme, ça craint les UV, pareil pour une photo, pareil pour beaucoup de médias artistiques, sauf le bronze peut être. Alors que ça, ça ne bougera pas. Et c'est vrai qu'à une certaine époque, au 15e siècle, beaucoup de peintres se sont mis à utiliser de la mosaïque parce qu'ils savaient que leurs peintures allaient se dégrader avec le temps comme ce fut le cas de *La Cène* de De Vinci à Milan qui a été mainte fois restaurée alors que les mosaïques gréco-romaines qui ont maintenant des milliers d'années existent toujours. Regarde, tu vois celles-ci, c'est une série de mosaïques sur le thème du camouflage et bien, à moins de les casser à coups de marteau, elles ne bougeront pas [148].

HUO   C'est intéressant mais tout à l'heure, tu m'as dit que tu fragilisais les carreaux.

NVDR   Je fragilise les carreaux de mes pièces de rue mais bien sûr pas celles pour le marché de l'art.

HUO   Oui, bien sûr.

HUO   Mais quand c'est fragilisé, ça dure toujours ?

NVDR   Ça dure toujours mais c'est plus fragile, même si c'est

---

1. Domenico Ghirlandaio (1448-1494) était un peintre florentin, sans doute élève de Verrocchio et Botticelli. Il a aussi participé à des fresques religieuses monumentales, notamment dans la chapelle Sixtine.

HUO   Domenico Ghirlandaio said that mosaic is painting for eternity.[1]

NVDR   Yes, it's a wonderful phrase, I came across it one day and it's perfect. And it's true that, unlike a painting, what you see here won't change in a thousand years; the colours will remain the same and the material won't degrade. Paintings, on the other hand, fade due to UV rays, the same goes for photographs and many artistic media, except bronze perhaps. But mosaics are steadfast. In the 15th century, many painters turned to mosaics because they knew that their paintings would deteriorate over time, like Leonardo's *Last Supper* in Milan, which has been restored many times. Yet, Greco-Roman mosaics, thousands of years old, still endure. Look at these camouflage-themed mosaics – unless you smash them with a hammer, they won't budge [148].

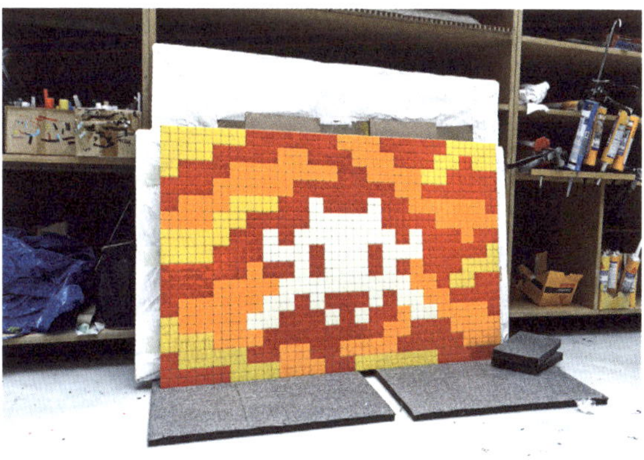

148 *CAMO M-4C-M2*, mosaic on board, 2023

HUO   That's interesting. Earlier, you mentioned making the tiles more fragile.

NVDR   Yes, the tiles for my street pieces are more fragile, but those for the art market are not, of course.

HUO   Do fragile pieces last?

---

1. Domenico Ghirlandaio (1448–1494) was a Florentine painter who was probably a pupil of Verrocchio and Botticelli. He also worked on monumental religious frescoes, notably in the Sistine Chapel.

principalement l'action humaine qui pourrait les détruire. Si personne n'y touche, tout ce que je colle dans la rue sera encore là bien longtemps, ça nous survivra en tout cas. Quand toi et moi ne serons plus là, mes pièces seront encore sur les murs si elles ne sont pas détruites par la main humaine. Et c'est encore plus vrai pour mes pièces destinées au marché de l'art comme les *Alias* [150], pour lesquels je n'utilise pas de carreaux fragilisés et qui dureront donc encore plus longtemps. Connais-tu mon concept d'Alias ? J'ai commencé à faire ça très tôt. L'idée est que chacune de mes pièces de rue est unique mais je m'autorise à les reproduire une et une seule fois. J'en fais donc une version identique que je colle cette fois sur un support et qui est destinée au marché de l'art. Dans ce cas, la pièce est collée sur un panneau de plexiglas découpé à la forme de la mosaïque. Et il y a une sorte d'encoche sur le côté qui contient une carte d'identité avec une photo de la mosaïque in situ et toutes les données sur cette invasion, la date d'installation, l'adresse, la taille etc... Donc ce qui est formidable c'est que les Alias font un lien direct entre la rue et la galerie. Ce sont des œuvres conceptuelles. Si tu possèdes l'alias d'une pièce et que tu passes devant dans la rue et bien tu peux la montrer du doigt et dire que c'est la tienne. Et si elle venait à disparaître et bien tu en gardes la mémoire. Regarde, voici un Alias, celui-ci est de petite taille mais il y en a des bien plus grands puisqu'ils ont exactement la même taille que la mosaïque à laquelle ils font référence. Il s'agit de *HK_92*, c'est-à-dire ma 92ᵉ pièce posée à Hong-Kong. Il représente un petit dragon qui crache du feu et tu vois que la carte d'identité est insérée là, sur le côté [149]. Tu vois, il y a même un petit aimant intégré qui fait qu'elle est avalée quand tu l'insères... J'adore ce détail. À mes débuts je faisais aussi parfois des mosaïques que je collais sur des panneaux en bois pour les vendre en galerie puis, assez rapidement, j'ai souhaité être plus radical, les seules mosaïques que j'ai créées pour le marché étaient des Alias. Et puis il y a un an ou deux j'ai recommencé à réaliser des mosaïques pour le marché sans que ce soit des Alias. C'était pour une exposition à Los Angeles où je souhaitais aligner des œuvres en un quadrillage parfait sur un mur [152] et il fallait donc qu'elles aient toutes la même taille, ce qui n'est pas le cas avec les Alias dont les tailles diffèrent puisque ce sont les exactes reproduction de mosaïques de rue, qui ont-elles-mêmes toutes des tailles différentes pour s'adapter à leur spot. Je les ai appelées les *Pixel Pieces*. En tous cas,

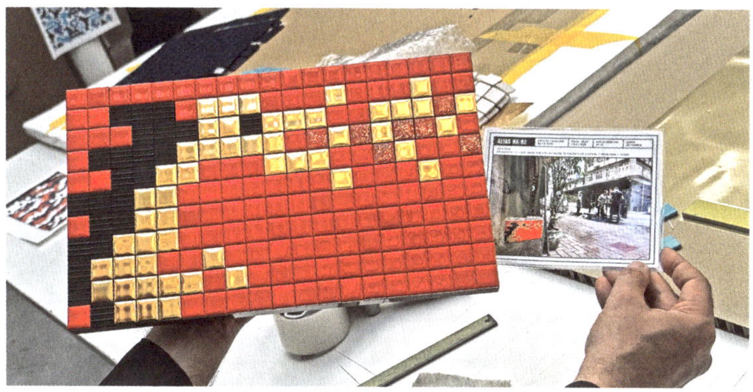

149 *Alias HK_92*, mosaic on board and ID card, 2016

NVDR   They do but they're more fragile, even if only human action primarily threatens them. If left untouched, all my street art will endure for ages, undoubtedly outlasting us. Of course, pieces destined for the art market, like the Alias series [150], will last even longer as I don't use those fragile tiles. Are you familiar with my Alias concept? I started doing this very early on. Each of my street pieces is unique, but I recreate them once – the Alias – for the art market. These are identical, stuck on Plexiglas panels shaped like the original mosaic. On the side of the panel, there is a slot designed to hold an ID card with a photo of the mosaic in situ and all the data about the invasion, the date of the installation, the address, the size, etc. What I love is that those aliases create a bridge between the street and the gallery. They are conceptual works – if you own an Alias and pass its street version, you can say it's yours. And if it disappears, you get to keep the memory of it. Look, here's an Alias, this one's small, but there are much bigger ones, as they precisely match the dimensions of the street mosaics they represent. This is *HK_92*, my 92th piece in Hong Kong, it depicts a small dragon breathing fire and you can see the ID card coming out on the side [149]. Look, there's even a little built-in magnet so that the card is inserted quickly... I love that detail. When I started out, I also sometimes created mosaics that I glued onto wooden panels to sell in galleries, but fairly quickly I wanted to be more radical. The Alias series were the only mosaics I had made for the art market. Then, a year or two ago, I started making mosaics that weren't Alias. It was for an exhibition in Los Angeles where I wanted to line up the works in a perfect grid on a wall [152], so I needed them all to

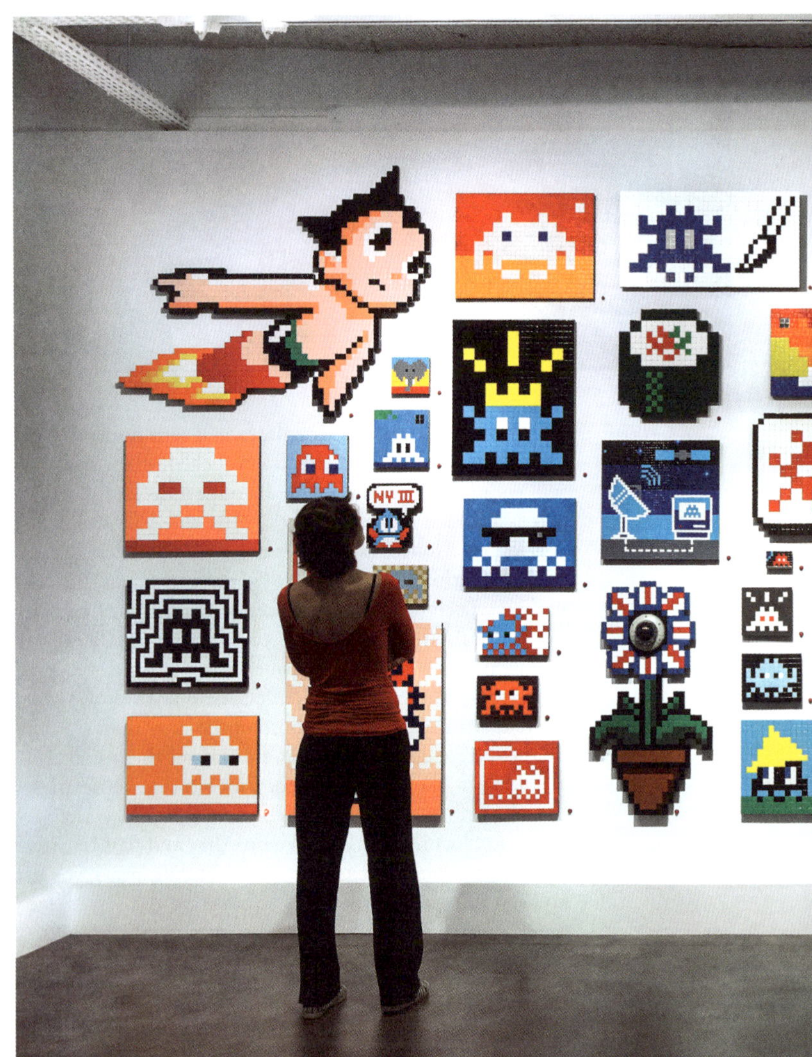

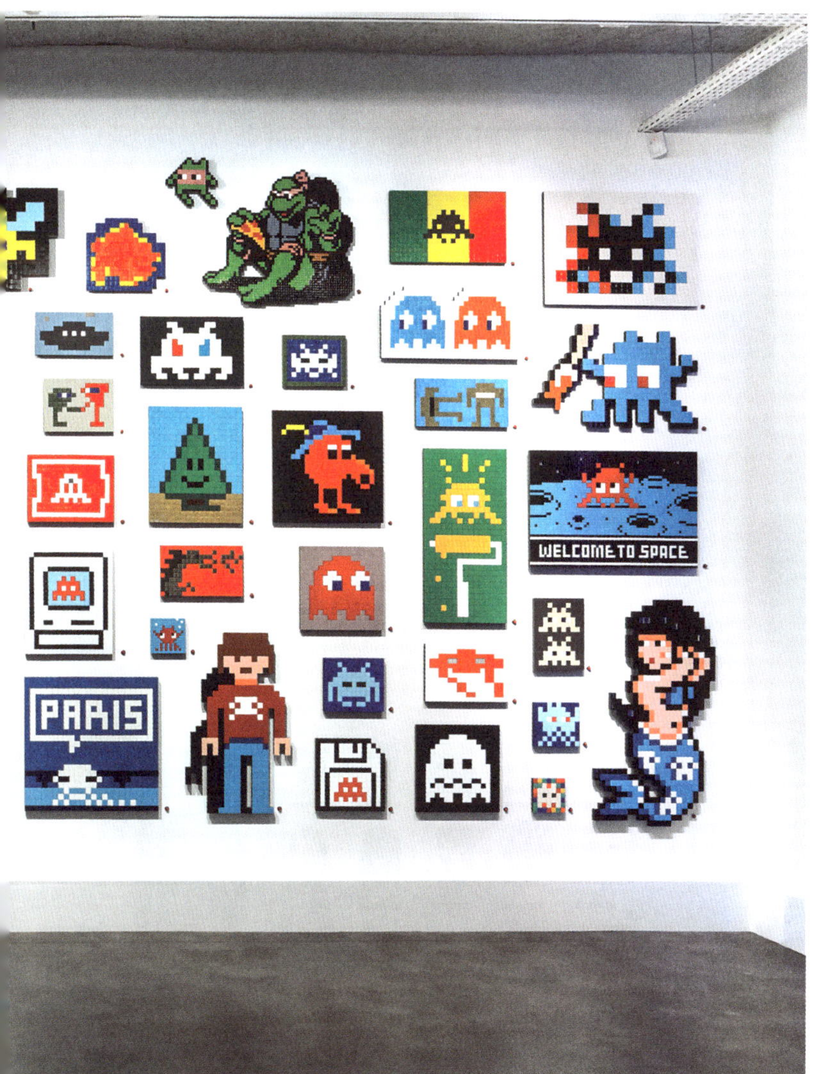

150 Wall of Alias at the *Hello My Game Is...* exhibition,
Musée en Herbe, Paris, 2017

que ce soit l'une ou l'autre, tu peux être sûr qu'elles ne s'altèreront pas pendant des siècles.

HUO   Oui. Comment est né ton pseudonyme ? À quel moment a été prise la décision de changer de nom et de t'identifier à ce pseudonyme ?

NVDR   Très vite après l'épiphanie j'ai compris que c'était essentiel. En travaillant illégalement dans les rues et en rencontrant la communauté des graffeurs, j'ai découvert qu'ils prenaient des pseudonymes car sinon ils couraient le risque de se faire arrêter. Je l'ai donc fait à mon tour parce qu'il y avait alors une vraie chasse aux graffitis et que j'étais assimilé à ce mouvement. Et puis j'ai trouvé cela très exaltant de prendre un pseudonyme et de cacher mon identité comme un super-héros, comme Superman qui, dans la vie de tous les jours, est Clark Kent, une personne normale que personne ne reconnaît. Je me suis rendu compte que c'était une position fantastique que d'être reconnu mais inconnu [151]. Beaucoup de gens veulent devenir célèbres et, une fois qu'ils le sont, ils passent leur vie à se cacher. Moi, je suis connu et inconnu, je n'ai pas besoin de me cacher.

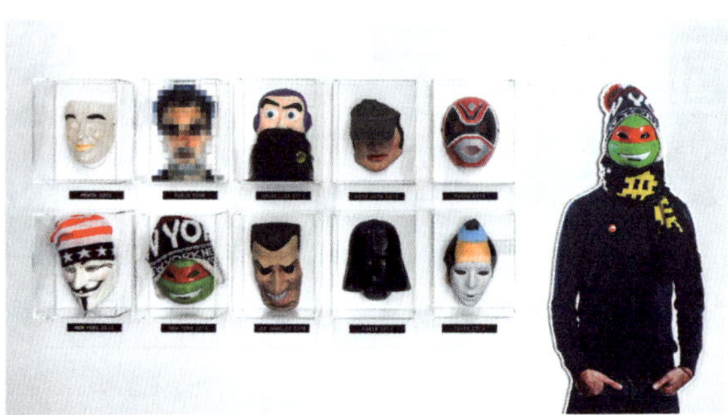

151 Masks installation at the *Hello My Name Is...* exhibition, Musée en Herbe, Paris, 2018

HUO   Tu peux te balader dans la rue sans aucun problème.

NVDR   Dans la rue ou même dans mes propres expositions comme tu l'as vu tout à l'heure à l'*Invader Space Station*. Quand on est redescendus et qu'on a croisé les premiers visiteurs… Personne ne savait que j'étais en face d'eux puisqu'ils ne savent pas à quoi je ressemble.

be the same size, which can't be done with the Alias series, as their dimensions vary to correspond with the original street mosaics, which themselves are scaled to fit their respective locations. I called this new work *Pixel Pieces*. In any case, whether it's work from the Alias or Pixel series, you can be sure that it won't deteriorate for centuries.

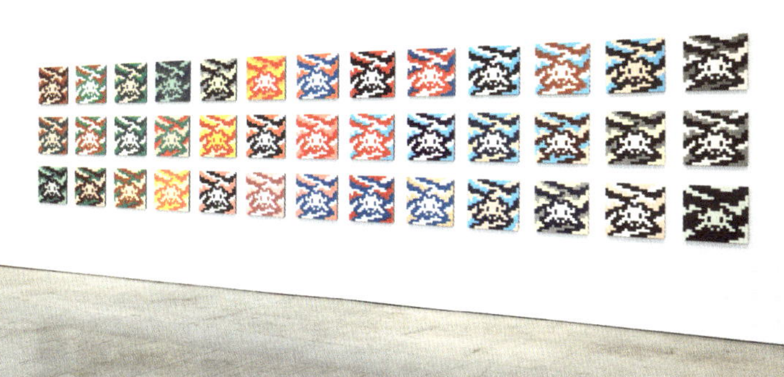

152 View of the exhibition *Camouflages and Devils Towers*, O.T.I. gallery, Los Angeles, 2023

HUO   Indeed. How and when did you decide on your pseudonym?

NVDR   Shortly after my epiphany, I realised it was essential to have one. Working illegally in the streets and meeting the graffiti community, I learned that pseudonyms are commonly used to avoid arrest. Being associated with that movement, I adopted one too as there was a crackdown on graffiti back then. I also found it very exciting to take on a pseudonym and hide my identity like a superhero – known but unknown, like Superman living as Clark Kent in everyday life. I discovered the fantastic position of being recognised yet maintaining my privacy [151]. Many crave fame but then spend their lives hiding; me, I'm known and unknown, I don't need to hide.

HUO   You can walk around unnoticed.

NVDR   In the street or even at my own exhibitions, as you saw just now at the *Invader Space Station*. When we came back down and met the first visitors... nobody knew I was in front of them because they don't know what I look like.

203

HUO   Personne ne t'a adressé la parole.

NVDR   Non, personne ne savait qu'ils étaient en train de croiser l'artiste, que j'étais en face d'eux.

HUO   Bien sûr. C'est intéressant que Daft Punk ait eu la même idée par rapport à la musique.

NVDR   Oui, ça ajoute un ingrédient au projet, une part de mystère qui excite beaucoup l'imaginaire du public.

HUO   Et Godard a toujours dit que ça le mettait de très mauvaise humeur quand il passait la frontière et que les douaniers reconnaissaient sa gueule mais pas son travail. L'inverse est mieux.

NVDR   Haha, il a tout à fait raison. Et bien pour moi c'est justement tout l'inverse.

HUO   Il y a un truc qui est intéressant, c'est que Shepard Fairey [1] [153], avec qui vous allez faire une expo d'ailleurs, je crois qu'il y a un projet d'expo n'est-ce pas ?

NVDR   Oui, tu es bien renseigné.

HUO   Il a dit sur ton travail qu'en fait, tu prends le risque de recontextualiser des personnages de jeu vidéo en les amenant dans un environnement urbain où il y a une interaction plus chaotique que dans la chambre du *gamer*. Et donc, il y a une sorte d'antithèse des jeux vidéo et de la culture de consommation. C'est un paradoxe puisque par exemple dans un jeu comme *Grand Theft Auto*, Shepard dit : « on prend le danger venu de la rue et on le déplace dans un contexte super *safe* de sa chambre ». Tandis que de toi tu prends une icône de jeu vidéo super *safe* et à l'inverse tu l'introduis dans le danger de la rue. Est-ce que tu es d'accord avec ça ?

NVDR   Oui, ce qui me semble intéressant c'est d'avoir pris quelque chose de virtuel, qui n'existe que sur les écrans et de l'avoir

---

1. Shepard Fairey alias Obey (1970), est un artiste américain, affichiste, illustrateur et auteur de fresques murales. Il est l'un des représentants du *street art* les plus reconnus. Installé à Los Angeles, il est notamment connu pour avoir créé en 2008 l'affiche *Hope* pour la campagne présidentielle de Barack Obama.

HUO   No one spoke to you.

NVDR   No, nobody knew that they were meeting the artist and that
        I was standing in front of them.

HUO   Of course. It's interesting that Daft Punk had a similar
        concept with music.

NVDR   Yes, it adds an element of mystery, capturing the public's
        imagination.

HUO   Godard was known for expressing frustration when crossing
        the border, lamenting that customs officers would recognise
        his face but not his work. Recognition for one's work is
        preferable.

NVDR   Haha, he's absolutely right. Well, for me, it's just the opposite.

HUO   One interesting thing is that Shepard Fairey [153],[1] with
        whom you're going to be doing an exhibition, I think there's
        a project for an exhibition, isn't there?

NVDR   Yes, you're well informed.

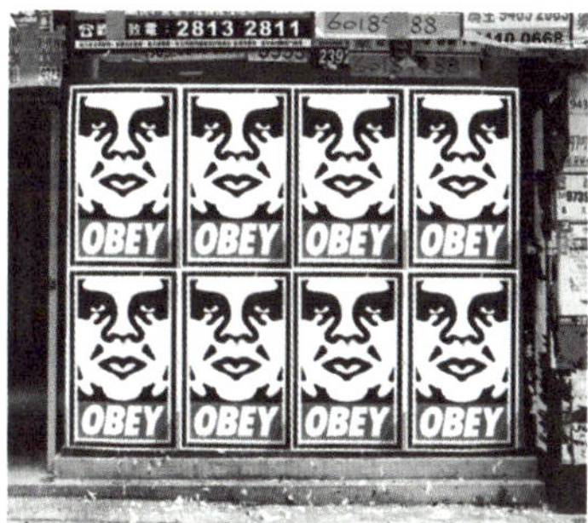

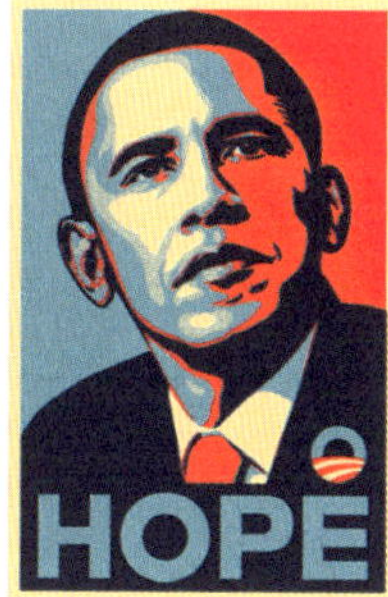

153 Works by Shepard Fairey

HUO   He mentioned that, with your work, you take the risk
        of recontextualising video game characters by bringing
        them into an urban environment that has more chaotic
        interactions than a gamer's bedroom. There's a kind of

---

I. Shepard Fairey, aka Obey (b.1970), is an American poster artist, illustrator
and muralist, and one of the best-known representatives of street art. Based in
Los Angeles, he is best known for creating the *Hope* poster for Barack Obama's
presidential campaign in 2008.

matérialisé, de lui avoir donné une existence physique dans
le monde réel. En général, c'est plutôt l'inverse qui se passe :
dans les jeux vidéo on prend quelque chose qui existe dans
le monde réel pour l'amener dans le virtuel, moi j'ai fait
l'inverse. Et puis après, c'est vrai qu'il y a cette magie, cette
beauté propre au *street art* qui est d'aller exposer ton travail
dans l'agitation des rues et à la vue de tout le monde. C'est
très facile de sublimer un objet dans une belle galerie avec
une belle lumière et de beaux murs blancs. Dans la rue, c'est
beaucoup plus difficile car ton travail doit prendre place
dans le chaos du monde, dans un contexte qui est saturé de
signes et d'éléments visuels. Il faut donc réussir à l'intégrer
dans cet environnement. C'est un vrai défi mais c'est très
excitant et exaltant car quand ensuite tu marches dans les
rues et que tu vois ton travail, que tu vois les gens découvrir
ton travail, c'est formidable. J'ai lu un jour que Keith Haring [1]
avait déclaré en parlant de ses dessins dans le métro [154] « En
une journée, j'ai plus de spectateurs que la Joconde en un
mois ». Et c'est vrai que c'est formidable ça dans le street
art, tout le monde peut devenir spectateur de ton travail, du
clochard au président de la République. Tout le monde se
retrouve un jour ou l'autre en face de ton travail. C'est l'art
qui va vers les gens et non l'inverse.

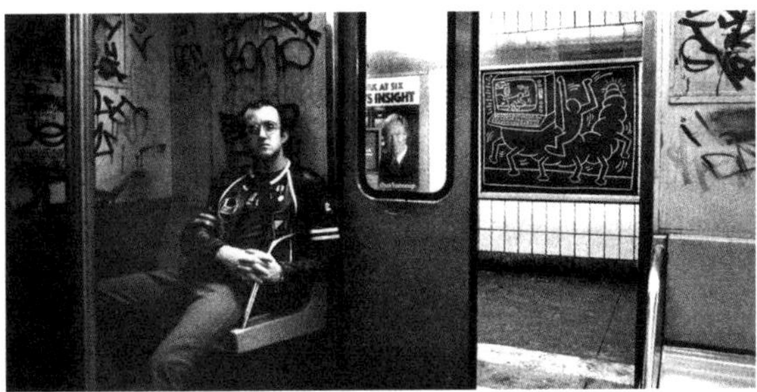

154 Keith Haring, New York City subway, 1984

HUO   Est-ce qu'il y a eu des moments de danger ?

NVDR   Oh oui, le danger fait partie du jeu. Déjà par le côté illégal
        puisqu'il y a un danger par rapport aux autorités, il ne faut
        pas se faire attraper. On joue au chat et à la souris avec
        la police. Il y a plusieurs villes dans le monde ou je suis

1. Keith Haring (1958- 1990) était un artiste américain inspiré par le graffiti et la
figuration libre. Ses personnages simples et proches de la bande dessinée, peints
avec des traits épais, étaient exécutés sur divers supports, notamment dans les rues.

antithesis between video games and consumer culture. It's a paradox, because in a game like *Grand Theft Auto*, for example, Shepard says: 'you take the danger that comes from the street and move it into the super safe context of your bedroom'. Whereas you take an icon from a super safe video game and introduce it to the dangers of the street. Do you agree?

NVDR   Yes, I find it interesting to materialise something virtual, something that only exists on screens, giving it a physical existence in the real world. In video games, real-world elements enter the virtual. I do the opposite. The beauty and the magic of street art lie in exhibiting work amidst the hustle and bustle of the streets, on full display for everyone to see. In the controlled environment of a gallery, with its perfect lighting and pristine white walls, it's easy to elevate an object. However, street art presents a unique challenge – the work must find its place amidst the chaos of the world, in a setting already saturated with visual elements and competing for attention. Integrating artwork into this chaotic environment is a real challenge, yet incredibly exciting and exhilarating. Witnessing people discover your work while walking down the street is a great feeling. I read that Keith Haring once said of his drawings in the subway [154],[1] 'in one day, I have more viewers than the Mona Lisa had in a month'. And it's true that the great thing about street art is its universal appeal – from the homeless to the President, everyone will come across your work one day or another. Street art reaches people, not the other way around.

HUO   Have you encountered dangerous situations?

NVDR   Oh, yes, danger is part of the process. First, the illegal aspect involves the risk of getting caught by the authorities – a cat-and-mouse game with the police. I'm wanted in several cities for creating art in public spaces, which is crazy because I'm not harming anyone or stealing anything. But that's how it is. There's also the danger of nightlife. Sometimes I've found myself in precarious neighbourhoods in Brazil, New York or Asia, where you risk encountering unsavoury characters.

---

1. Keith Haring (1958–1990) was an American artist inspired by graffiti and free figuration. His simple, comic-like characters, painted with thick lines, were executed on various media, including street walls.

recherché et je ne peux plus aller, tout cela parce que je fais de l'art dans les rues, c'est quand même fou car je ne blesse personne, je ne vole rien, au contraire j'ajoute quelque chose, gratuitement et à mes frais. Mais bon… c'est ainsi. Il y a aussi le danger de la vie nocturne. Parfois, je me suis retrouvé dans des quartiers dangereux au bout du monde, au Brésil, à New York, en Asie, à des endroits où on sent qu'on peut faire de mauvaises rencontres. À Katmandou la nuit, il y avait des meutes de chiens errants assez agressifs. Je n'ai jamais vraiment eu de gros problèmes mais on sent parfois qu'il y a un danger qui peut surgir à tout moment. Enfin, il y a le danger lié à l'installation de certaines pièces dans des endroits à risque. Par exemple lorsque tu dois grimper sur des toits glissants [156] ou encore dans les tunnels du métro new-yorkais où les trains circulent 24 heures sur 24 [155], ou encore sur des bords d'autoroutes où il y a des voitures qui roulent à grande vitesse. Bon, j'essaye généralement d'être prudent et de mesurer les risques, mais parfois tu veux tellement atteindre un spot que tu ne regardes pas le danger et j'ai parfois eu beaucoup de chance.

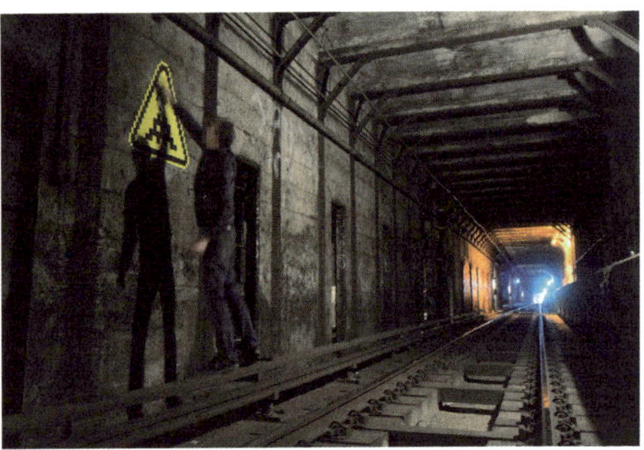

155 Invader installing *NY_193*, New York City subway tunnel, 2018

HUO   As-tu une anecdote à propos d'une situation dangereuse ?

NVDR   Pas une mais des dizaines, des centaines d'anecdotes même. Mais à partir du moment où tu travailles de nuit illégalement dans les rues, dans des villes ou des pays que tu ne connais pas et dont ne parles même pas la langue, il peut y avoir du danger. Ceci-dit ce n'est pas quelque chose qui m'attire particulièrement, ce qui m'attire c'est surtout l'idée de la trace artistique que je vais laisser derrière moi, c'est la

In Kathmandu, there were menacing packs of fairly aggressive stray dogs at night. Despite never facing serious issues, the sense of impending danger is always present. Additionally, there's the danger associated with installing art in high-risk locations – like slippery rooftops [156], New York City subway tunnels where trains run 24 hours a day [155], or the edges of motorways along fast-moving cars. Well, I generally try to be careful and weigh up the risks, but sometimes you want to reach a spot so badly that you don't think about the danger. Thankfully, I've been very fortunate in these situations.

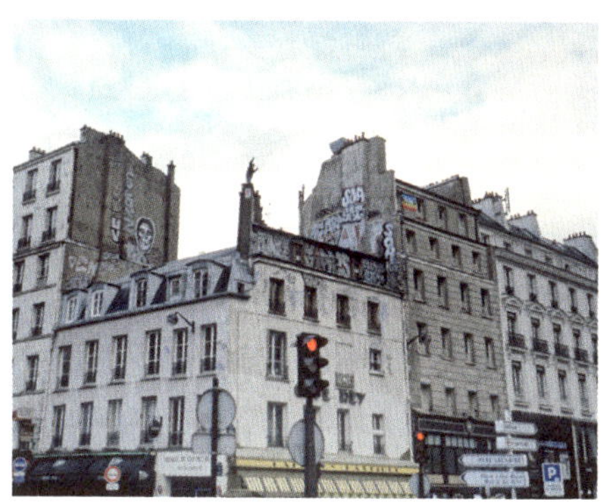
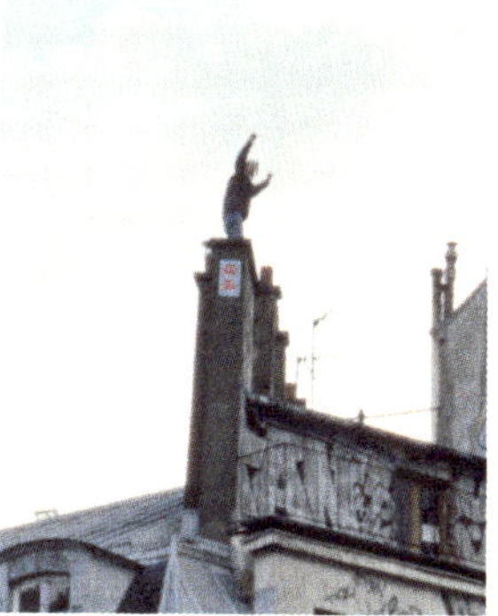

156 Invader installing *PA_510*, Place de la Bastille, Paris, 2003

HUO   Could you share a specific dangerous encounter?

NVDR   There are dozens, even hundreds of stories. From the moment you start working illegally at night on unfamiliar streets, in towns or countries where you don't speak the language, danger is inevitable. But that's not the attraction for me; what truly draws me in is leaving an artistic footprint, the thrill of reaching an incredible spot, and witnessing the result the following day.

HUO   Video games have come a long way since the likes of *Space Invaders* in the seventies and eighties. Today, over a third of the world's population plays video games, it has become a total work of art, converging with the metaverse[1] and

---

1. The generally accepted idea of the metaverse is that it is a virtual world that will undoubtedly constitute a new version of the Internet comprising virtual spaces, with functionalities specific to social networks, video games and virtual and augmented reality. The term 'metaverse' comes from the world of cyber-punk and science fiction.

satisfaction d'avoir atteint un spot incroyable, de repasser devant le lendemain et de voir le résultat.

HUO   Et l'autre chose dont j'étais curieux, c'est concernant les jeux vidéo, parce que ça commence par *Space Invaders* et par des jeux vidéo comme ça, des années 1970, 1980. Mais évidemment, depuis, l'histoire du jeu vidéo a évolué énormément. Aujourd'hui, il y a 3 milliards de personnes, c'est-à-dire plus d'un tiers de la population mondiale qui joue aux jeux vidéo. Le jeu vidéo devient une œuvre d'art totale. Il y a une convergence vers le metaverse [1] et vers plusieurs formes d'art. C'est une industrie énorme. Est-ce que tu continues à suivre ce monde et est-ce que tu n'as jamais pensé à faire un jeu vidéo toi-même ? Est-ce qu'il y a un projet de jeu vidéo ?

NVDR   Finalement, mon application *Flashinvaders* c'est une sorte de jeu vidéo [157] mais c'est un jeu vidéo où le joueur ne reste pas assis sur son canapé devant un écran, il doit sortir de chez lui et parcourir les rues pour pouvoir y jouer.

HUO   Un peu comme *Pokémon* ?

NVDR   Un peu comme *Pokémon*, mais alors je tiens à te préciser que *Pokémon Go* a fait son apparition deux ans après la naissance de mon application ! Et quand j'ai créé cette application, il n'y avait pas de précédent, aucun modèle auquel me référer, il n'y avait rien qui ressemblait à *Flashinvaders*. Il a fallu tout penser sachant que l'idée était de jongler avec une nouvelle technologie de reconnaissance d'image, de localisation GPS et ma base de données que j'alimente depuis le début et sans laquelle rien n'aurait été possible. C'est mon côté archiviste qui a permis de développer cette application. À partir de ça il a fallu penser toute l'interface du jeu et lui donner une forme. J'ai travaillé pendant plus d'une année avec l'aide de deux ingénieurs en informatique pour créer cette application. Nous avions les mains dans le cambouis et ça n'a pas été facile car nous n'avions pas de modèle ou de référence, mais du coup c'était passionnant et excitant car nous étions en pleine *terra incognita*. Et plein de gens

---

1. L'idée généralement admise sur le metaverse est qu'il s'agit d'un monde virtuel qui constituera sans doute une version nouvelle d'Internet comprenant des espaces virtuels, avec des fonctionnalités propres aux réseaux sociaux, aux jeux vidéo et aux réalités virtuelle et augmentée. Le terme « metaverse » vient de l'univers cyberpunk et de la science-fiction.

various art forms. It's a huge industry. Do you still follow this world and have you ever thought of creating a video game yourself? Are there any plans in the works?

NVDR   Ultimately, my *Flashinvaders* application is a kind of video game [157] where the player can't just sit on the sofa in front of a screen, they have to go outside and explore the streets to be able to play it.

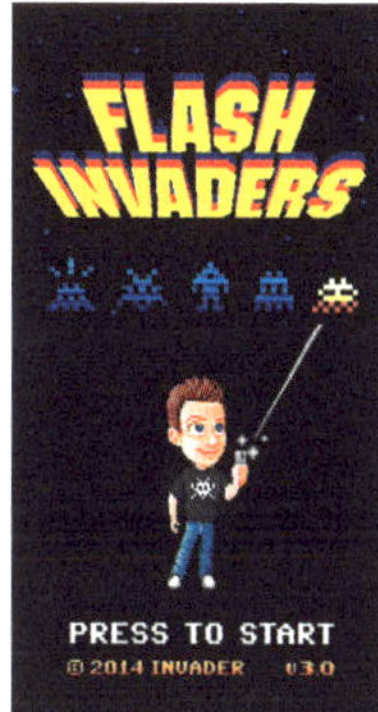

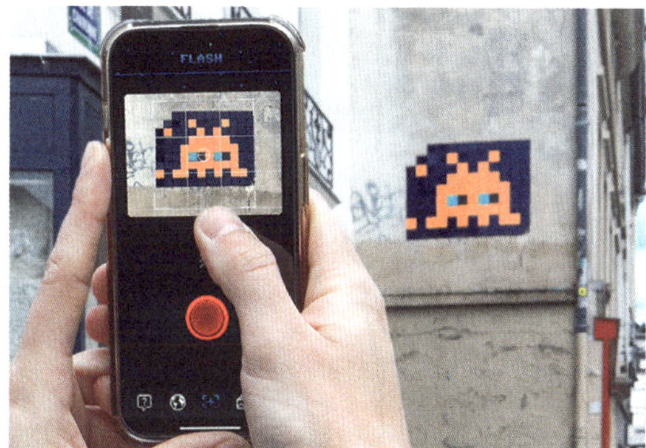

157 *Flashinvaders*, an app by Invader, 2014–2024

HUO   Similar to *Pokémon*?

NVDR   A bit like *Pokémon*, but I'd like to point out that *Pokémon Go* appeared two years after the launch of my application! When I created *Flashinvaders*, there were no precedents, no models to refer to or follow, there was nothing like it. I had to come up with everything, as the idea was to combine image recognition, GPS technology and my meticulously curated database, without which nothing would have been possible. My archival expertise played a pivotal role in developing the application. We then had to craft the interface to give a visual form to the game. This took over a year with two computer engineers. We got our hands dirty and it was challenging yet exhilarating because everything had to be created from scratch. We were exploring uncharted territory. Yet, people still frequently assume *Flashinvaders* was inspired by *Pokémon Go*, when it's actually the opposite – though I didn't have millions to invest in development and promotion like *Pokémon Go*. As for current video games, I'm a bit out of touch, I don't have the time for it and it's so time-consuming. I discovered a few during the lockdown, like *Undertale* or

me disent encore maintenant : « vous vous êtes inspirés de *Pokémon Go* », mais en fait c'est l'inverse sauf que moi je n'ai pas investi des millions de dollars pour le développer et le promouvoir ! Mais pour répondre à ta question, je suis un peu déconnecté des jeux vidéo actuels. Je n'ai pas le temps pour cela car c'est très chronophage. J'en ai découvert quelques-uns pendant le confinement, comme *Undertale* ou *Animal Crossing*, que j'ai eu l'occasion d'envahir. D'ailleurs, au début des années 2000, j'avais déjà envahi *Second Life*, qui était le premier metaverse à voir le jour.

HUO   Qu'est-ce que tu as fait avec *Second Life* ?

NVDR   J'ai acheté une petite île et j'ai construit un invader en 3D dans l'idée d'une sculpture monumentale [158]. C'était très pointu à l'époque. Mais aujourd'hui je suis un peu déconnecté de ce qui existe dans le monde des jeux vidéo parce que finalement, après *Pong, Break-out, Space Invaders, Pac-Man* et quelques autres auxquels j'ai joué pendant mon enfance, mon jeu vidéo a pris place dans les rues et j'ai troqué mon *joystick* pour une échelle, de la colle et du carrelage. Mais finalement, plus que le jeu vidéo, ce qui m'intéresse dans tout ça c'est quelque chose de plus global, c'est toutes ces nouvelles technologies numériques qui ont aujourd'hui envahi nos vies. Et je pense qu'il y a vraiment l'humanité avant et l'humanité après. C'est une révolution dont on a à peine conscience tellement elle est énorme. Aujourd'hui, l'espèce humaine ne pourrait plus s'en passer, impossible de revenir en arrière, pour le meilleur et pour le pire. C'est vraiment un choc encore plus énorme que la révolution industrielle ou que l'invention de l'imprimerie.

HUO   Oui, c'est énorme.

NVDR   Oui et ce n'est que le début avec les IA [intelligence artificielle] qui font maintenant leur apparition. Tous les fantasmes que ma génération avait sur l'an 2000 ont finalement été dépassés car rien qu'avec les *smartphones* nous vivons tous aujourd'hui avec un ordinateur connecté avec le monde dans la poche.

HUO   Et surtout, on peut dire qu'en fait, puisque tu amènes les space invaders du jeu vidéo dans le monde physique, il y a une sorte d'apparition matérielle de la pixellisation à travers les

Animal Crossing, which I had the opportunity to invade. In fact, in the early 2000s, I had already invaded *Second Life*, which was the first metaverse to see the light of day.

HUO   What did you do in *Second Life*?

NVDR   I bought a small island and built a 3D invader as a monumental sculpture [158]. It was very cutting-edge at the time. But today, I'm less familiar with what's going on in the world of video games. After childhood classics like *Pong, Break-out, Space Invaders, Pac-Man* and a few others, my interest in video games turned to street art, swapping my joystick for ladders, glue and tiles. However, what captivates me, more than videos games, is the broader impact of new digital technologies invading our lives. I truly believe there's a distinct before and after in the human experience due to these technologies. We're amidst a monumental revolution, one we're only beginning to comprehend. Our dependence on these innovations is profound and irreversible – it's a greater shift than the Industrial Revolution or the printing press.

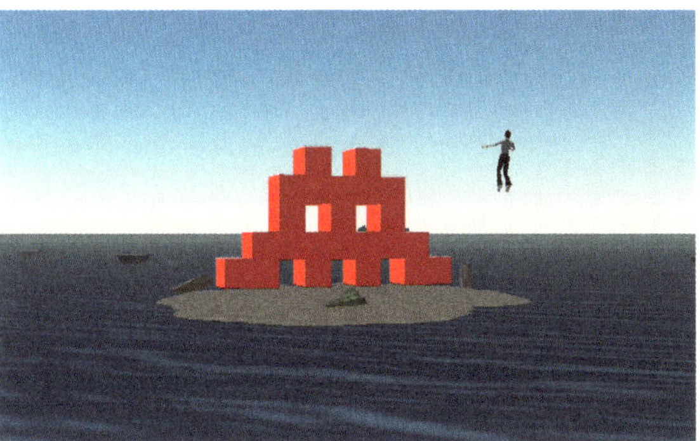

158 Screenshot of Invader's island in *Second Life*, 2008

HUO   Yes, it's a massive development.

NVDR   And we're just beginning to see AI's [artificial intelligence] emergence. All the fantasies that my generation had about the year 2000 have been surpassed because with smartphones alone we're all living today with a computer connected to the world in our pocket.

213   HUO   Additionally, by bringing *Space Invaders* from video game

les carreaux de céramique. C'est très matériel. Donc, tu es parti de la toile pour aller vers une sorte de matérialité physique sur les murs. Mais on peut dire qu'avec l'application, ça devient un peu une réalité mixte. Tout d'abord, il faut se rendre sur les lieux comme je l'ai fait ce matin, prendre la photo. Et après, en même temps, c'est numérique. Donc, il n'y a pas vraiment de séparation entre le numérique et le physique avec l'application.

NVDR   C'est sûr, ça crée une connexion entre les deux, mais pour moi cette application n'est qu'une des pierres de l'édifice. C'est quelque chose d'important de par sa technologie et parce que ça a permis une forme d'interaction avec mon public ou une mise en lumière de mon travail pour beaucoup de gens qui ne le connaissait pas. Mais finalement, ce qui est important c'est toute l'œuvre qui est derrière, à savoir une invasion artistique planétaire.

HUO   Le philosophe John Dewey [I] était impliqué dans le programme Roosevelt dans les années 1930, quand ils ont mis l'art public un peu partout dans les États-Unis pendant la Grande Récession. On trouvait des fresques dans tous les bureaux de poste, dans toutes les gares. C'était entre autres aussi inspiré par Diego Rivera, par le muralisme mexicain [II]. Et Edouard Glissant m'a dit « c'est formidable, d'un côté nous avons tous ces musées, mais les musées ont séparé l'art de la société ». Beaucoup de gens ne franchissent pas leurs portes même si l'entrée est gratuite parce qu'ils ne pensent pas que ce soit pour eux. Donc ça, ça semble être quelque chose d'important dans ta démarche, cette idée de l'art pour tout le monde.

NVDR   Oui et en France nous avions Vasarely [III] qui était très présent dans l'espace public, mais il s'agissait d'œuvres officielles. Il n'y avait pas ce côté rebelle et illégal qui est pour moi l'essence du street art car cela permet une liberté de création

---

I. John Dewey (1859 - 1952) était un influent philosophe et psychologue américain. Il fut un représentant important du pragmatisme et pensait qu'il fallait libérer les hommes des élites dominantes et leur donner une place plus juste et démocratique en mettant en action l'intelligence et la logique.
II. Diego Rivera (1886- 1957) était un peintre notamment connu pour ses fresques murales, qui permettaient de mettre l'art à la disposition du grand public. Fasciné par l'art pré-colombien, son œuvre est indissociable de ses convictions communistes.
III. Victor Vasarely (1906-1997) était un plasticien hongrois installé en France en 1930 et naturalisé français en 1961. Il est reconnu comme le fondateur de l'art optique ou *op art*.

into reality, you've made pixels tangible through ceramic tiles. It is physical. Your work transitioned from canvas to physical materiality on walls. However, with the *Flashinvaders* app, you have created a mixed-reality experience. First of all, users have to go to the location, as I did this morning, and take a photo. And then, at the same time, it's digital. So there's no real separation between the digital and the physical with the app.

NVDR   Of course, it creates a connection between the two, but for me, this application is just one of the building blocks. It's important for its technological innovation and interactive nature, raising awareness about my global artistic invasion. However, the underlying artwork remains the heart of it all.

HUO   Philosopher John Dewey was associated with Roosevelt's programme in the thirties,[I] which saw an emergence of public art all over the United States during the Great Recession – one would find frescoes in post offices, train stations, etc. Among other things, it was also inspired by Diego Rivera, by Mexican muralism.[II] Edouard Glissant told me 'On the one hand, it's great that we have all these museums, but museums have separated art from society'. Many still hesitate to enter, even when admission is free, they don't go through those doors because they don't think it's for them. That seems to be an important part of your approach, this idea of art for everyone.

NVDR   Yes, and in France we had Vasarely who brought art to public spaces,[III] but his work was commissioned, it lacked the rebellious, illegal side that I think is the essence of street art because it allows complete freedom of creation. Otherwise, of course, it's great to bring art into society. Indeed, art has always been rather elitist. As you say, few people visit

---

I. John Dewey (1859–1952) was an influential American philosopher and psychologist. He was an important exponent of pragmatism, in which his left-wing position is that man needs to be liberated from the dominant elites and be given a fairer and more democratic place by putting intelligence and logic into action.
II. Diego Rivera (1886–1957) was a painter best known for his murals, which made art available to the general public. Fascinated by pre-Columbian art, his work is inseparable from his communist convictions.
III. Victor Vasarely (1906–1997) was a Hungarian visual artist who moved to France in 1930 and became a naturalised French citizen in 1961. He is celebrated as the founder of Op art.

totale. Sinon bien sûr, c'est formidable d'amener l'art dans la société. C'est vrai que l'art a toujours été quelque chose d'assez élitiste. Peu de gens poussent les portes, comme tu le dis, des galeries ou des centres d'art pour aller découvrir la création contemporaine. Il y a une démarche à faire pour aller vers l'art et moi j'inverse le système, c'est l'art qui va vers les gens, qui entre dans leur vie, dans la société. Et c'est quelque chose qui me semble assez révolutionnaire. Lorsque j'ai commencé mes invasions, on était une poignée d'artistes à intervenir dans les rues. Enfin... il y avait le mouvement graffiti même si le graffiti c'est un peu différent. En le découvrant, j'ai été fasciné. Je me demande toujours pourquoi un mec a commencé à écrire son nom sur les murs et comment cela a pu s'étendre à la planète entière. C'est comme un virus incontrôlable, comme une herbe folle qui s'est propagée sur tous les continents, dans tous les pays, dans toutes les villes du monde. La légende dit qu'au début des années 1970, c'est JULIO204, un habitant de la 204ᵉ rue de NY, qui a commencé puis TAKI183, de la 183ᵉ rue, lui a répondu en profitant de son activité de coursier pour l'étendre dans toute la ville, à tel point qu'il y a eu le premier article de l'histoire sur le graffiti dans le *New York Times* [159]. Puis un troisième s'y est mis et c'était parti... Très vite ils ont été des dizaines puis des milliers dans le monde à participer à cela. D'autres disent que cela a commencé avec CORNBREAD à Philadelphie. En tous cas, je pense qu'ils étaient loin d'imaginer la bombe atomique qu'ils venaient de lâcher... Si ce premier tagueur avait prémédité cela, alors ce gars est un génie car il a créé le plus grand mouvement artistique de tous les temps, une œuvre conceptuelle, participative, titanesque et grandiose. Par ce geste il a changé l'apparence du monde. Et puis le street art est arrivé. À mes yeux, le street art c'est la rencontre entre l'énergie surpuissante et clandestine du graffiti et l'art contemporain. Quand j'ai commencé mes invasions, le terme *street art* n'existait pas encore. Mais en une vingtaine d'années c'est devenu un mouvement planétaire incroyable. À l'instar du graffiti, il n'y a aujourd'hui pas un pays ou une ville à travers le monde où il n'y a pas de street art sur les murs. Et cela après des décennies sans grand mouvement artistique important, massif, planétaire. Le street art est incontestablement le grand mouvement artistique de ce début de millénaire.

galleries or art centres to engage with contemporary art. My invasions invert this: art comes to people, entering their lives and society – it's quite a revolutionary approach. When I started my invasions, there were only a handful of artists making art in the street. Well, there was the graffiti movement, but graffiti is a bit different and I was fascinated with it when I discovered it. I still wonder why one guy started writing his name on walls and how it spread to the whole planet. It's like an uncontrollable virus, like a mad weed that has spread to every continent, country and city in the world. Legend has it that in the early seventies, it was JULIO204, a resident of 204th Street in New York, who started it, then TAKI183, of 183rd Street, responded by taking advantage of his courier job to spread it throughout the city. It got so widespread that *The New York Times* published an article about it, the very first one in the history of graffiti [159]. Then a third got involved and off it went... Very quickly there were dozens, then thousands of people around the world taking part. Others say it started with CORNBREAD in Philadelphia. In any case, I think they underestimated the magnitude of the movement they sparked. If this initial tagger intentionally ignited it, then this guy is a genius because he created the greatest artistic movement of all time – conceptual, participatory, titanic and transformative. This gesture revolutionised the world's visual landscape. And then street art came along. For me, street art is the convergence of graffiti's overpowering, clandestine energy with contemporary art. When I began my invasions, the term street art didn't exist. But in the space of 20 years, it has become an incredible global movement. Like graffiti, there isn't a country or city in the world where street art isn't found on walls. And this comes after decades without a major, widespread, global artistic movement. Street art is unquestionably the great artistic movement of this new millennium.

HUO To come back to the *Flashinvaders* application, the idea is that people should be able to find as many of your mosaics as possible in the streets, in their city or in other cities. But what happens with these points? Once people have accumulated points, do they get any rewards?

NVDR No! It's an application where there's nothing to gain other than collecting your discoveries and moving up

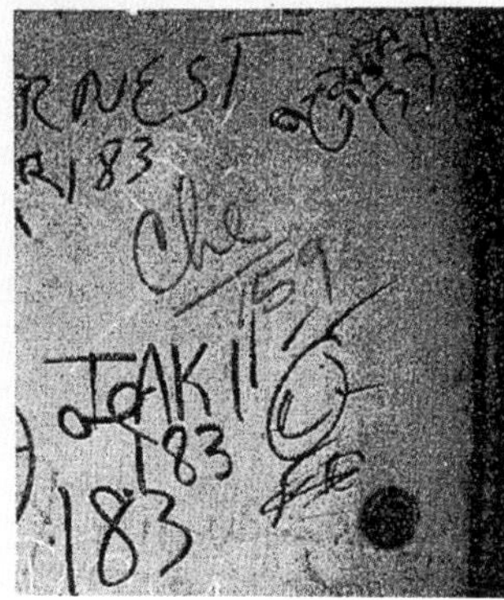

159 Detail of *The New York Times*, 21 July 1971

HUO   Et pour revenir à l'application *Flashinvaders*, l'idée est que les gens puissent trouver un maximum de tes mosaïques dans les rues, dans leur ville ou dans d'autres villes. Mais que se passe-t-il avec ces points ? Est-ce qu'une fois que les gens ont accumulé des points, ils ont des récompenses ?

NVDR   Non ! C'est une application où il n'y a rien à gagner sinon de collectionner ses découvertes et de faire grimper son score dans le classement. Car il y a une page qui affiche sa position par rapport aux autres joueurs. Mais surtout, je pense que c'est aussi une activité, un plaisir de découvrir le monde, de s'aventurer dans des lieux où on n'aurait jamais mis les pieds et de regarder les villes autrement.

HUO   Oui, ce n'est pas nécessairement une invitation à voyager encore plus mais c'est plutôt une invitation à redécouvrir les villes où on habite, où on passe du temps de toute façon mais différemment.

NVDR   Absolument, à observer le paysage urbain d'une nouvelle manière, avec plus d'attention et à redécouvrir des lieux qu'on pensait connaître.

the leaderboard. There's a page that shows your ranking compared to other players. Primarily, I see it as a fun activity: exploring the world, venturing into uncharted places, and seeing cities from fresh perspectives. It encourages a unique, adventurous approach to urban environments.

HUO   Yes, it's not necessarily an invitation to travel more, but to scrutinise familiar cities with fresh eyes.

NVDR   Absolutely, to observe the urban landscape in a new way, more attentively and to rediscover places you thought you knew.

HUO   At a certain point, you started to engage more with local culture, as you previously mentioned in the exhibition. This is an interesting progression, isn't it?

NVDR   Yes, it allows me to work on new themes and new inspirations, it's a kind of exercise in style. Then there's what I call the chameleon effect. In other words, it's a way of camouflaging yourself in the landscape. For example, when I go to South America, I try to adapt to the South American aesthetic, to their culture and history. I take inspiration, for example, from the Inca motifs you can see on temples or from the local arts and crafts [161→163]. So it fits in better with the landscape. I try not to fall into stereotypes, of course, I'm aware of that. But it opens up a whole range of possible themes and gives me new sources of inspiration.

HUO   So it's more of an opportunity for growth.

NVDR   That's right.

HUO   I have two final questions. One is about unfinished projects since I always talk about unfinished projects in my interviews. You told me earlier that you wanted to make sculptures where each container is a pixel. So it's like a city. Container City, a bit like Archigram.[1]

---

1. Archigram was a collective of British architects from the sixties and seventies. They drew their inspiration from science fiction and comics, and were close to the ideas of Pop art, which appropriated popular culture, the mass media, advertising, the computer world and consumer society. The magazine *Archigram* was born out of this movement in reaction to the age of consumerism.

HUO   À un certain moment, comme tu m'as expliqué à l'expo, tu as commencé à te connecter au local. Cette évolution est intéressante, non ?

NVDR   Oui, ça me permet de travailler sur de nouveaux thèmes, de nouvelles inspirations, c'est une sorte d'exercice de style. Après, il y a aussi ce que j'appelle l'effet caméléon. C'est-à-dire que c'est une façon de se camoufler dans le paysage. Par exemple, quand je vais en Amérique du Sud, j'essaye de m'adapter à l'esthétique sud-américaine, à leur culture et leur histoire, je m'inspire par exemple des motifs incas qu'on peut voir sur les temples ou bien de l'art et de l'artisanat local [161→163]. Donc cela va mieux s'intégrer au paysage. J'essaye de ne pas tomber dans le stéréotype, bien évidemment, j'ai conscience de ça. Mais ça m'ouvre un champ de thèmes possibles et ça me donne de nouvelles sources d'inspiration.

HUO   Donc c'est plutôt une ouverture.

NVDR   C'est ça oui, une ouverture.

HUO   Et toute dernière question, j'ai deux dernières questions. L'une est sur les projets non réalisés puisque je parle toujours dans mes entretiens de projets non réalisés. Tu m'as dit tout à l'heure que tu voulais faire des sculptures où chaque container est un pixel. C'est comme une ville, donc. Container City, un peu comme Archigram [1].

NVDR   J'ai depuis longtemps cette idée de réaliser une sculpture monumentale en assemblant des containers, avec l'idée toute simple de les utiliser comme des briques Lego géantes puisque ça a à peu près la même forme mais à une échelle beaucoup plus grande [160]. Voilà, c'est un projet que j'ai en tête depuis longtemps mais que je n'ai pas réussi à réaliser malgré plusieurs tentatives notamment parce qu'il me faut trouver un lieu où l'installer. J'ai d'ailleurs poussé cette idée encore plus loin avec un autre projet encore plus fou mais je ne peux pas t'en dévoiler davantage pour le moment.

---

1. Archigram était un collectif d'architectes britanniques des années 1960-1970. Il puisait son inspiration dans la science-fiction et la bande dessinée, se rapprochant de idées du pop art qui s'appropriait la culture populaire, les médias de masse, la publicité, l'univers informatique, la société de consommation. La revue *Archigram* est née de ce mouvement en réaction à l'ère de la consommation.

NVDR   I've long envisioned creating a monumental sculpture of an invader using containers as giant Lego bricks, since they have more or less the same shape but on a much larger scale [160]. It's a project I've had in mind for a long time, but I've yet to realise it despite several attempts, not least because I need to find somewhere to put it. In fact, I've developed this idea even further with another, even crazier project, which I hope to reveal in the future. I've got a to-do list of projects, and I suppose some of them will come to fruition and others won't. Even seemingly simple ideas can take years to implement, such as a secret project I've been working on for six years now. Another idea I'd had for a long time involves a cross-country road trip from New York to Los Angeles, placing art every 50 miles – tracing a kind of invasion line.

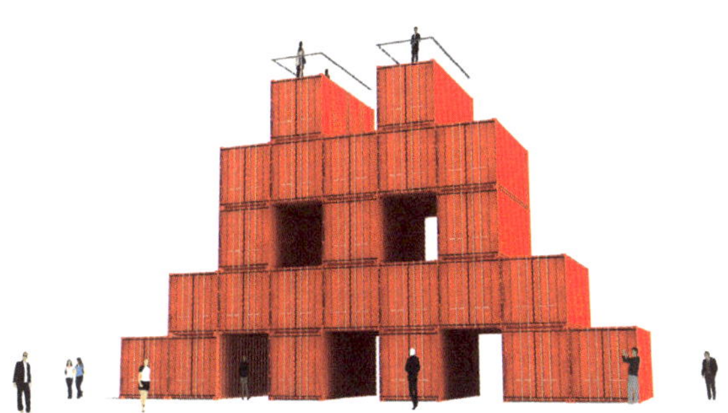

160 Sketch for a container sculpture, 2010

HUO   A road trip?

NVDR   Yes, an art road trip.

HUO   Final question. Rainer Maria Rilke wrote this little book offering advice to a young poet.[1] What advice would you give to a young artist today? If young artists read our interview, what would you advise them to do?

NVDR   Yes, I know that book. I think, above all, you have to believe in your dreams and give it your all. Then, artistically, you have to try and surprise yourself, raise the bar as high as

---

1. Rainer Maria Rilke (1875–1926) was an Austrian writer, novelist, playwright, translator and poet. *Letters to a Young Poet* (1903) is a collection of letters to his contemporary, the writer Franz Xaver Kappus.

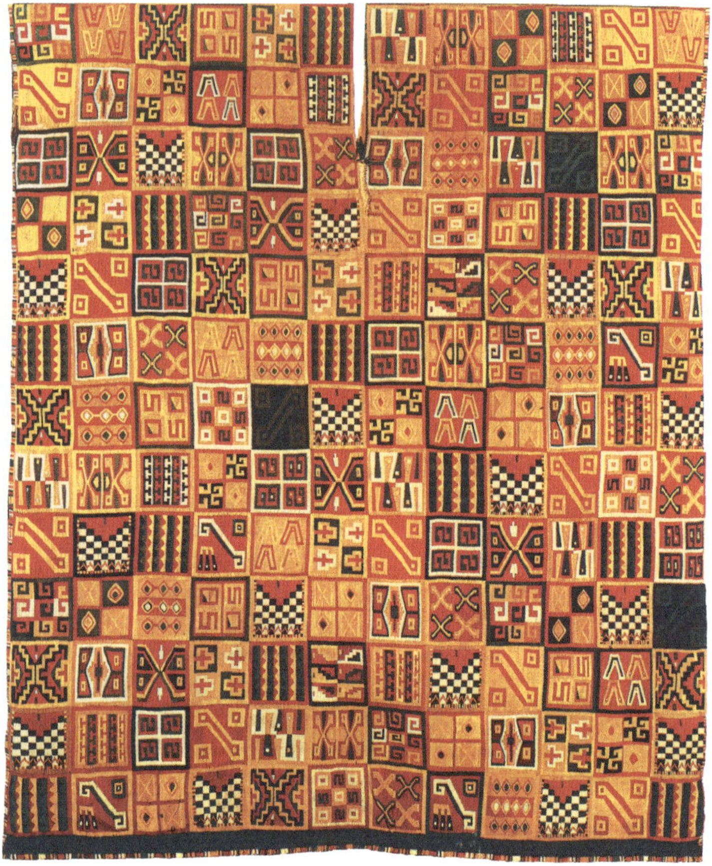

161

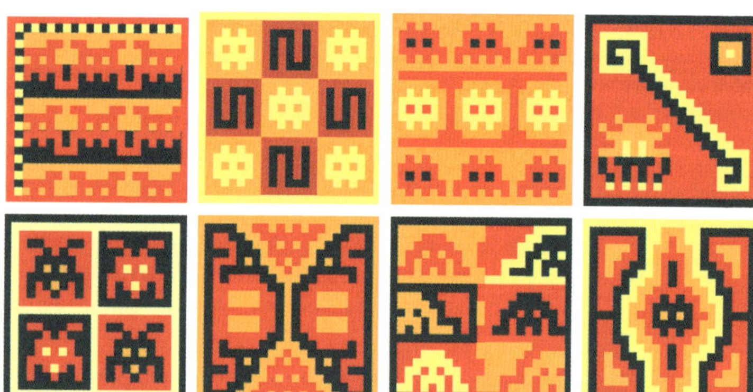

162

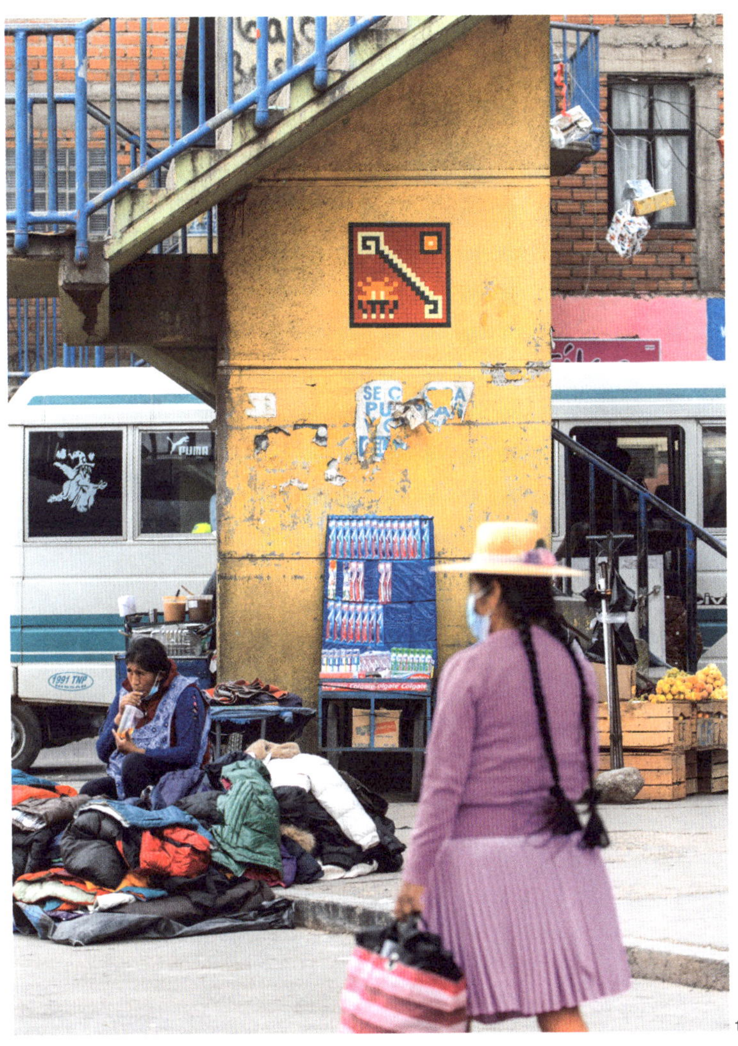

161 Ancient Inca tunic, 1450
162 Mosaic studies for the invasion of Potosí
 163 *POTI_35*, Potosí, 2022

J'ai une *to-do list* de choses que j'aimerais réaliser, je suppose que certaines le seront et d'autres non. Et même si ce sont des idées parfois très simples, une idée peut prendre quelques secondes à naître et des années à être mise en place. Par exemple je travaille depuis six ans maintenant sur un projet encore tenu secret, qui est toujours en phase de développement et pourtant d'une simplicité extrême. Une autre idée que j'ai en tête depuis longtemps serait de traverser les États-Unis de New York à Los Angeles, de poser une pièce tous les 50 miles et de dessiner une sorte de ligne d'invasion.

HUO Comme un road trip ?

NVDR Oui, un road trip artistique.

HUO Dernière question. Rainer Maria Rilke [1] a écrit ce petit livre qui est le conseil à un jeune poète. Qu'est-ce que tu conseillerais à un jeune artiste aujourd'hui ? Si des jeunes gens lisent notre entretien, qu'est-ce que tu leur conseillerais ?

NVDR Oui, je connais ce livre. Je pense qu'avant tout il faut croire en ses rêves et se donner à fond. Et puis, artistiquement, d'essayer de se surprendre soi-même, monter la barre le plus haut possible, prendre du recul et s'enthousiasmer face à sa propre production. En tous cas les choses n'arrivent pas seules et par hasard, comme on dit souvent c'est 1% de génie et 99% de travail. Ce que tu regardes là c'est une pièce de Shepard Fairey. Elle représente son premier sticker, son épiphanie à lui [164]. Je connais Shepard depuis plus de 20 ans. J'aime son travail et j'aime le gars. C'est quelqu'un de très droit, très déterminé, avec un grand cœur et une véritable vision artistique. C'est aussi un acharné de travail, encore pire que moi !

HUO C'est un ami de longue date ?

NVDR Oui. Je l'ai rencontré par le biais du street art lors de ma première vague d'invasion de Los Angeles, en 1999. Avant qu'il soit mondialement connu. J'ai repéré son travail dans les rues et j'ai tout de suite adoré. Et je suis tombé sur un petit sticker qu'il avait collé dans un coin avec son site web

---

1. Rainer Maria Rilke (1875-1926) était un écrivain, romancier, dramaturge, traducteur et poète autrichien. *Lettre à un jeune poète* (1903) est un recueil de lettres adressées à son contemporain l'écrivain Franz Xaver Kappus.

possible, stand back and be enthusiastic about your own work. In any case, things don't happen on their own or by chance. As it's often said, it's 1% genius and 99% hard work. The piece you are looking at is by Shepard Fairey. It represents his first sticker, his epiphany [164]. I've known Shepard for over 20 years. I love his work and I love the guy. He's a very straightforward, determined person with a big heart and a real artistic vision. He's also a hard worker, even worse than I am!

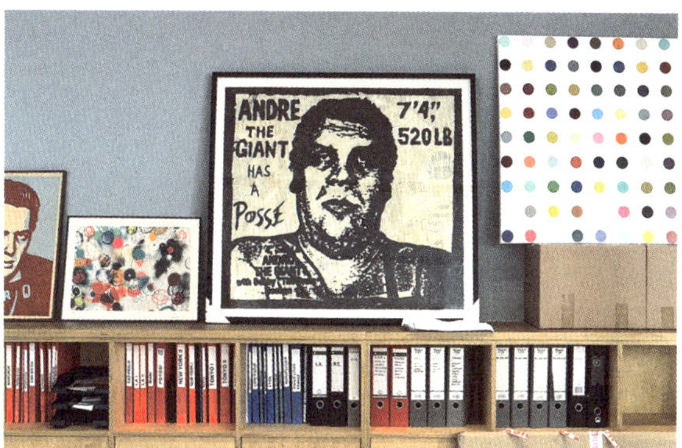

164 Detail of Invader's studio

HUO   Is he an old friend?

NVDR   Yes. We met through street art during my first LA invasion in 1999. This was before he was world-famous. His work caught my eye and I immediately loved it. I found a sticker he'd stuck in a street corner with his website on it. So I went to the website, clicked on contact and wrote that I was Invader and that I was in Los Angeles. He also knew my work from a London trip. He got back to me straight away and suggested we meet. We met the following day and it was a wonderful meeting. A few years later, I invited him to do his first exhibition in France in a pop-up gallery I'd set up, and ever since, for 25 years, we've never lost touch.

HUO   And this is Futura?[1]

NVDR   Yes, this is a Futura print and this is one of his paintings.

---

1. Leonard Hilton McGurr (b.1955), aka Futura 2000, is an American graffiti artist. His work has taken graffiti towards a form of abstraction and can be associated with the gestural action paintings of Jackson Pollock or Willem de Kooning.

inscrit dessus. J'ai donc été sur le site et j'ai cliqué sur contact et j'ai écrit que j'étais Invader et que j'étais à Los Angeles. Il connaissait aussi mon travail car il l'avait vu lors d'un voyage à Londres et il m'a répondu tout de suite en me proposant de nous rencontrer. On s'est donné rendez-vous le lendemain et ça a été une très belle rencontre. Quelques années après, je l'ai invité à faire sa première expo en France dans une galerie pop up que j'avais montée et depuis vingt-cinq ans on n'a jamais perdu le contact.

HUO Et ça, c'est Futura[I] ?

NVDR Oui ça, c'est un print de Futura et là c'est une toile de lui. Je dis souvent que le plus beau privilège pour nous les artistes, c'est de pouvoir faire des échanges avec d'autres artistes car c'est formidable de vivre entouré d'œuvre de ses contemporains.

HUO Avec Futura, il y a aussi un dialogue.

NVDR Oui, c'est quelqu'un de très amical, je l'ai rencontré à plusieurs reprises. Et ça ce sont des planches originales de bande dessinée. C'est fantastique car je les lisais quand j'étais adolescent et là tu as les planches originales, les matrices de ce qui a été ensuite imprimé à des milliers d'exemplaires. Je ne sais pas si tu connais, c'est de Frank Margerin[II]. C'est un auteur de BD français [165], je l'ai rencontré il y a quelques années et on a fait des échanges, j'ai même réalisé une mosaïque d'un de ses personnages tout près de son atelier parisien. Ces planches datent de 1979, à mes yeux ce sont de vraies pièces d'art.

HUO Et il est toujours vivant ?

NVDR Oui, il est toujours vivant, c'est quelqu'un de très sympa et qui a vraiment marqué l'histoire de la culture française à travers ses bandes dessinées. Tous les gens de ma génération connaissent très bien son travail.

I. Leonard Hilton McGurr alias Futura 2000 (New York, 1955) est un artiste américain de graffiti. Son travail a amené le graffiti vers une forme d'abstraction et peut être associé à l'*action painting* gestuel de Jackson Pollock ou Willliam de Kooning.
II. Frank Margerin (Paris, 1952) est un auteur de bandes dessinées humoristique associé à la culture rock des années 1970-1980.

I often say that the greatest privilege for us artists is to be able to exchange works with other artists because it's amazing to live surrounded by the works of your contemporaries.

HUO   With Futura, there's also a dialogue.

NVDR   Indeed, he's incredibly friendly – we've met on several occasions. These are original comic strips, which is truly amazing because I used to read them when I was a teenager and here are the original plates, the templates used to print thousands of copies. Are you familiar with Frank Margerin's work?[1] He is a French comic book author [165]. I met him a few years ago and we exchanged artworks. I even made a mosaic of one of his characters near his studio in Paris. These plates date back to 1979, and for me, they're real works of art.

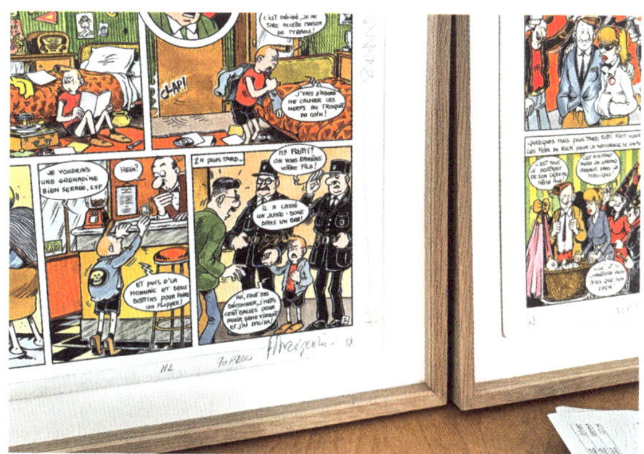

165 Detail of comic strip boards by Frank Margerin, 1979

HUO   And he's still alive?

NVDR   Yes, he's still alive. He's very nice and he's someone who has made a significant impact on French culture through his comic strips. Everyone of my generation knows his work very well.

HUO   What about the underground artist, Revs? Are there any works by him?

---

1. Frank Margerin (b.1952) is a comic strip writer associated with the rock culture of the seventies and eighties.

HUO   Et l'artiste underground, Revs ? Y a-t-il des œuvres de lui ?

NVDR   Il y a très peu de choses qui existent car il refuse d'en créer pour le marché.

HUO   Vous n'avez pas fait un échange ?

NVDR   Non mais j'ai des choses de lui, notamment ça, dans mon bureau. C'est très précieux alors que ce ne sont que des photocopies, enfin… des photocopies originales de l'époque. Revs a commencé à faire des graffitis dans les années 1980. Et puis dans les années 1990, avec un autre graffeur qui s'appelle Cost, ils ont collé ces petites affiches dans tout New York [166]. Ils en ont tellement collé que Giuliani, le maire de l'époque, a voté une loi contre l'affichage à cause d'elles. Tu ne pouvais pas prendre une photo dans Manhattan sans qu'un Revs ou un Cost apparaisse dans le paysage. D'ailleurs il y a même eu un article dans *Artforum*[1] à l'époque et Shepard m'a aussi dit un jour que cela avait été une grande source d'influence pour lui.

HUO   Et il fait encore des choses ?

NVDR   Oui, il en fait de temps en temps, mais moins qu'auparavant.

HUO   Et tu l'as rencontré ?

NVDR   Oui, on a passé une journée ensemble, on s'est baladés dans son *pick up*, il m'a fait découvrir quelques endroits incroyables, on a parlé et on a mangé des pizzas.

HUO   Et comment il vit s'il ne vend pas ?

NVDR   Il est soudeur. Tu sais ce que c'est soudeur ?

HUO   C'est de l'artisanat.

NVDR   C'est de l'artisanat lourd ! Et dans une interview il dit « mon grand-père était soudeur, mon père était soudeur. Je les voyais se lever tous les matins à cinq heures, aller travailler sur les ponts de New York et rentrer le soir fatigués et

---

1. *Artforum* est un magazine d'art contemporain américain très influent. Il a été fondé en 1962 à San Francisco et est maintenant établi à New York.

NVDR   Very few because he refuses to create for the art market.

HUO   Didn't you do an exchange?

NVDR   No, but I have some of his work. Especially this, which is in my office. They're very precious, even though they're just photocopies – well, original photocopies from that time. Revs started doing graffiti in the eighties, and then, in the nineties, he and another graffiti artist called Cost pasted these small posters all over New York [166]. They put up so many that Giuliani, the mayor at the time, passed a law against billposting because of them. You couldn't take a photo in Manhattan without a Revs or a Cost appearing in the landscape. There was even an article in *Artforum*[1] about it, and Shepard told me one day that it had been as a significant influence.

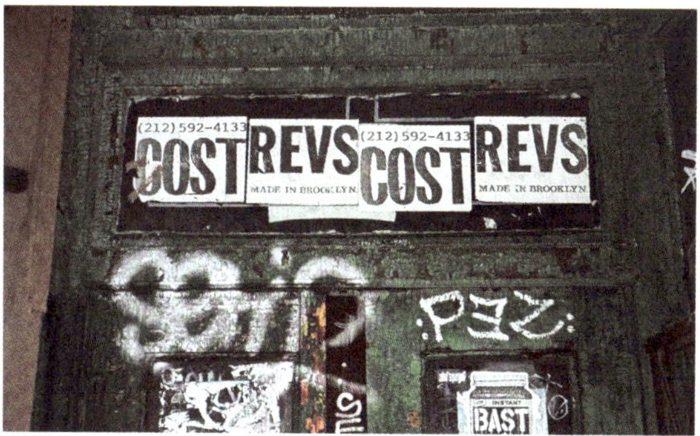

166 Cost and Revs wheatpaste posters, New York, mid-nineties

HUO   And does he still create?

NVDR   Yes, he does from time to time, but less so than before.

HUO   Did you meet him?

NVDR   Yes, we spent a day together, driving around in his pickup truck. He showed me some incredible places. We talked and ate pizzas.

HUO   How does he support himself if he doesn't sell his art?

---

1. *Artforum* is a highly influential American contemporary art magazine. It was founded in 1962 in San Francisco and is now based in New York.

crasseux. Et je me disais, moi je ne serai jamais soudeur ».
Et finalement, il est devenu soudeur ! Donc oui, il a un vrai
travail et malgré cela il a trouvé le temps et la force de bâtir
une œuvre artistique titanesque. Quand je l'ai rencontré je
lui ai proposé de faire un livre sur son travail, sur lequel
il aurait bien sûr le *final cut*. Il m'a dit « Non merci Space,
je ne veux pas qu'il y ait un livre sur moi. Je veux rester
underground. » C'est incroyable non ? Quel autre artiste
dirait ça ? Et pourtant à mes yeux c'est une des plus belles
oeuvre jamais accomplie par un artiste.

HUO   Et il a quel âge ?

NVDR   À peu près le même âge que moi.

HUO   Donc il a commencé tôt, quoi, dans les années 1980 ?

NVDR   Oui, il a commencé tôt, dans les années 1980, en faisant des
          graffitis très classiques.

HUO   Il connaissait Haring et Basquiat et tout ça ?

NVDR   Oui, enfin non, il connaissait leur travail mais je ne pense
          pas qu'il les ait fréquentés. Donc il a commencé en faisant
          des graffiti. Ensuite, il a fait les affiches avec Cost...

HUO   Il était omniprésent ?

NVDR   Omniprésent à New York oui.

HUO   Un peu comme toi ?

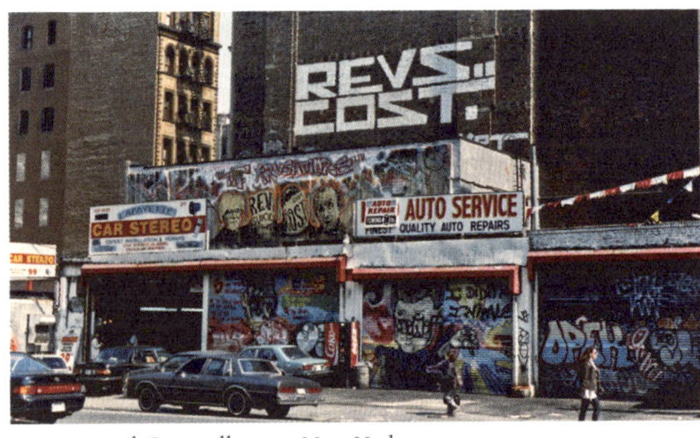

 167 Revs and Cost roller tag, New York, 1992

NVDR   He's a welder. Do you know what a welder is?

HUO   It's a type of craftsmanship

NVDR   It's heavy-duty craftsmanship! In an interview, he said, 'My grandfather was a welder, my father was a welder. I saw them wake up every morning at 5 a.m., work on the bridges of New York and come home tired and dirty. And I said to myself, I'll never be a welder'. Yet, he become one! So he has a real job. Despite that, he's found time and strength to build a colossal artistic body of work. When I met him I offered to do a book on his work, for which he would of course have final say. He declined, saying, 'No, thanks Space, but I don't want there to be a book. I want to remain underground'. Isn't that incredible? What other artist would say that? And yet, in my eyes, his work is one of the most beautiful ever accomplished by an artist.

HUO   How old is he?

NVDR   Around my age.

HUO   So, he started early, in the eighties?

NVDR   Yes, he began in the eighties, doing very classic graffiti.

HUO   Did he know Haring, Basquiat and that crowd?

NVDR   Yes, well no, he was familiar with their work but I don't think he hung out with them. So he started out doing graffiti. Then he did the posters with Cost…

HUO   Was he everywhere?

NVDR   Absolutely, in New York.

HUO   A bit like you?

NVDR   Far more, because small posters like that, you can paste a hundred nightly, unlike my work. He and Cost were relentless. Then he did something I really like. He did graffiti, not with spray paint, but with rollers on poles and white paint. The outcome was very minimal, uncluttered, yet grand in scale [167]. He pioneered this style.

NVDR   Bien plus, parce que des affichettes comme cela, tu peux en
         coller 100 dans une soirée, ce qui n'est pas mon cas. Et avec
         Cost ils en ont collé inlassablement. Ensuite, il a fait quelque
         chose que j'aime beaucoup. Il a fait des graffitis, non pas avec
         des bombes de peinture mais avec des rouleaux sur perche et
         de la peinture blanche. Avec donc un résultat très minimal,
         très épuré, mais à grande échelle [167]. Et il a lancé ce style.
         D'autres gens l'ont fait à leur tour mais c'est un des premiers
         à l'avoir fait et il est passé maître en la matière. Puis Cost
         s'est fait arrêter et Revs est parti se cacher parce que la police
         new-yorkaise voulait l'attraper. D'autant qu'à New York, il
         y a le *Vandal Squad* une police spéciale de lutte contre le
         graffiti.

HUO   Et son ami qui s'appelait Cost, il a été arrêté ?

NVDR   Oui, il a été arrêté et ils en ont fait un exemple. Il a eu une
         très grosse amende et il a été condamné à faire deux mille
         heures de travaux d'intérêt général, ce qui est énorme. Du
         coup il a tout arrêté.

HUO   Et Revs ne s'est pas fait arrêter.

NVDR   Non, il s'est échappé.

HUO   Il est resté anonyme.

NVDR   Oui. Je pense qu'il faisait très attention. D'ailleurs il est parti
         se cacher quelques mois puis il est revenu à New York et c'est
         à ce moment qu'il est descendu dans l'underground, dans les
         tunnels des métros où il a écrit son journal, dans l'obscurité
         des tunnels. Il a écrit 235 grandes pages [168]. Elles sont toutes
         numérotées et datées. C'est monumental ! Et il a été arrêté
         à la 235ᵉ page. C'est un autre graffeur qui l'a balancé, le gars
         s'est fait arrêter et la police lui a dit : soit tu nous donnes un
         gros poisson soit tu vas en prison. Le gars a balancé Revs et
         la police est venue l'arrêter à la sortie d'un tunnel. Il y a eu un
         procès et c'est la seule fois de sa vie qu'il a fait une exposition
         avec des pièces à vendre, pour payer son avocat et le juge lui a
         dit : « maintenant on te connaît, si on voit encore un graffiti
         à toi, c'est la prison direct ». Et là, il a fait quelque chose de
         nouveau qui est superbe. Il a fait des sculptures en métal qu'il
         a soudées dans la ville de New York, officiellement, avec des
         autorisations.

Others followed in his footsteps, but he was one of the first to do it and he became a master in the field. Then Cost got arrested and Revs went into hiding because the New York police wanted to catch him. Especially as New York has its own special anti-graffiti police force, the Vandal Squad.

HUO   Was his friend, Cost, arrested?

NVDR   Yes, he was and they made an example of him. He got a very large fine and was sentenced to 2,000 hours of community service, which is a lot. So he stopped everything.

HUO   And Revs didn't get arrested.

NVDR   No, he escaped.

HUO   He remained anonymous.

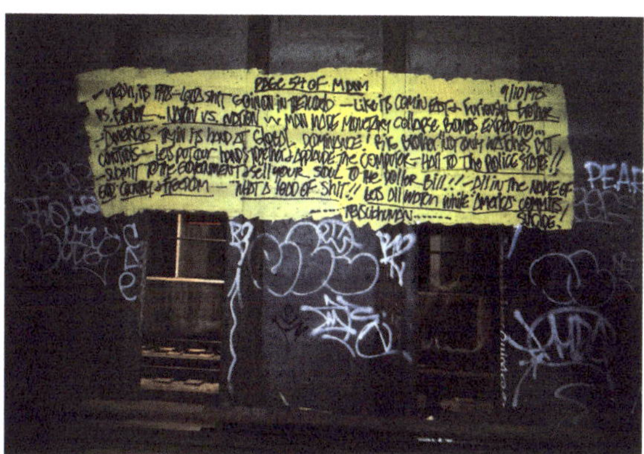

168 Page 54 by Revs, New York City subway tunnels, 1998

NVDR   Yes, he did. I think he was very cautious; he even went into hiding for a few months, then returned to New York. That's when he ventured underground, into the darkness of the subway tunnels where he wrote his diary. He wrote 235 large pages [168], all numbered and dated. It's a monumental work! And he was arrested on page 235. Another graffiti artist revealed his whereabouts, apprehended and pressured by the police to provide a significant lead or face prison. So the guy ratted on Revs, leading to his arrest as he was coming out of a tunnel. There was a trial, and it's the only time in his

HUO   En plus la soudure c'est son métier.

NVDR   Oui, exactement.

HUO   Et ça, ça doit toujours exister, non ?

NVDR   Il y en a encore quelques-unes mais beaucoup ont été pillées. C'est terrible car lui qui rejette l'idée de faire commerce de son art, il a été confronté à des gens qui les ont volées pour les revendre sur le marché noir. Et je sais ce que c'est que d'être confronté à cela...

HUO   C'est de la trahison.

NVDR   Oui, c'est écœurant, certaines personnes n'ont aucune éthique. Tant ceux qui les volent que ceux qui les achètent.

HUO   Joe voulait qu'on regarde tes livres...

NVDR   Oui, bien sûr. Les livres, ils sont vraiment très importants pour moi, j'y passe un temps fou. Non seulement j'aime les livres mais en plus, j'aime *faire* des livres, c'est un objet d'une telle beauté en plus d'être un objet de transmission de savoir. Je dis souvent que mes livres font partie de mon œuvre. J'ai fait mon premier livre il y a 20 ans et je ne me suis jamais arrêté [169]. Quand j'ai voulu faire mon premier livre, j'ai été voir des maisons d'édition mais elles ont refusé de le publier tel que je le souhaitais, alors je l'ai fait moi-même. Je l'ai auto-édité. J'ai été voir mon banquier pour faire un prêt et il a refusé en m'expliquant que ce n'était pas un projet viable. Alors j'ai demandé à un ami de me prêter de l'argent et il a accepté. Donc le voici, c'est mon premier, *L'Invasion de Paris*, je ne me souviens plus combien ont été imprimés mais c'est peut être inscrit à l'intérieur, ah voilà, 2500 exemplaires. Il date de 2003, je suis parti au Bangladesh pour l'imprimer. On m'avait donné le contact d'un imprimeur là-bas dont les prix étaient bien sûr bien moins chers qu'en Europe. Alors j'y suis allé et j'ai rencontré un jeune homme qui avec sa femme avaient acheté de grosses presses allemandes très *vintage* ! Donc le voilà, avec sa couverture en plastique [170].

HUO   Oui, c'est comme un annuaire, comme un guide.

234   NVDR   Exactement, c'est comme les anciens guides des rues de Paris

life that he held an exhibition with pieces for sale, in order to pay his lawyer. The judge made it clear: 'Now that we know you, if we see any more graffiti from yours, you'll go straight to prison.' So he then did something new that was amazing – he created metal sculptures that he welded in New York City, officially, with proper authorization.

HUO   And welding is his profession.

NVDR   Indeed.

HUO   These sculptures should still exist, right?

NVDR   Some remain, but many have been looted. It's disheartening to learn that, given his aversion to commercializing his art, thieves have stolen his sculptures to sell them on the black market. And I know what it's like to be confronted with that...

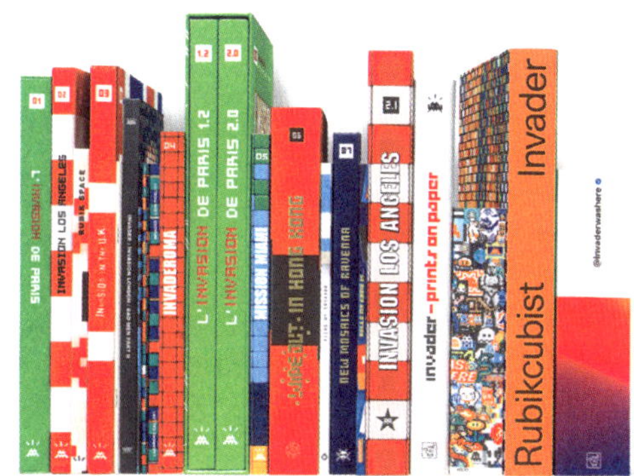

169 Books made by Invader, 2003–2024

HUO   It's a betrayal.

NVDR   Yes, it's disgusting, some people have no ethics. Both those who steal them and those who buy them.

HUO   Joe wants us to look at your books...

NVDR   Yes, of course. Books are really important to me, I spend an incredible amount of time on them. Not only do I love books, but I also love making books – it's such a beautiful thing, as well as being an object for passing on knowledge.

qui existaient avant *Google Maps*. Parce que dans les taxis, tu peux balancer ça par terre, c'est très solide, ça résiste mieux que du carton.

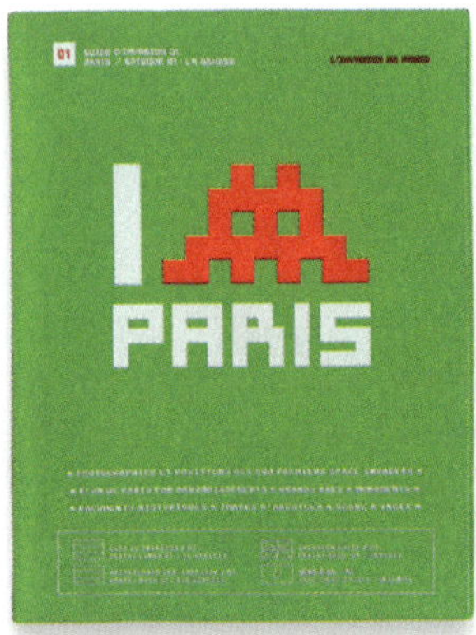

170 *L'Invasion de Paris*, first edition, 2003

HUO   C'est pré-digital.

NVDR   Oui c'est sûr et c'est fait pour résister. Donc ce livre est le premier de ce qui est ensuite devenu une série, une série de livres que j'appelle les « guides d'invasion ». Chaque titre raconte l'histoire de l'invasion d'une ville. Après Paris j'ai fait Los Angeles, puis l'Angleterre (Londres, Manchester, Newcastle), Miami, Ravenne... et j'en oublie peut-être un... oui, Hong Kong. Donc tu as la même structure, tu as une partie historique avec toutes sortes d'archives. Et ensuite tu as ce que j'appelle l'album avec les photos de chaque mosaïque installée dans la ville, en gros plan et en plan large avec le contexte comme nous l'avons vu à l'exposition. Et puis après, une partie cartographique.

HUO   Pour les trouver ?

NVDR   Pour les trouver oui et non car ce n'est pas précis, mais ça donne une idée de leur implantation et de la forme de l'invasion.

HUO   Et ça c'est déjà comme un livre d'artiste puisque la maquette est très belle.

I often say that my books are part of my work. I made my first book 20 years ago and I've never stopped [169]. When I wanted to publish my first book, I went to see publishers but they refused to publish it the way I wanted, so I did it myself. I self-published it. I went to my bank for a loan but they refused, explaining that it wasn't a viable project. So I asked a friend to lend me some money and he agreed. So here it is, it's my first, *L'Invasion de Paris*, I can't remember how many copies were printed, but maybe it's written inside, ah here it is – 2,500 copies. It dates from 2003, and I went to Bangladesh to print it. I'd been given the contact details of a printer there whose prices were of course much cheaper than in Europe. So I went there and met a young man who, with his wife, had bought some big vintage German presses! So here it is, with its plastic cover [170].

HUO   Yes, it's like a directory, a guidebook.

NVDR   Exactly, it's like the old Paris street guides that existed before Google Maps. It's sturdy enough to withstand being thrown on a taxi floor, it's more durable than cardboard.

HUO   It's pre-digital.

NVDR   Yes, that's for sure, and it's built to last. This book is the first in what later became a series – the invasion guides. Each title tells the story of the invasion of a city. After Paris, I went on to Los Angeles, then England (London, Manchester, Newcastle), Miami, Ravenna… And I may be forgetting one…. Yes, Hong Kong. Each shares a similar structure: a historical part with all sorts of archival records, an album with close-ups and contextual shots of each mosaic installed in the city – as seen in the exhibition – and a map.

HUO   To pinpoint their locations?

NVDR   Sort of. The maps offer a general sense of location and invasion shape, not precise coordinates.

HUO   It's already like an artist's book, given its beautiful layout.

NVDR   Yes, it's entirely made in-house. Only the printing is outsourced from my studio. I presented the mockup to publishers, who found it interesting but refused to do plastic

NVDR   Oui, c'est fait 100% maison. Il n'y a que l'impression qui est faite à l'extérieur de mon atelier. Pour celui-ci, j'ai été voir les éditeurs avec ma maquette. Ils m'ont tous dit : « ton livre est intéressant mais on ne veut pas faire une couverture en plastique, ça coûte trop cher et ça ne sert à rien ». Et moi qui voyais ce livre comme une livre-objet je leur disais : « il faut absolument que la couverture soit en plastique pour être comme les guides des rues de Paris ». Et donc je l'ai fait moi-même.

HUO   Tu l'as auto-édité.

NVDR   Oui par la force des choses, je l'ai auto-édité et finalement c'est une très bonne chose car après en avoir fait un premier, je me suis dit que finalement je n'avais pas besoin des éditeurs, *do it yourself* ! Et toute ma vie, tous mes livres ont été auto-édités car non seulement cela permet un contrôle total mais en plus ça les élève au rang de pures œuvres d'art puisque c'est l'artiste qui les crée au même titre qu'une œuvre. Je les compare un peu à des sculptures que je façonne peu à peu comme s'il s'agissait de terre glaise. Je conçois tant leur forme que leur contenu. Je m'occupe des textes, des photos, de la maquette, c'est un gros travail. Parfois j'ai fait des erreurs techniques mais ça fait partie de leur charme. Au début j'en avais des cartons et des cartons qui s'empilaient à mon atelier, j'avais du mal à les vendre, je n'arrivais pas à les distribuer parce que la distribution de livres c'est un cauchemar. Et puis j'ai rencontré un distributeur indépendant qui m'a aidé à les distribuer en France et je travaille maintenant avec lui depuis 20 ans. Et surtout il y a eu internet et ma boutique en ligne qui m'a permis de les rendre disponibles à l'international. Et peu à peu, les gens ont commencé à s'y intéresser et ont réalisé que ces livres étaient faits avec passion et j'ai commencé à mieux les vendre mais ça a pris du temps. Celui-ci c'est *Invasion Los Angeles*, comme celui de Paris il commence par une partie historique avec des images d'archives. Là c'est une de mes premières expositions à Los Angeles, c'était chez Shepard [171].

HUO   Dans un appart ?

NVDR   Non, c'était dans les bureaux de sa boîte de graphisme. Il y organisait des expositions et comme je l'avais invité à exposer à Paris, il m'a à son tour invité à exposer à L.A. Et

covers as they're costly and 'unnecessary'. To me, this was an object-book that needed a plastic cover, akin to Parisian street guides. So I took matters into my own hands.

HUO   You self-published.

NVDR   Yes, out of necessity and it turned out to be a blessing in disguise. After creating my first book, I realised I didn't need publishers and embraced the DIY spirit. All my books since then have been self-published, allowing me complete control over the creative process and transforming them into pure works of art as they are made by an artist. I view these books as sculptures, carefully shaping their form and content, like clay, with my own hands. From writing the text, taking photographs, and designing the layouts, it's an intensive undertaking. Sometimes there are technical mistakes, but that's part of their charm. Initially, boxes of unsold books piled up in my workshop, I had trouble selling them, because distributing books is a nightmare. Then, very quickly, I met an independent distributor who helped me distribute them in France, and I've now been working with him for 20 years. Additionally, the internet and my online shop have enabled me to share them internationally. Over time, people began to appreciate the passion behind my books, and sales improved, but it took some time. Here you can see *Invasion Los Angeles*. Like the Paris edition, it begins with a historical section with archive images. Here it documents one of my first exhibitions in Los Angeles, at Shepard's place [171].

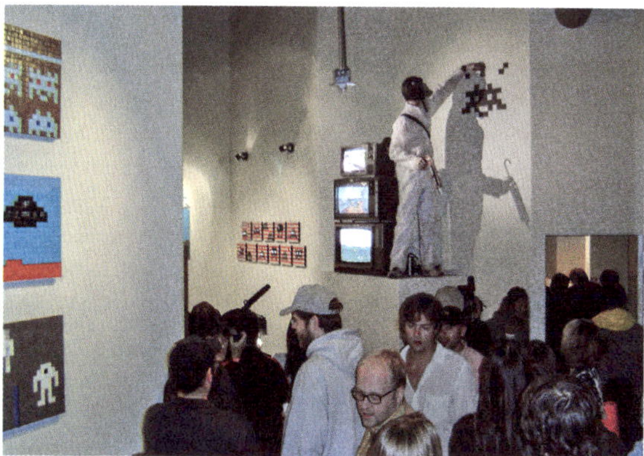

171 Opening of the exhibition *I Invade HO..YWO.D*,
Subliminal Project Gallery, Los Angeles, 2004

donc j'ai continué cette série avec d'autres villes et plus ça va, plus je les maîtrise. Celui-ci est sur Hong-Kong.

HUO   Tu connais Tsang Tsou-choï[1], the King of Kowloon [172] ?

NVDR   Oui, absolument.

HUO   J'ai écrit la préface d'un livre sur lui.

NVDR   Ah mais oui ! Je l'ai ce livre. Figure-toi que quand j'étais à Hong Kong, j'ai vu ses peintures dans les rues, j'ai trouvé ce travail magnifique et j'ai voulu le rencontrer. Et comme pour Revs, tout le monde me disait, tu n'y arriveras pas, c'est un vieux fou, personne ne le connaît. Et la veille de mon départ, MC-Yan, un ami hong-kongais m'a dit qu'il avait trouvé son adresse. On a sauté dans un taxi et on est partis le rencontrer chez lui. C'était loin de la ville, dans une barre d'immeuble immense et, coup de chance, il était là. Il vivait dans un petit appartement ou il entassait des milliers de pages de ses écritures, il y en avait partout.

HUO   Oui à Kowloon, dans cette ville qui maintenant n'existe plus.

NVDR   C'était dans la banlieue de Hong-Kong, dans un complexe avec d'immenses immeubles. J'ai pu parler avec lui car MC-Yan faisait la traduction du cantonais au français et nous avons pris quelques photos. Il y avait un calendrier au mur et le King a arraché la page du jour et me l'a signée de sa calligraphie [173]. Et moi j'ai posé un invader chez lui. Regarde cette photo, c'est lui et moi dans son appartement. Incroyable non [174] ? Quand je l'ai rencontré, il était vraiment très pauvre, il n'était pas du tout reconnu comme artiste, les gens le prenait pour un vieux fou illuminé et il était très mal vu par les autorités qui le voyaient comme une sorte de dissident. D'ailleurs il ne reste quasiment plus rien de son travail dans les rues de Hong Kong, ils ont tout effacé. Il est mort il y a quelques années et maintenant ses travaux sont très recherchés.

---

1. Tsan-Tsou-choï [« le roi de Kowloon » en chinois] (Liantang, Guangdong, Chine, 1921-2007) a toujours revendiqué que ses ancêtres lui avaient légué Kowloon et qu'il en détenait la preuve écrite. Il a commencé en 1955 à couvrir obsessionnellement les murs de la ville de graffitis calligraphiques en cantonais. Ses inscriptions énumèrent la liste de ses ancêtres, ses titres de roi et des critiques de ses rivaux, comme « À bas la reine d'Angleterre ». Considéré fou, arrêté plusieurs fois puis toléré, il fut reconnu dans les années 1990 comme un artiste précurseur du graffiti.

HUO   In a flat?

NVDR   No, it was in the offices of his graphic design firm, where he curated exhibitions. Since I invited him to exhibit in Paris, he reciprocated by offering me a show in LA. I continued this series with other cities, gaining more mastery along the way. This book highlights my work in Hong Kong.

HUO   Do you know Tsang Tsou-choi, the King of Kowloon [172]?[1]

NVDR   Absolutely!

HUO   I wrote the foreword in a book about him.

NVDR   Oh yes! I have that book. While in Hong Kong, I encountered his street art, which I thought was wonderful, and was determined to meet him. Like with Revs, everyone warned me it'd be impossible; he's a crazy old man and nobody knows him. But the day before I was due to leave, MC-Yan, a friend of mine from Hong Kong, told me he'd found his address. We jumped in a taxi and went to his place, far from the city, in a huge block of flats and, as luck would have it, he was there. He lived in a small flat where he piled up thousands of pages of his writings – they were everywhere.

HUO   Yes, in Kowloon, in that city that no longer exists.

NVDR   It was in a residential complex with massive buildings, on the outskirts of Hong Kong. I was able to talk to him, thanks to MC-Yan who translated from Cantonese to French, and we took a few photos. There was a calendar on the wall and the King tore off the day's page and signed it for me in his calligraphy [173]. And I placed an invader on it. Take a look at this photo of us together in his flat – incredible, isn't it [174]? When we met, he was really very poor, and not recognised as an artist at all. People thought he was a mad old lunatic and the authorities saw him as a kind of dissident. In fact, there's virtually nothing of his work left on the streets of

---

1. Tsang Tsou-choi, also known as the 'King of Kowloon' (1921–2007), was a Hong Kong-based artist who always claimed that his ancestors had bequeathed Kowloon to him and that he had written proof of this. In 1955, he began obsessively covering the city's walls with calligraphic graffiti in Cantonese. His inscriptions list his ancestors, his royal titles and criticisms of his rivals, such as 'Down with the Queen of England'. Despite being arrested several times and considered insane, Tsang gained recognition in the nineties as a pioneering graffiti artist.

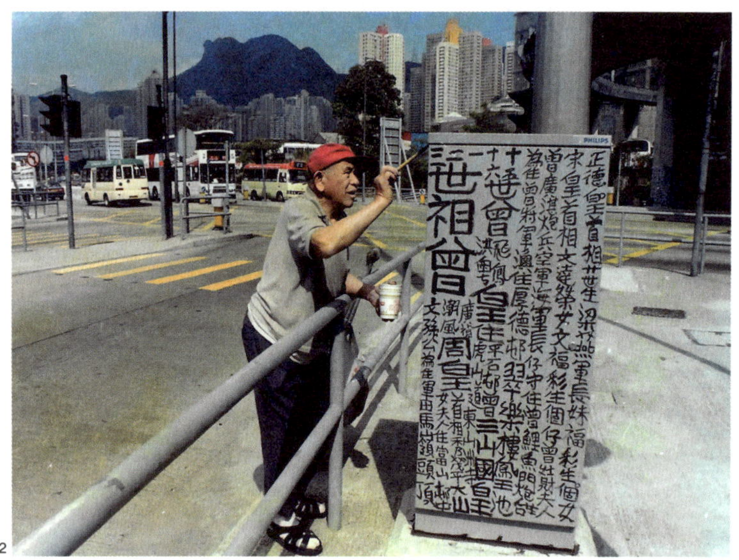

世祖曾三山國皇
十六世曾祀傳专　皇佳虎山道東山州戲址大山大山頂
正德皇　皇之首相支蓮榮文福彩生個女
宋皇之首相支蓮榮女文福彩生個女
曾廣湛炮氏空軍海軍長個仔曾鯉魚開陽
為佳曾將軍滇佳厚德長仔守佳曾鯉魚開陽

2001 SEPTEMBER 九月
2
1422
SUNDAY
JAMADILAKHIR 14
星期日　十五日
辛巳年　七月小
法國太空人
九月初十日福字
滿堂姓財

宜
祭祀　訂婚　動土
入學　納采　上樑
會友　開市　安葬
忌　置業　賣田
中元

戊辰木虛成日

是日命祿
巳命互祿

生年喜用
庚辛戊癸

龍日沖犬生年

今日辰時吉凶
子丑寅卯辰巳午未申酉戌亥
中吉凶吉中吉中吉吉吉凶凶

每日相剋
歲煞南

沖犬南20

每日胎神
房牀栖　外正南

吉神方位
喜神東南　財神正北　生門正西

每日吉星　金後解神　本日七赤

本日貴人時
丑未申

172

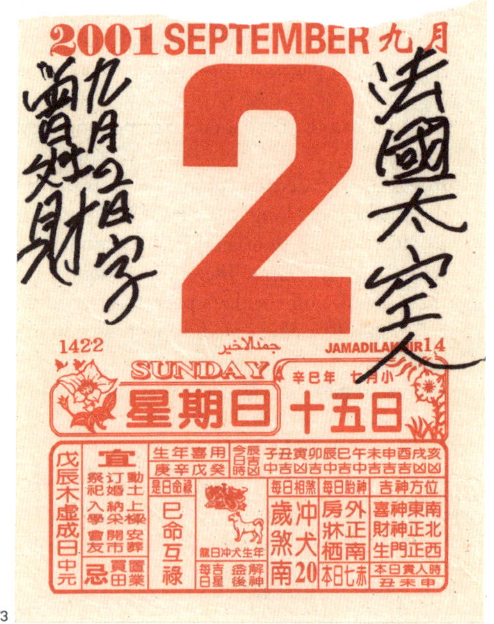

173

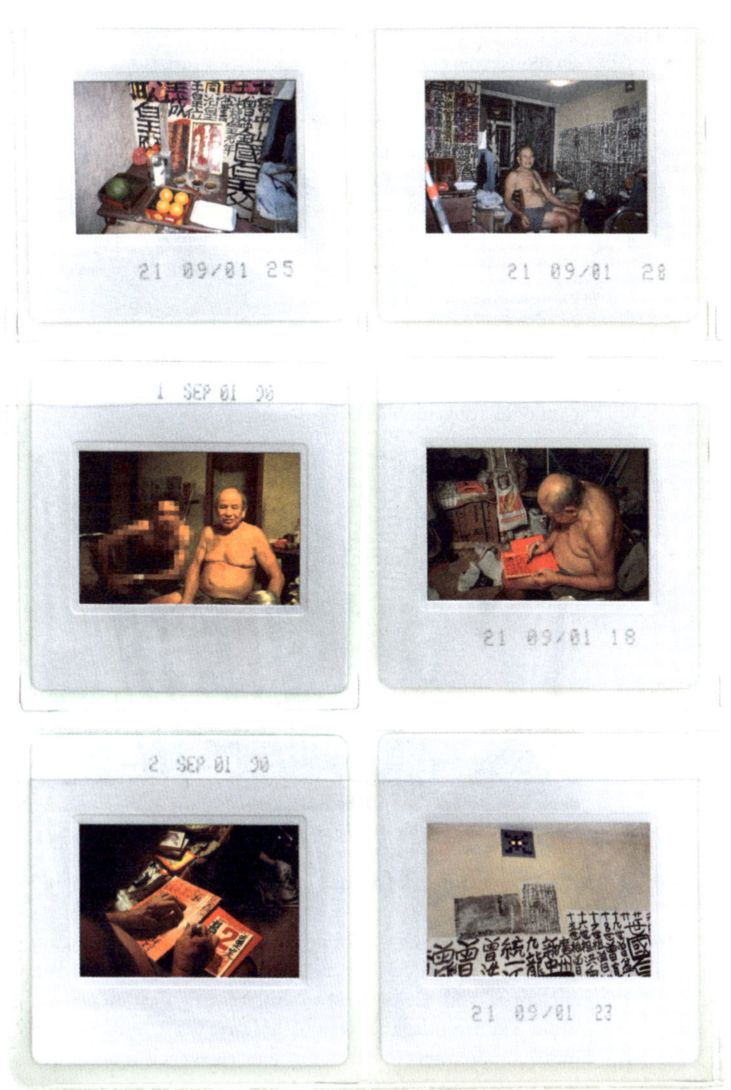

174

172 Tsang Tsou-choi painting in the streets, Hong Kong, 1996
173 Calendar page with writings by Tsang Tsou-choi , 2001
242–243 174 Slides of Invader visiting Tsang Tsou-choi, Hong Kong, 2001

HUO   C'était un mythe, déjà.

NVDR   En tous cas c'en est un maintenant, plusieurs livres lui ont été consacrés et il fait des scores dans les maisons de vente aux enchères. Mais ce qu'il faisait dans les rues de Hong Kong c'était magnifique, sa calligraphie sur les murs s'adaptait parfaitement à l'architecture des lieux, je n'ai jamais vu cela ailleurs. Et ils ont tout effacé, c'est malheureux.

HUO   Mon ami Jehan Chu a édité un livre [1] et j'ai écrit la préface. C'est le livre que tu dois avoir, le grand livre, avec la calligraphie sur le côté.

NVDR   Oui, j'ai deux gros livres sur lui, dont le tien [175], on va le trouver là-haut dans ma bibliothèque, et j'ai aussi un petit catalogue rouge qu'il m'avait donné.

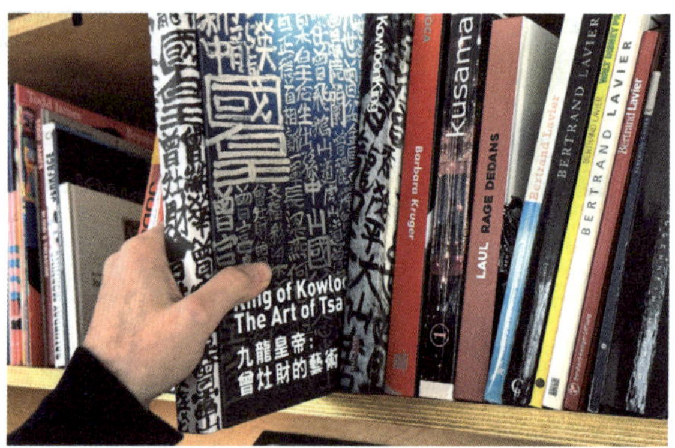

175 *King of Kowloon: The Art of Tsang Tsou-choi,* Damiani editions, 2013

HUO   Et ça, ce chapitre. Il faut que je lise ça. C'est dans quel livre ?

NVDR   C'est dans *Wipe-Out in Hong Kong*. Je vais t'en donner un exemplaire. Et là ce sont mes derniers livres, je viens d'en enchaîner trois. Celui-là est très intéressant, c'est un peu ma bible, j'ai attendu 25 ans pour le faire. C'est le recueil de mes 4000 premiers invaders installés à travers le monde [176]. Je ne savais pas à qui confier l'introduction. Je me suis dit, un critique d'art, c'est trop attendu, un *people*, bof et je ne voyais pas qui. Alors j'ai pensé à un livre que j'aime

---

1. Lau Kin-Wai and Daphne King, *King of Kowloon: The Art of Tsang Tsou-choi,* Damiani, 2013

Hong Kong, it's all been erased. He died a few years ago and now his work is very much in demand.

HUO   He was already a legend.

NVDR   He certainly is now – several books have been written about him and his works do very well at auction houses. But what he created on the streets of Hong Kong was truly magnificent. His calligraphy on the walls blended seamlessly with the architecture in a way I've never seen elsewhere. It's a shame that so much of his work has since been removed.

HUO   My friend Jehan Chu has published a book on this artist and I wrote the foreword.[1] It's the book you probably have – it's the big book with calligraphy on the cover.

NVDR   I actually have two big books on him – including yours [175] which we'll find in my bookcases upstairs – and a small red catalogue, a gift from Tsang himself.

HUO   Which book is this chapter in?

NVDR   It's in *Wipe Out in Hong Kong*. I'll give you a copy. And here are my latest books – I've just finished three in a row. This one, in particular, is very interesting, it's almost like my personal bible, a project I've waited 25 years to complete. It's a collection of my first 4,000 invaders from around the world [176]. I struggled to choose someone to write the introduction. An art critic seemed predictable, and I didn't want a celebrity neither. Then I remembered a book I loved, titled *Evolution*, written by biologist Jean-Baptiste de Panafieu. He analyses photos of all sorts of animal skeletons, explaining their evolution. I asked him to write the introduction, and he agreed. So he analysed my invaders from a scientific and evolutionary point of view.

HUO   And you've printed tens of thousands of copies of these books?

NVDR   Yes, at least for the most recent ones. This one had a print run of 10,000, which sold out in three months! We've since

1.   Lau Kin-Wai and Daphne King, *King of Kowloon: The Art of Tsang Tsou-choi*, Damiani, 2013

beaucoup un livre qui s'appelle *Évolution*. C'est un très beau livre scientifique avec les textes d'un biologiste spécialisé dans l'évolution des espèces, Jean-Baptiste de Panafieu. Il analyse des photos de squelettes de toutes sortes d'animaux en expliquant pourquoi ils ont évolué ainsi. Je lui ai proposé d'écrire l'introduction et il a accepté. Et donc il a analysé mes invaders d'un point de vue scientifique et évolutionniste !

HUO   Et ces livres sont tirés à des dizaines de milliers d'exemplaires ?

NVDR   Maintenant, oui. Celui-là a été tiré à dix-mille exemplaires, il a été épuisé en trois mois et je l'ai réimprimé. C'est formidable parce que maintenant mes livres se vendent.

HUO   Il n'y a plus besoin de maison d'édition ?

NVDR   Il n'y en a finalement jamais eu besoin. Donc tu vois mes 4000 premières pièces y sont répertoriées.

HUO   C'est une très belle maquette.

NVDR   Oui, j'ai eu beaucoup de mal avec celui-ci. C'est un des rares livres pour lequel j'ai fait appel à des graphistes extérieurs parce que je n'arrivais pas à régler certaines choses, il est très technique.

HUO   Qui a fait la maquette ?

NVDR   C'est une jeune boîte de graphistes parisiens, on a travaillé main dans la main. Donc, tu as un gros plan de chaque mosaïque et, à la fin de chaque année, tu as une photo d'une mosaïque dans son contexte pour chaque ville. Là, on est à Paris. Là, on est à Berlin en 2002. Regarde, les passants ont un look très Berlin et si tu regardes bien cette photo tu vois un Banksy et un Invader sur le même mur, à cette époque on était encore inconnus. Et c'est de la pellicule, on voit bien le grain argentique, cette photo a déjà 22 ans.

HUO   C'est le catalogue raisonné de tes œuvres.

NVDR   Oui des 4000 premières mosaïques in situ. Tu vois, là par exemple je voyage, je vais en Australie, je fais deux heures d'escale à Bangkok, je sors de l'aéroport, je place une pièce devant l'aéroport. Puis je reprends l'avion, je vais en

reprinted it. I'm thrilled that my books are selling so well now.

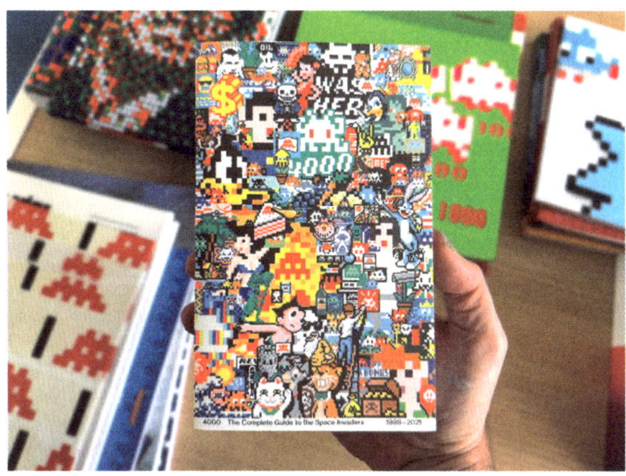

176 *4000, The Complete Guide to the Space Invaders,*
Control P Editions, 2022

HUO   So you no longer need a publishing house?

NVDR   In hindsight, it seems I never truly need one. You can see that my first 4,000 works are all catalogued here.

HUO   This is a very impressive design layout.

NVDR   It was quite a challenge, actually. It's one of the few books for which I enlisted the help of external graphic designers because I couldn't get certain things right – it's very technical.

HUO   Who created the layout?

NVDR   I collaborated with a young team of graphic designers based in Paris. Throughout the book, you'll find close-up images of each mosaic, and at the end of each year, there's a photo capturing one mosaic within its urban context for each city. Here, we have Paris; this one is Berlin in 2022. Notice how the passersby have a distinctly Berlin vibe. If you examine this photo closely, you'll see both a Banksy and an Invader piece on the same wall, back when we were relatively unknown. What's more, you can tell it was shot on film due to the visible silver grain, this particular photo is already 22 years old.

    HUO   It's a catalogue raisonné of your work.

Australie, j'envahis Perth, puis je traverse l'Australie, je vais à Melbourne, je mets des pièces à Melbourne et je rentre à Paris. Puis je repars à Los-Angeles, regarde, cette photo est magnifique, c'est à Venice Beach en fin de journée, la lumière est très chaude. Elle est superbe. Et là encore à L.A., sur Melrose, c'est une pièce qui fait un clin d'œil au travail de Shepard puisqu'on peut lire « OBEY » sous l'invader, j'en ai d'ailleurs fait un petit print qu'on a édité avec Shepard quand il a ouvert un *Obey Clothing* à Paris [177].

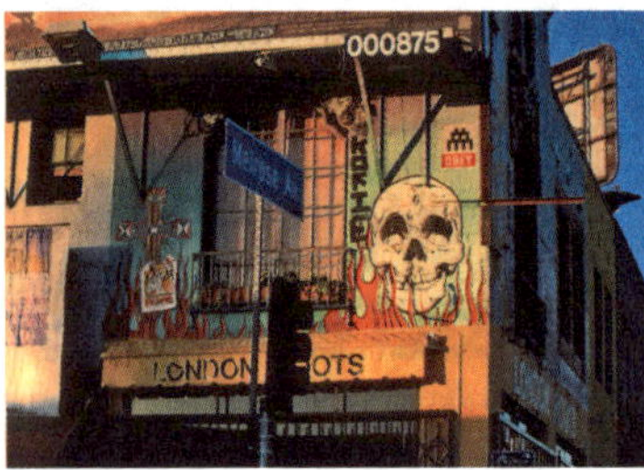
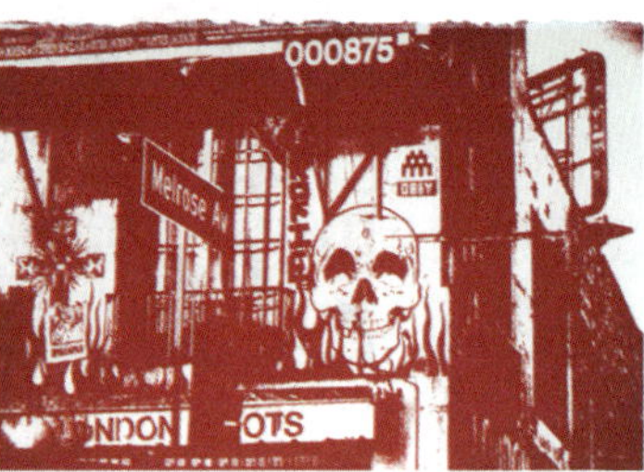

177 *LA_56*, Los Angeles, 2002 / *OBEY X INVADER*, Screen print, 2019

HUO   C'est lié au livre d'Instagram.

NVDR   Non, il a paru juste avant. Mon livre sur Instagram c'est celui-ci [178], c'est mon dernier. C'est également une très belle pièce. Il est sorti il y a quelques mois. Il a 1584 pages. C'est le maximum de pages que l'imprimeur pouvait assembler. Il démarre avec mon premier post. J'allais alors à New York pour projeter mon film *Art4Space*, le documentaire sur la mosaïque que j'ai envoyée dans l'espace. Je faisais ça dans un cinéma d'art et essai avec l'aide d'une galerie new-yorkaise. Mais une semaine avant mon départ, j'ai réalisé que la galerie n'avait pas communiqué sur l'évènement et que personne n'était au courant de la projection du film. Donc j'ai créé un compte Instagram pour pouvoir rapidement communiquer sur cette projection. Et tu vois, mon premier post annonce la projection, c'était le 24 novembre 2013. Et donc ensuite ça enchaîne sur mes post suivants.

HUO   J'ai commencé sur Instagram en 2012.

NVDR   Presque au début alors! Tu vois, là je fais mon post sur le film et le post d'après je suis dans l'avion pour me rendre à New York, tu vois un de mes stickers collé dans l'avion. En

    Yes, of the first 4,000 in situ mosaics. For instance, here's
a snapshot from my travels – I ventured to Australia, with
a two-hour layover in Bangkok, swiftly exited the airport
and installed a piece in front of the airport. Then I got back
on the plane, arrived in Australia and invaded Perth. Then
I travelled across Australia to Melbourne, installed some
work there and returned to Paris. Later, I visited Los Angeles.
Look at this photo, it's magnificent, it's Venice Beach at
sunset and the light is very warm. It's superb. And here again
in LA, on Melrose, it's a piece that nods to Shepard's work,
with 'OBEY' legible beneath the invader. I created a small
print in collaboration with Shepard, which was published at
the launch of Obey Clothing in Paris [177].

HUO   Is this related to the Instagram book?

NVDR   No, it was published just before. My book on Instagram is
this one, it's my latest [178]. It's also a beautiful work. It came
out a few months ago. It has 1,584 pages. That's the maximum
number of pages the printer could assemble. It starts with
my first post. At the time, I was going to New York to screen
my film *Art4Space*, the documentary about the mosaic I sent
into space. I was doing this in an arthouse cinema with the
help of a New York gallery. But a week before I left, I realised
that the gallery hadn't publicised the event and that no one
knew about the film screening. So I created an Instagram
account so that I could quickly promote the screening. This
is my first post announcing the screening on 24 November
2013, followed by subsequent posts thereafter.

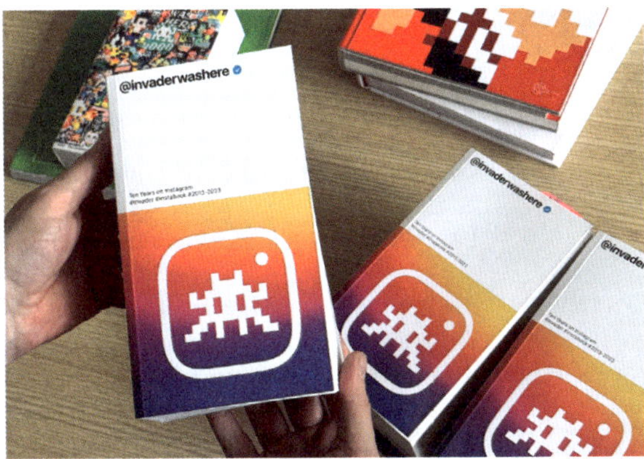

    178 *@invaderwashere*, Control P Editions, 2024

arrivant à New York, j'ai envahi la ville. J'ai mis de nouvelles pièces et je me suis fait arrêter, donc on suit mon parcours.

HUO   À New York.

NVDR   Ouais, j'ai fait 48 heures de garde à vue, je suis passé devant un juge, je suis ressorti et j'ai continué à mettre de nouvelles pièces dans la ville. C'était chaud car dans ces cas-là mieux vaut ne pas se refaire serrer ! Alors ça, c'est avec Cost, c'est avec lui que j'ai réalisé cette pièce. C'est une grande mosaïque qui représente un invader avec Cost et Enx inscrit en dessous [179]. Car Cost s'était remis en piste avec un nouveau « partenaire de crime », une artiste qui signe Enx et qui est très engagée pour la cause animale. Donc j'ai fait une pièce avec Cost et Enx puis j'ai continué mon invasion de la ville. Bref, ça raconte cette vague d'invasion de New York et puis après New York, je suis rentré à Paris et ça continue, on suit mon parcours. Voilà, il y a 10 ans d'activité. Et le dernier post qui est publié, à la toute dernière page, date du 24 novembre 2023, exactement dix ans jour pour jour après mon premier *post* et il annonce la sortie du livre.

HUO   C'est une *time capsule* de dix ans.

NVDR   Oui, précisément. L'idée de ce livre est que finalement Instagram est comme un journal de bord, car en tant qu'artiste tu publies toutes tes activités, nouvelles expositions, nouvelle série d'œuvres, nouvelles éditions, nouvelles invasions etc... Regarde là encore un pochoir de Banksy. Quand il est venu à Paris, il a utilisé mon atelier et quand il est reparti j'ai découvert ça sur le mur [180]...

HUO   Et tu l'as toujours ?

NVDR   Oui, bien sûr, cela aurait été dommage de l'effacer.

HUO   La rencontre avec Banksy, ça s'est fait comment ?

NVDR   Banksy, je l'ai rencontré au début des années 2000 je pense. On était une petite communauté, on était moins d'une dizaine de street artistes à travers le monde et on s'est rencontrés les uns les autres, en voyageant.

HUO   Avec toi, Banksy, Shepard, qui d'autre ?

HUO   I joined Instagram in 2012.

NVDR   Nearly at the beginning! Here I've posted about the film and in the following post, I'm on a flight to New York, and you can see one of my stickers affixed to the aircraft. Upon arriving in the city, I went on an invasion spree with new work – until I got arrested. So we follow my journey.

HUO   In New York.

NVDR   Yeah, I spent 48 hours in police custody, stood before a judge, and emerged to continue installing new works around the city. It was intense, because when that happens you don't want to get caught again! Here I am collaborating with Cost, we created this large mosaic, depicting an invader with 'Cost' and 'Enx' inscribed underneath [179]. Because Cost was back on the scene with a new 'partner in crime', an artist who signs Enx and is very committed to the animal cause. Together, we made this piece, after which I resumed my invasion of the city. In short, it tells the story of this wave of invasion in New York, followed by my return to Paris and it continues, following my journey. So there you have it, a decade of activity. And the last published post, on the very last page, dates from 24 November 2023, exactly ten years to the day after my first post, and it announces the release of the book.

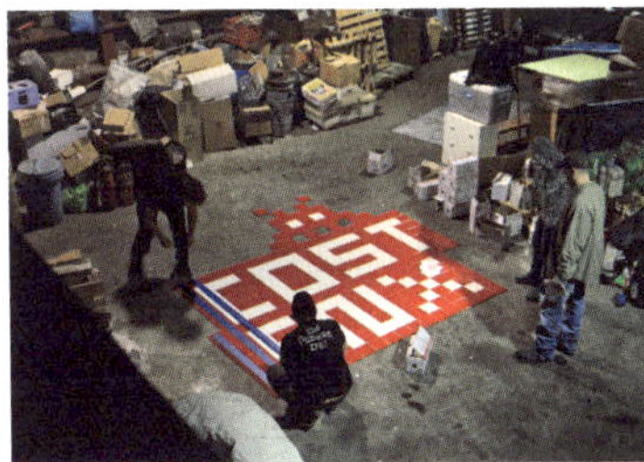
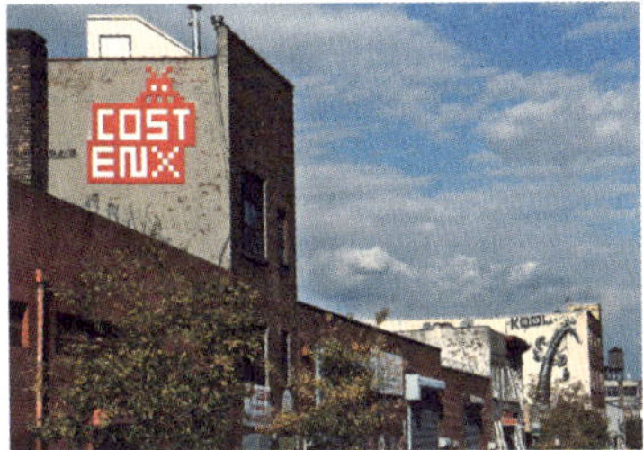

179 Making of *NY_136*, New York, 2013

HUO   It's a decade time capsule.

NVDR   Yes, exactly. The idea behind the book is that, ultimately, Instagram is like a diary, because as an artist you publish all your activities, new exhibitions, series of works, editions, invasions, etc... Look, there is a Banksy stencil again. When he came to Paris, he used my studio and when he left, I discovered this on the wall [180]...

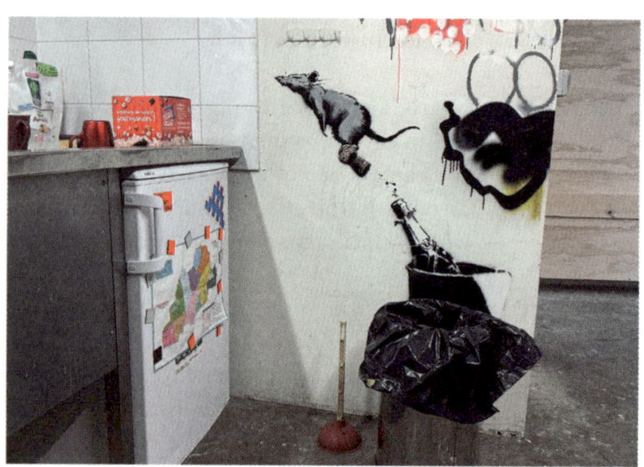

180 A Banksy stencil in the studio

NVDR Au début nous n'étions vraiment qu'une poignée à œuvrer dans les rues avec un travail singulier et la même énergie, subversive et obsessionnelle, que celle du graffiti. Et puis d'autres artistes ont commencé à arriver et là, la liste est longue, je pense que finalement à nous trois nous avons été une référence pour beaucoup d'entre eux, surtout Shepard qui était très actif et très en avance et puis, vers 2005, il y a eu la montée en puissance de Banksy qui a tout fait exploser. Mais ce qui est assez fou c'est qu'au tout début nous n'étions pas connectés. Je plaçais mes mosaïques à Paris, Shepard collait ses posters à Los Angeles, Banksy réalisait ses peintures et ses pochoirs à Bristol, mais on ne se connaissait pas, on n'avait pas encore entendu parler les uns des autres, d'autant qu'internet existait à peine. Je suppose que c'était dans l'ère du temps.

HUO Oui, un champ *morphogénétique*, comme dirait Rupert Sheldrake[1].

NVDR Télépathique même ! En fait je ne peux pas l'expliquer, j'ai appris récemment que ça avait été pareil avec le *pop art* parce que quand Warhol est allé montrer son travail à la galerie Castelli, Castelli lui a dit : « c'est étonnant car il y a une semaine un gars qui s'appelle Lichtenstein est venu

---

1. Rupert Sheldrake (Newark-on-Trent, Royaume-Uni, 1942) est un chercheur anglais en biochimie, physiologie et parapsychologie. Sheldrake a formulé l'hypothèse selon laquelle la mémoire serait présente dans toutes les structures ou systèmes organiques et parle de « résonance morphique ». Il a poursuivi des recherches sur la télépathie, les perceptions extrasensorielles et la métaphysique.

HUO   Do you still have it?

NVDR   Yes, of course, it would have been a shame to erase it.

HUO   How did you come to meet Banksy?

NVDR   I met Banksy in the early 2000s, I think. We were a small community, less than a dozen street artists around the world, and we met each other while travelling.

HUO   So there's you, Banksy, Shepard, and who else?

NVDR   Initially, there were really only a handful of us with a singular style and the same subversive and obsessive energy found in graffiti. Then more artist emerged, and the list is long, but I think in the end the three of us were a reference for them, especially Shepard who was very active and very much ahead of his time. And around 2005, Banksy's meteoric rise blew everything out of proportion. But the crazy thing is that at the very beginning, we weren't connected. I was creating my mosaics in Paris, Shepard was putting up his posters in Los Angeles, Banksy stencilled paintings in Bristol, but we didn't know each other, we hadn't heard of each other yet, especially as the internet barely existed. I suppose it was in the spirit of the times.

HUO   Yes, a morphogenetic field, as Rupert Sheldrake would say.[1]

NVDR   Telepathic even! I can't explain it; I recently learned that Pop art experienced a similar phenomenon. When Warhol displayed his work at Castelli Gallery, Castelli said to him, 'That's amazing because a week ago a guy called Lichtenstein came to see me and he's doing paintings that look like yours'. But they didn't know each other. In our case, it was exactly the same thing. It was telepathic, it was in the spirit of the times... Now we're in Potosí. And this is when I met Damien, the day he came to my studio [182]. I was thrilled because he's an artist whose work I've admired for a long time. I discovered him when I visited the *Sensation*

---

1. Rupert Sheldrake (b.1942) is an English researcher in biochemistry, physiology and parapsychology. He has formulated the hypothesis that memory is present in all organic structures and systems, and speaks of 'morphic resonance'. His research interests include telepathy, extrasensory perception and metaphysics.

me voir et il fait des peintures qui ressemblent aux vôtres ». Alors qu'ils ne se connaissaient pas. Dans notre cas, c'est exactement la même chose. C'était télépathique, c'était dans l'ère du temps... Là, on est à Potosí. Et là c'est ma rencontre avec Damien [182], le jour où Damien est venu à mon atelier. J'étais super heureux car c'est un artiste dont j'admire le travail depuis longtemps. Je l'ai découvert en visitant l'exposition Sensation [I] à Londres dans les années 1990. L'exposition m'avait fortement impressionnée et tout particulièrement les œuvres de Damien qui étaient à juste titre sensationnelles : sa pièce avec le requin et son titre génial [II] et bien sûr *A Thousand Years* [181], cette sculpture avec les mouches qui recrée le cycle de la vie et qui est à mes yeux une des pièces d'art contemporain les plus incroyables jamais réalisées. J'ai ensuite collectionné ses livres, car lui aussi a publié pas mal de livres, il y a le gros édité par Booth-Clibborn qui est sublime [III] et puis son livre d'entretiens [IV] que j'ai dû lire 4 ou 5 fois, une pure source d'inspiration, on y découvre sa passion pour l'art et sa force de création. Alors ça c'est un autre livre assez récent, c'est le catalogue de l'exposition que j'ai faite au MIMA de Bruxelles. Il présente uniquement mon travail avec les Rubik's cubes [183].

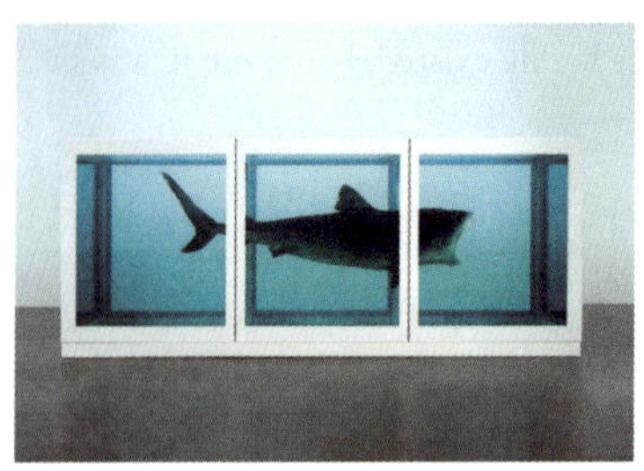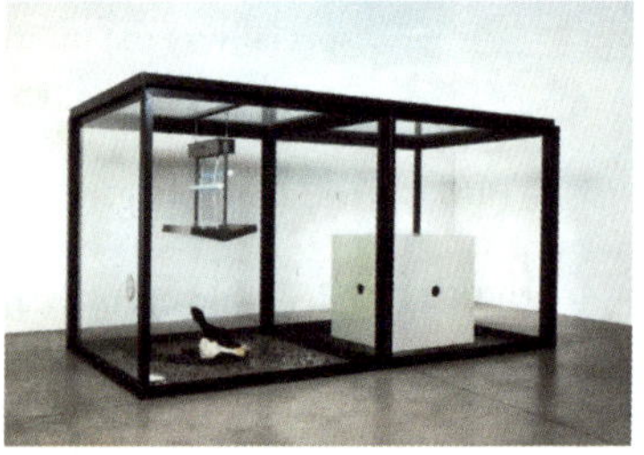

181 Damien Hirst, *The Physical Impossibility of Death in the Mind of Someone Living*, 1991/ Damien Hirst, *A Thousand Years*, 1990

HUO   C'est la rétrospective du rubikcubisme.

NVDR   Oui, il y a eu cette grosse expo et j'en ai profité pour réaliser un

---

I. Sensation est une exposition qui présentait des œuvres des Young British Artists (YBA) appartenant au collectionneur Charles Saatchi. Elle s'est tenue à la Royal Academy of Arts de Londres en 1997
II. *The Physical Impossibility of Death in the Mind of Someone Living*, 1991, est une oeuvre qui présente un requin de 4 mètres conservé dans un cube de verre rempli de formol
III. Damien Hirst, *I Want to Spend the Rest of My Life Everywhere, with Everyone, One to One, Always, Forever, Now*, Booth-Clibborn, 1998
IV. Damien Hirst, *On the Way to Work*, Faber & Faber, 2001

exhibition in London in the nineties.[I] I was very impressed by the exhibition, especially Damien's work, which was quite sensational: his piece with the shark and its incredible title[II] and of course *A Thousand Years* [181], the sculpture with the flies which I think is one of the most incredible pieces of contemporary art ever made. Then I collected his books because he too has published quite a few books, there's the big one from 1998,[III] which is sublime, and then his book of interviews,[IV] which I must have read four or five times – a pure source of inspiration, where you discover his creative force and his passion for art. This is another fairly recent book, the catalogue for the exhibition I did at MIMA in Brussels. It only includes my work with Rubik's Cubes [183].

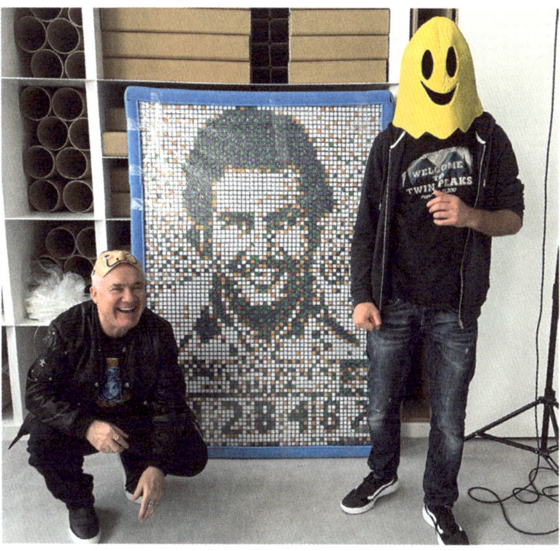

182 Damien Hirst and Invader, Paris, 2022

HUO A Rubikcubism retrospective.

NVDR Yes, there was this big exhibition and I took the opportunity to produce a catalogue raisonné of my Rubikcubist work.

I. *Sensation* was an exhibition of works by Young British Artists (YBA) belonging to the collector Charles Saatchi. It was held at the Royal Academy of Arts in 1997
II. *The Physical Impossibility of Death in the Mind of Someone Living* (1991) is an installation showcasing a 4-metre shark preserved in a formaldehyde-filled vitrine
III. Damien Hirst, *I Want to Spend the Rest of My Life Everywhere, with Everyone, One to One, Always, Forever, Now*, Booth-Clibborn, 1998
IV. Damien Hirst, *On the Way to Work*, Faber & Faber, 2001

catalogue raisonné de mon travail rubikcubiste. C'est un beau
livre avec des images d'archives sur un papier mat et les œuvres
sur un papier brillant. Tu prendras le temps de le regarder.

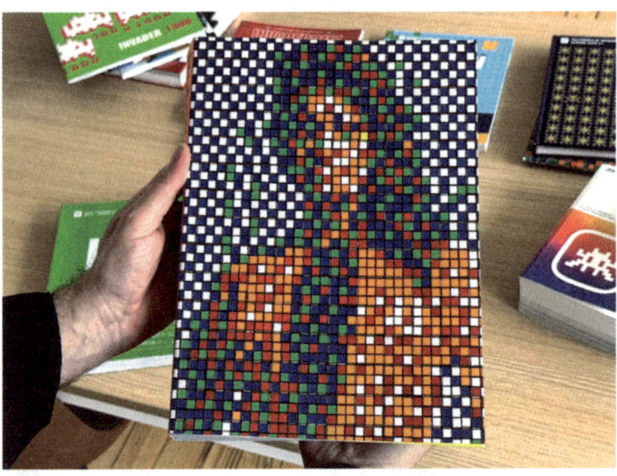

183 *Rubikcubist Invader,* Control P Editions, 2023

HUO   Qui a écrit ça ?

NVDR   J'ai invité une jeune critique d'art pour l'introduction et aussi
un vrai pro du Rubik's cube, quelqu'un qui avait écrit un
livre sur le monde des *speed cubers*, ces gens qui participent
aux championnats du monde. Il y a même Ernö Rubik, que
j'avais rencontré quelques années auparavant, qui a écrit
quelques lignes. Et tout le reste, toutes les légendes ou les
petits textes qui apparaissent, je les ai écrits moi-même. En
tous cas, en plus de raconter une histoire, ces livres sont
comme des œuvres pour moi, je les façonne petit à petit
avec la même application que s'il s'agissait d'une œuvre.

HUO   Bien sûr, les livres d'artistes sont des œuvres.

NVDR   Absolument. C'est à chaque fois un gros travail mais un vrai
plaisir de les faire. Là tu es dans la section Low Fidelity, les
pochettes de disques. Sur les vieux vinyles était inscrit *High
Fidelity*. Donc j'ai appelé cette série Low Fidelity en réaction
à ça et parce que finalement je détériore les images originales,
je les dégrade, je baisse leur résolution et je les restreins aux
six couleurs des cubes. Et donc dans ce chapitre sont réunies
toutes les pochettes de disques que j'ai réinterprétées en
Rubik's cubes.

It's a beautiful book with archive images on matt paper and the artwork on glossy paper. I hope you'll take the time to look at it.

HUO   Who wrote this book?

NVDR   I invited a young art critic for the introduction and also a real Rubik's Cube expert, someone who had written a book about the world of speed cubers, the people who take part in world championships. There's even Ernö Rubik, whom I met a few years ago, who wrote a few lines. And everything else, all the captions and little texts that appear, I wrote myself. These books, beyond storytelling, are works of art for me – I craft them meticulously, like any art piece.

HUO   Of course, artists' books are standalone works.

NVDR   Absolutely, for me, each book is a piece. It's a big job every time but also a real pleasure to create them. Here's the Low Fidelity section, featuring album covers. Old vinyl records had *High Fidelity* written on the cover but when transforming them into Rubikcubist works, I degrade the image – lowering their resolution and constraining them to the six cube colours – so I called this series Low Fidelity. This chapter brings together all my Rubik's Cube reimaginings of various album covers.

HUO   Artists' books also serve as catalogues raisonnés of your invasions and work.

NVDR   Yes. In fact, they show the hidden part of the iceberg, revealing a glimpse into Invader's world. And this is the little brother of my invader guides – invasion maps. It's a collection where each map is a bit of a stylistic experiment, inspired by pre-GPS city maps. This is the latest, my 28th map. As I haven't made books for every city I've visited, when I'm not making a book, I create an invasion map. This is the third version of the map of Paris [184] – there is a gigantic version of it in the exhibition. And this is the 25th map, which is about my invasion of the island of Djerba in Tunisia, with a pirate treasure map theme [185]. Each map highlights the approximate location of every invader, which gives you an overview of the invasion and my progress through the town. This 27th map features Potosí, themed around altitude lines –

HUO   En fait, les livres d'artistes sont en même temps des catalogues raisonnés de ton travail et de tes invasions.

NVDR   Oui. En fait ils montrent la partie immergée de l'iceberg, ils dévoilent un peu plus le monde d'Invader. Et ça, c'est le petit frère des guides d'invasion, ce sont les cartes d'invasion. C'est une collection où chaque carte est un peu un exercice de style. Je me suis inspiré des cartes routières qui existaient avant les GPS. Celle-ci est la dernière en date, c'est ma vingt-huitième. Je n'ai pas pu faire un livre pour chaque ville que j'ai envahie, loin de là. Donc, parfois, quand je ne fais pas un livre, je fais une carte d'invasion. Ça, c'est la troisième version de la carte de Paris [184], elle est reproduite en grand dans l'exposition. Et là, c'est la vingt-cinquième, c'est celle de l'invasion de l'île de Djerba en Tunisie. Son thème est celui d'une carte au trésor façon pirate [185]. Et à chaque fois, tu as plus ou moins la position de chaque invader, cela donne une vue d'ensemble de l'invasion et de mon cheminement dans la ville. Celle-ci est la vingt-septième, c'est Potosí avec un design basé sur les lignes d'altitude. La plus foncée est la ligne des 4.000 mètres et on peut voir que le 4.000^e invader est posé précisément sur cette ligne. Chaque carte est complètement différente, par son thème, son traitement, ses couleurs. Il n'y a que quelques éléments qui reviennent, comme leur format une fois pliées ou le numéro de la carte qui vient s'inscrire ici. Celle-ci est une des premières, Grenoble, la quatrième, elle est blanche car j'ai envahi la ville en hiver, sous la neige. Ça, c'est Marseille, on est dans les tons bleus comme le ciel et la mer de Marseille. Là, tu as un zoom sur le centre-ville avec le Vieux-Port. Et comme Marseille est une très grande ville, il y a un verso avec l'ensemble du territoire. Parce que comme on peut le voir, je ne me contente pas d'intervenir au centre-ville. Je veux qu'on ressente vraiment que toute la ville est envahie. Celle-ci c'est Ravenne. C'est une ville pour laquelle j'ai fait une carte et un guide. On la surnomme la capitale mondiale de la mosaïque car elle abrite de nombreuses mosaïques anciennes, j'y ai ajouté les miennes.

HUO   C'est un catalogue sur une expo à Ravenne ?

NVDR   Non, c'est le guide d'invasion de Ravenne. C'est tout mon travail *in situ* à Ravenne. C'est un petit format mais je l'aime beaucoup. Là tu as... Tu connais ces portraits ?

the darkest one marking 4,000 metres, precisely where the
4,000th invader resides. Each map is completely different,
in theme, treatment and colour. There are only a few
recurring elements, such as their format once folded, or
the card number that appears here. This early invasion map
– the fourth one – showcases Grenoble in white because
I invaded the city in winter, under the snow. This is Marseille,
in shades of blue to recall its vibrant sky and sea. Here you
have a zoomed-in view of the city centre with the Old Port.
And as Marseille is a very large city, there's a reverse side
showing the whole of the city. As you can see, I don't just
work in the city centre. I aim to convey an all-encompassing
feeling of that the entire city has been invaded. This one
is Ravenna – a city for which I've made both a map and
a guidebook. It's known as the mosaic capital of the world
because it's home to so many ancient mosaics. So I've added
my own.

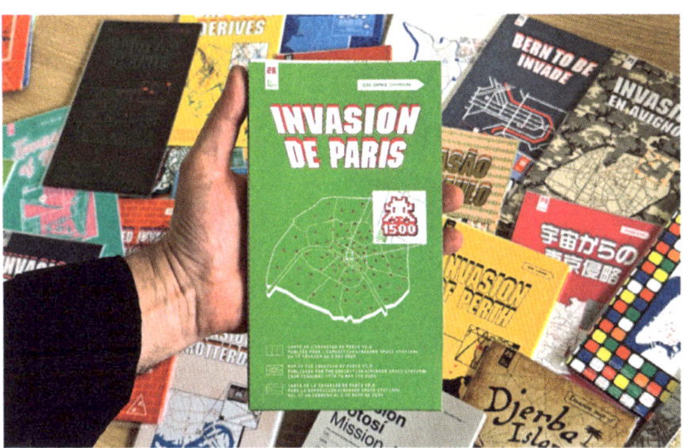

184 *Invasion de Paris,* invasion map #28, 2024

HUO   Is this a Ravenna exhibition catalogue?

NVDR   No, it's the Ravenna invasion guide, featuring my in
        situ work. It's a small format but I really like it. Do you
        recognise these portraits? Theodora and Justinian are
        historical mosaics, well known in Ravenna.[1] You can
        probably see the original mosaic somewhere. Here it is. This
        is the original, and this is my interpretation. Unfortunately,

---

1. The mosaics of Justinian and Theodora date from the 6th century and are
located in the Basilica of San Vitale in Ravenna. They were created in honour of
the Byzantine Emperor Justinian I and his wife, Empress Theodora.

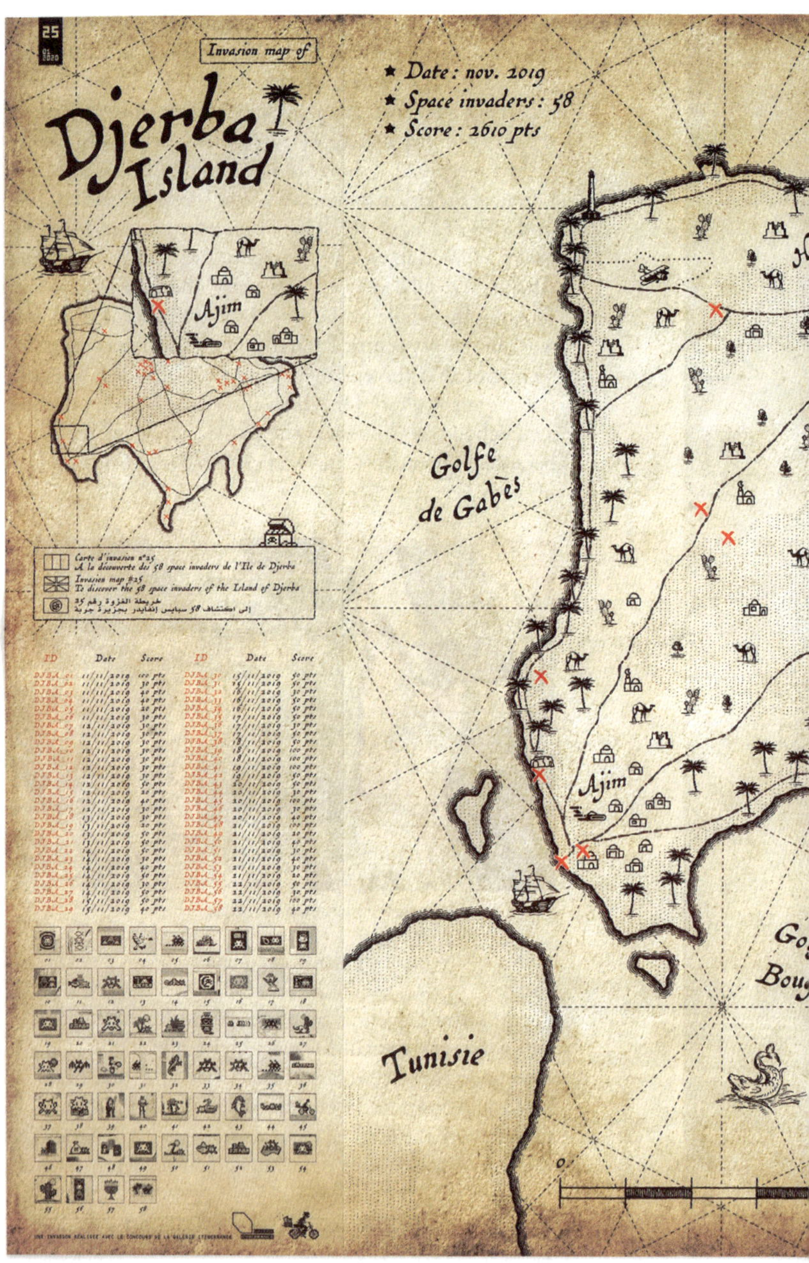
Invasion map of
Djerba
Island
Date : nov. 2019
Space invaders : 58
Score : 2610 pts
Ajim
Golfe
de Gabès
Ajim
Tunisie
Carte d'invasion n°25
À la découverte des 58 space invaders de l'Île de Djerba
Invasion map #25
To discover the 58 space invaders of the Island of Djerba
UNE INVASION RÉALISÉE AVEC LE CONCOURS DE LA GALERIE LTENOERANGE

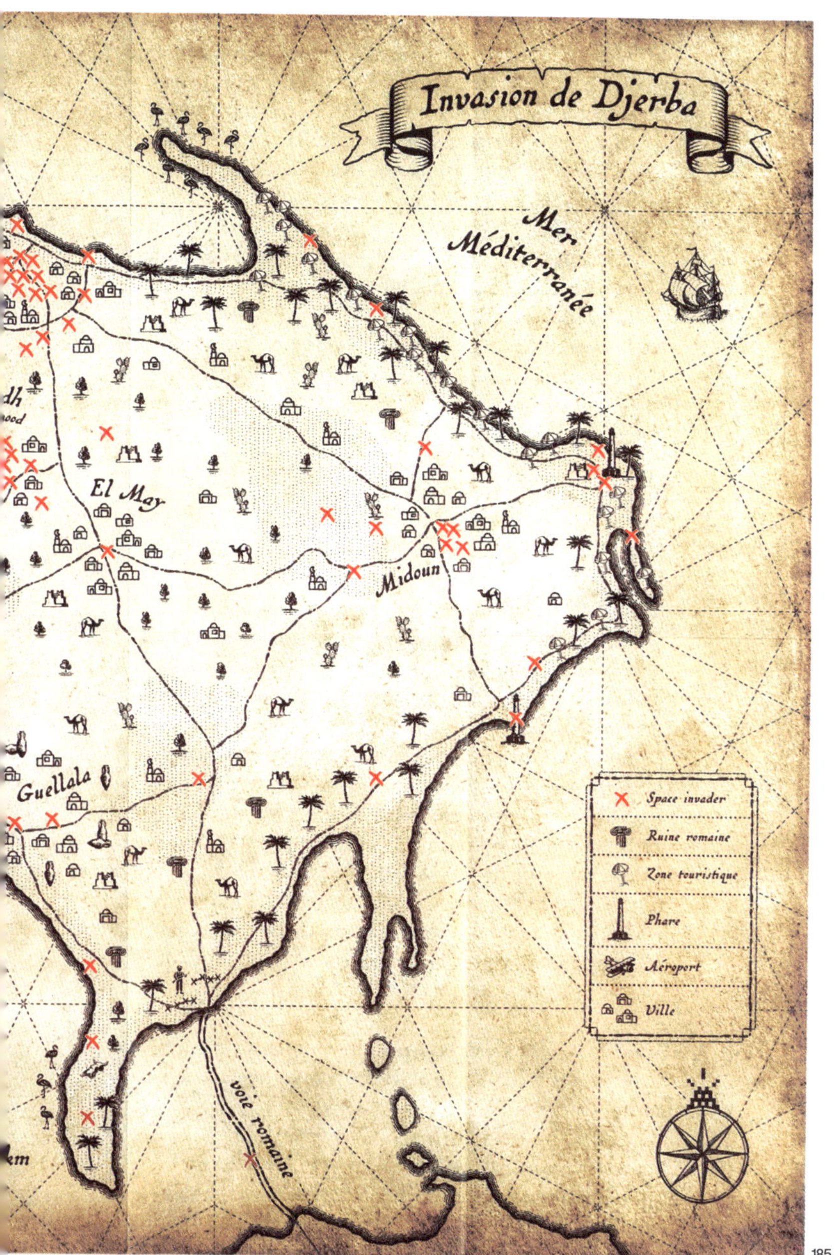

260–261   185 *Djerba Island*, invasion map #25, 2020

Théodora et Justinien, ce sont des mosaïques historiques, les plus connues de Ravenne [1]. On doit voir la mosaïque d'origine quelque part. Voilà. Ça, c'est l'originale. Et ça, c'est ma version. Malheureusement, elle n'a pas tenu. Elle a été détruite une semaine après son installation. Elle n'a duré qu'une semaine, quel dommage… Regarde cette photo avant sa disparition, le contexte est superbe [186].

HUO   C'est vraiment un hommage à l'histoire, avec l'idée que le futur est construit avec des fragments du passé !

NVDR   Oui, c'est bien dit, c'est une référence au passé, une réinterprétation contemporaine du passé. J'ai utilisé de gros carreaux, donc on est vraiment dans l'esthétique 8 bits, tu vois, un minimalisme numérique.

HUO   Tu as fait des NFTs ?

NVDR   Non. HENI me l'avait proposé car il est vrai que mon principe de variations des space invaders comme je le fait depuis vingt-cinq ans me donnait toute légitimité à étendre cela sous forme de NFT. C'est comme si je faisais des NFTs depuis vingt-cinq ans sans le savoir. Peut-être que j'aurais dû le faire mais je n'avais pas envie de faire quelque chose de déjà vu et les CryptoPunks existaient déjà. Tout le monde s'est mis à s'en inspirer et à éditer dix mille variations autour d'un thème. Alors je me suis dit non, c'est trop facile et trop attendu, il faut que je trouve une idée plus puissante. Et j'étais encore en train d'y réfléchir quand j'ai demandé l'autre jour à Joe de HENI ce qu'il advenait des NFTs. Il m'a répondu « *totally down* » ! Donc, je suppose que j'ai loupé le coche. Pourtant, c'est intéressant, mais je ne voulais pas faire n'importe quoi. J'aime beaucoup cet adage de Revs qui dit « *Make it special or don't make it!* »

HUO   C'est un peu la même chose pour moi puisqu'on m'a demandé de faire des NFTs et j'ai attendu. Et maintenant c'est trop tard.

NVDR   Ça, c'est un magazine qui est sorti le mois dernier. C'est un nouveau magazine sur la création contemporaine qui

---

1. Les mosaïques de Justinien et Théodora datent du VIᵉ siècle et se trouvent dans la basilique Saint-Vital de Ravenne. Elles ont été réalisées en l'honneur de l'empereur byzantin Justinien Iᵉʳ et de sa femme, l'impératrice Théodora.

my version was short-lived and destroyed a week post-installation. It only lasted a week, a real shame... Look at this photo before it disappeared, the context is amazing [186].

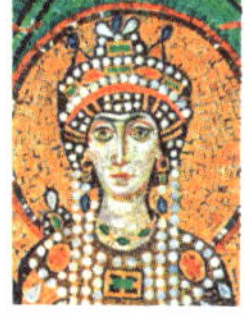

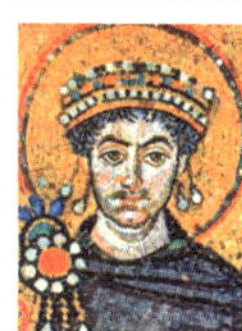

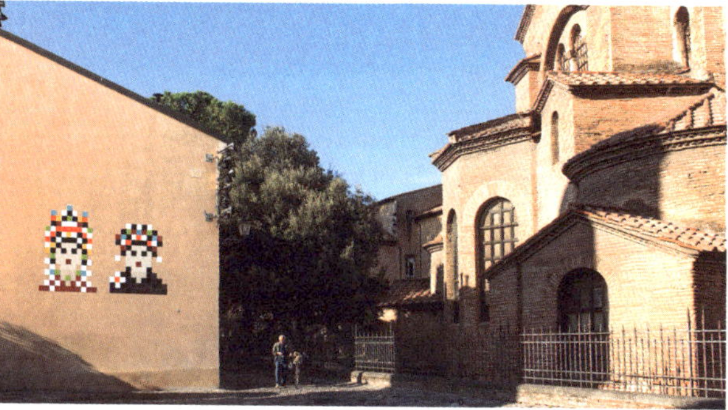

186 Byzantine mosaics of Theodora and Justinian I, Ravenna, 550 AD /
RA_38, Ravenna, 2015

HUO   It's really a tribute to history, with the idea that the future is built from fragments of the past!

NVDR   Yes, that's well put, it's a reference to the past, a contemporary reinterpretation of the past. I used large tiles, so we're really into the 8-bit aesthetic, you know, digital minimalism.

HUO   Have you done any NFTs?

NVDR   No. HENI suggested it – my rule of varying space invaders, as I've been doing for the past 25 years, aligned with creating NFTs – unknowingly, I'd been making them for decades! Perhaps I should have, but I didn't want to copy existing concepts and CryptoPunks had already been done. Everyone took inspiration from them and started publishing tens of thousands of variations on a theme. So I said to myself, no, this is too easy and too expected, I need to come up with a more powerful and unique idea. I was still considering doing some when I asked Joe from HENI the other day, what had happened to NFTs. He said 'totally down'! So I guess I missed the boat. Still, it's interesting, but I didn't want to compromise. I love Revs' mantra: 'Make it special or don't make it!'

HUO   I was also asked to do NFTs and I waited. And now it's too late.

s'appelle *Portfolio*. Je connais bien la personne qui l'a fondé. C'est quelqu'un qui a une galerie de bandes dessinées à Paris. Et il a eu l'idée de faire un entretien croisé avec Enki Bilal. Tu connais Enki Bilal[1] ?

HUO   Oui, oui, je sais qui c'est.

NVDR   Je l'appelle *Maestro* car il est vraiment talentueux, c'est un des maîtres de la BD, il l'a vraiment élevée au rang d'art. Comme Margerin, c'est quelqu'un qui a bercé mon adolescence car je lisais leurs bandes dessinées dans les années 1980-1990, notamment dans un magazine qui s'appelait *Métal Hurlant*. Et donc on a fait un long entretien très intéressant parce que l'on parle de sujets différents de ceux abordés dans les interviews habituels où reviennent tout le temps les mêmes questions. Et ce qui est sympa, c'est que la personne qui a fondé le magazine a eu cette idée d'avoir deux couvertures. Un portrait d'Invader par Enki et un portrait d'Enki par Invader [187].

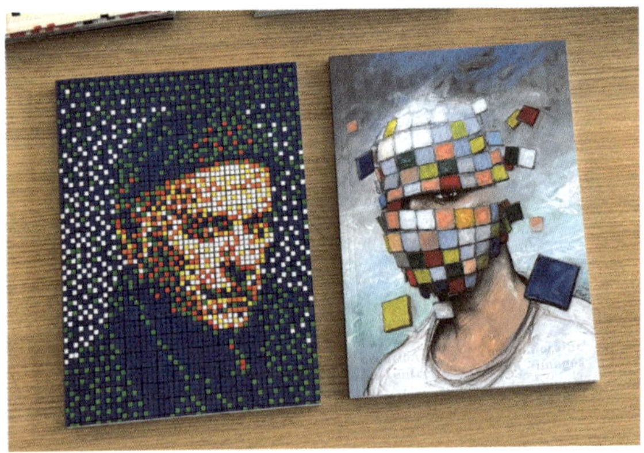

187 Covers of *Portfolio* magazine issue 1, 2024

HUO   Et ça c'est de Damien?

NVDR   Oui, c'est un petit *spin painting* de Damien enfin... qu'il m'avait fait faire dans son atelier à Londres. On a encore deux minutes alors je vais te montrer quelque chose à l'étage... Voilà, tout ça ce sont des livres d'art. Je les ai classés

---

1. Enki Bilal (Belgrade, 1951) est un auteur de bandes dessinées et réalisateur français. Il est reconnu comme l'un des meilleurs dessinateurs de BD de science-fiction et a participé à de nombreux projets cinématographiques (costumes, décors, réalisation, etc.).

NVDR   This is a magazine that came out last month. It's a new magazine about contemporary art called *Portfolio*. I know the person who founded it very well. He runs a comic strip gallery in Paris. And he had the idea of doing a cross-interview with Enki Bilal. Are you familiar with Enki?[1]

HUO   Yes, yes, I know who it is.

NVDR   I call him Maestro because he's really talented, he's one of the masters of comics, he's really elevated it to an art form. Like Margerin, he's someone who rocked my teenage years because I used to read their comics in the eighties and nineties, particularly in a magazine called *Métal Hurlant*. And so we had a long, very interesting interview because we talked about subjects that were different from those covered in usual interviews, where the same questions come up all the time. And the nice thing is that the person who founded the magazine came up with the idea of having two covers. A portrait of Invader by Enki and a portrait of Enki by Invader [187].

HUO   And this is from Damien?

NVDR   Yes, it's a little spin painting by Damien, well... one he had me do in his studio in London. We've still got some time, so I'll show you something. These are all art books, sorted alphabetically by artist, and thematically for catalogues. For example, all this, from here to there, is everything I've been able to gather on Revs, all the writings on him, including obscure little graffiti magazines. Here's one of his metal sculptures and one of his rare interviews. He gave very few, three or four over his whole life and this is the only photo of him to have been published – with his dog. Look how dirty his jeans are from all the welding he's done. And look at his tag, his signature, 'Fuckin' Revs', it reflects his anger [188].

HUO   It's a beautiful signature. You should definitely do a book about him.

NVDR   Undoubtedly. I'll send you some links on the internet. It's taken me 20 years of research to put it all together.

---

1. Enki Bilal (b.1951), is a French comic book artist and film director. He is widely recognised for his exceptional work in the science fiction genre and has contributed to various film projects, including costume design, set design and direction.

par ordre alphabétique pour les artistes et thématique pour les catalogues, par exemple tout ça, de là à là, c'est tout ce que j'ai pu réunir sur Revs, tous les écrits sur lui y compris dans des petits magazines obscurs de graffiti. Regarde là c'est une de ses sculptures en métal et une de ses rares interviews. Il en a donné très peu, trois ou quatre sur toute sa vie et là, c'est la seule photo de lui à avoir été publiée. Avec son chien. Regarde comme son jean est sale à cause des soudures qu'il fait. Et regarde son *tag*, sa signature, *Fuckin' Revs*, elle est vraiment énervée [188].

HUO C'est une belle signature. Tu devrais vraiment faire un livre sur lui.

NVDR Oui, ce n'est pas moi qui te dirai le contraire. Je vais t'envoyer quelques liens sur internet. Ça m'a pris vingt ans de recherches pour réunir tout ça.

HUO Il ne veut pas ? Un jour peut-être.

NVDR Un jour peut-être, je lui redemanderai. Ou bien quelqu'un le fera sans son accord. En tous cas, moi je ne le ferai pas contre sa volonté, bien évidemment.

HUO Il y a tellement de contenu génial ici.

NVDR Oui, on a beaucoup parlé. Quand je suis passionné, je peux parler des heures, que ce soit de Revs, de Shepard, de Damien, de street art ou d'art en général.

HUO Si tu n'avais pas été artiste, tu aurais fait quoi ?

NVDR Je n'en sais foutrement rien, mais tu connais cette chanson de Lou Reed où il dit « *My life was saved by rock'n'roll* » ? Et bien moi *My life was saved by art*. Si je n'étais pas artiste, je serais devenu... je ne sais pas... mais l'art c'est ma vie.

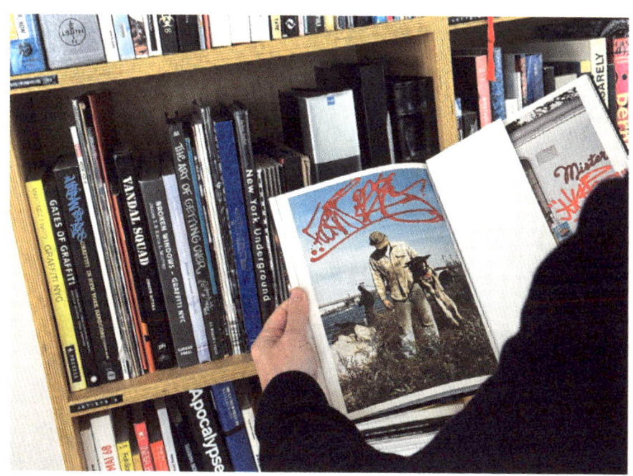

188 Revs in *Autograf: New York City's Graffiti Writers*, powerHouse Books, 2004

HUO   Doesn't he want to? Maybe one day.

NVDR   Maybe I'll ask him again. Or someone else might do it without his approval. In any case, I won't do it against his will, of course.

HUO   There's so much great insights here.

NVDR   Yes, we've spoken a lot. When I'm passionate about something, I can talk for hours, whether it's about Revs, Shepard, Damien, street art or art in general.

HUO   If you weren't an artist, what would you be doing?

NVDR   I have no fucking idea, but you know that Lou Reed song where he says 'My life was saved by rock'n'roll'? Well, my life was saved by art. If I wasn't an artist, I would have become... I don't know... but art is my life.

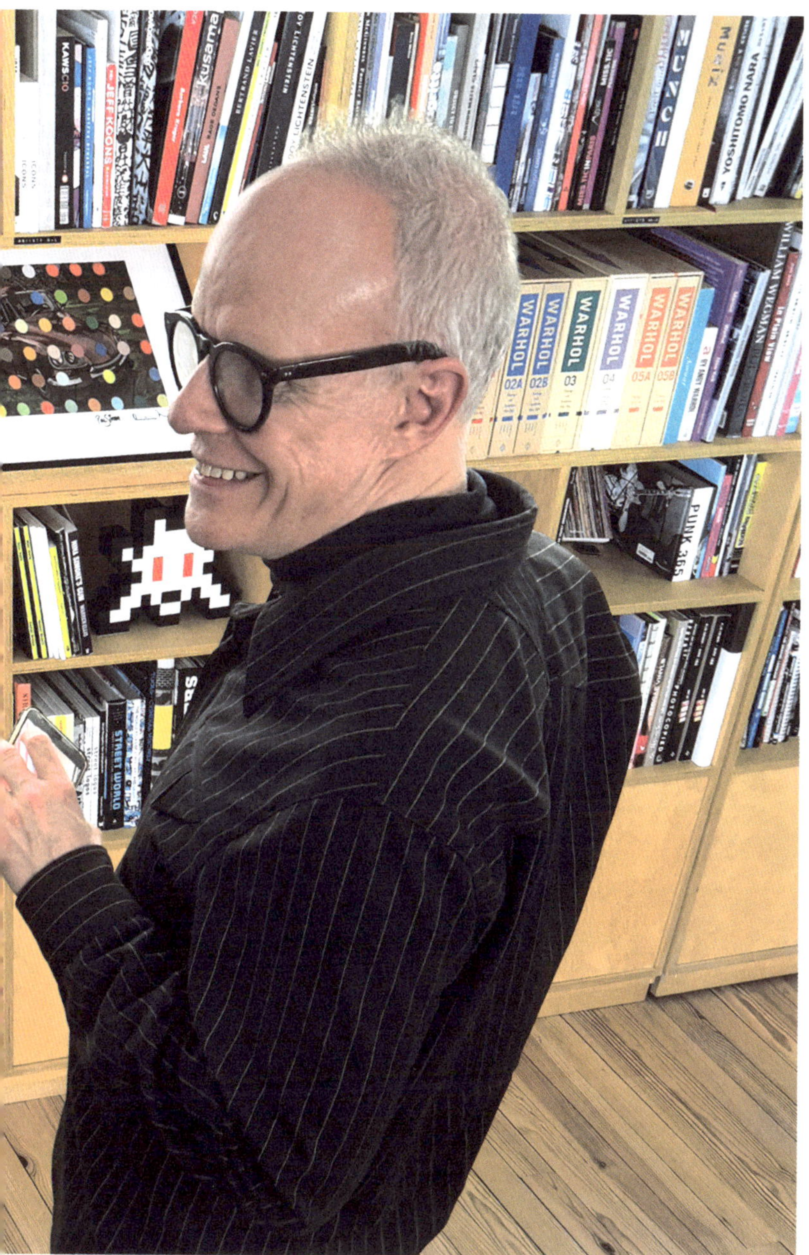

Published by	**H E N I**
1st Edition	September 2024
Translation	HENI Publishing & Kim Scott
Editing	Bruno Blum (French) & Kim Scott (English)
Design	Invader Studio
Printing	Fot Imprimeur
ISBN	978-1-911736-08-0
Papers	Splendorlux Mirror Argento 320 g/m² (cover)
	Arena Rough Natural 90 g/m² (inner paper)

FEDRIGONI

| Photo credits | Invader Studio except: |
| | Norman Seeff [21], Lionel Belluteau [2, 16, 85, 93, 94, 97], Joe Hage [p41, p175, p266-267] & [131], Brion Gysin [33], Rozine Klatzmann [44], Prudence Cuming Associates Ltd [47, 98, 114, 120], Richard Dumas & Denis Allard [126], OTI Gallery [152], Tseng Kwong Chi [154], Nic Garcia [155, 168], SCS [156], Peter Sutherland [166], Lau Kin-Wai [172], MC_Yan [175] Damien Hirst - Science [181], rights reserved [35, 88, 167] |

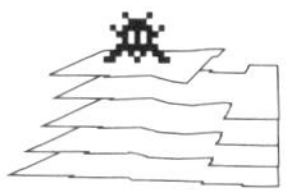

Invader Space Station,
11 rue Béranger, Paris
17th February – 5th May, 2024